» LE SPADE «

VOLUME 7

PERCHÉ NON POSSIAMO ESSERE CRISTIANI

(E MENO CHE MAI CATTOLICI)

di

PIERGIORGIO ODIFREDDI

LONGANESI

www.longanesi.it

ISBN 978-88-304-2427-2

I edizione febbraio 2007
II edizione marzo 2007
III edizione marzo 2007
IV edizione aprile 2007
V edizione aprile 2007

PERCHÉ NON POSSIAMO ESSERE CRISTIANI (E MENO CHE MAI CATTOLICI)

Ai giovani

Quand'ero bambino, parlavo da bambino, pensavo da bambino, ragionavo da bambino. Ma, divenuto uomo, ciò che era da bambino l'ho abbandonato.

Paolo di Tarso, *Prima lettera ai Corinzi*, XIII, 11-12

Scrivo su Dio: conto su pochi lettori e ambisco a poche approvazioni. Se questi pensieri non piaceranno a nessuno non potranno che essere cattivi, ma se dovessero piacere a tutti li considererei detestabili.

Denis Diderot, *Pensieri filosofici*, 1746

Non si trattava di analizzare le pagine del *Nuovo Testamento* alla ricerca di errori, ma di illuminare la superficie di quelle pagine con una luce radente, come si fa con un dipinto per metterne in risalto i rilievi, e allo stesso tempo i segni, l'oscurità dei solchi. Fu così che l'apprendista, circondato ora da personaggi evangelici, lesse, come se fosse la prima volta, e avendo letto, non comprese.

José Saramago, *Discorso per il premio Nobel*, 1998

CRISTIANI E CRETINI

Cristo è la traslitterazione del termine greco *christos*, « unto », scelto dalla Bibbia dei Settanta per tradurre il termine ebraico *mashiah*, « messia », col quale l'Antico Testamento indicava colui che doveva venire a restaurare il regno di Israele.

Fra i tanti sedicenti Cristi o Messia della storia, i Vangeli canonici identificano il loro con *Gesù*: a sua volta la traslitterazione di *Ye(ho)shua*, « Dio salva » o « Dio aiuta », un nome comune ebraico che secondo *Matteo*[1] fu suggerito in sogno a Giuseppe da un angelo perché il figlio di Maria « avrebbe salvato il suo popolo dai suoi peccati ». *Cristiano*, che ovviamente significa « seguace di Cristo », nella tradizione evangelica sta dunque a indicare « seguace di Gesù », secondo un uso che gli *Atti degli Apostoli*[2] fanno risalire alla comunità di Antiochia.

Col passare del tempo l'espressione è poi passata a indicare dapprima una persona qualunque, come nell'inglese *christened*, « nominato » o « chiamato », e poi un poveraccio, come nel nostro *povero cristo*. Addirittura, lo stesso termine *cretino* deriva da « cristiano » (attraverso il francese *crétin*, da *chrétien*), con un uso già attestato dall'*Enciclopedia* nel 1754: secondo il Pianigiani, « perché cotali individui erano considerati come persone semplici e innocenti, ovvero perché, stupidi e insensati quali sono, sembrano quasi assorti nella contemplazione delle cose celesti ».

L'accostamento tra Cristianesimo e cretinismo, apparentemente irriguardoso, è in realtà corroborato dall'interpretazione autentica di Cristo stesso, che nel Discorso della Montagna iniziò l'elenco delle beatitudini con: « Beati i poveri in spirito, perché di essi è il Regno dei Cieli »,[3] usando una formula che ricorre tipicamente anche in ebraico (*anawim ruach*).

In fondo, la critica al Cristianesimo potrebbe dunque ridursi a questo: che essendo una religione per letterali cretini, non si adatta a coloro che, forse per loro sfortuna, sono stati condannati a non esserlo. Tale critica, di passaggio, spiegherebbe anche in parte la fortuna del Cristianesimo: perché, come insegna la statistica, metà della popolazione mondiale ha un'intelligenza inferiore alla media(na), ed è dunque nella disposizione di spirito adatta a questa e altre beatitudini.

Benché perfettamente soddisfacente nelle sue conclusioni, la critica etimologica sarebbe però facilmente rimuovibile da coloro che trovassero la sua argomentazione troppo debole: in fondo, in quanto Europei (dal greco *eurys ops*, « faccia larga ») siamo anche letteralmente dei « faccioni », ma questo non ci basta per dedurre che allora abbiamo tutti un'espressione cretina e dunque come Europei non possiamo non dirci Cristiani (anche se qualcuno l'ha fatto, con argomenti non molto più articolati).

Se vogliamo arrivare in maniera convincente alle stesse conclusioni, e cioè che il Cristianesimo è indegno della razionalità e dell'intelligenza dell'uomo, dovremo allora caricarci sulle spalle la Bibbia (dal greco *biblia*, « libri ») e percorrere la *via crucis* di una sua esegesi: non soltanto dei Vangeli (dal greco *eu angelion*, « buon messaggio » o « buona novella »), ma anche di ciò a cui essi si sono ispirati in precedenza, e che hanno a loro volta ispirato in seguito, dal *Genesi* al *Catechismo*.[4]

Così come, se volessimo dimostrare che il Cristianesimo ha costituito non la molla o le radici del pensiero democratico e scientifico europeo, bensì il freno o le erbacce che ne hanno consistentemente soffocato lo sviluppo, dovremmo turarci il naso e ripercorrerne la storia maleodorante del sangue delle vittime delle Crociate e dei fumi dei roghi dell'Inquisizione.

E per evitare che quella storia si potesse troppo facilmente dismettere come « cosa d'altri tempi », dovremmo ricordare che anche la nostra epoca ha le sue crociate e le sue inquisizioni: perché conquistare i pozzi di petrolio dei Musulmani, o fare referendum contro le biotecnologie, non è troppo diverso dal liberare il Santo Sepolcro dagli infedeli, o processare l'eliocentrismo. Soprattutto quando il Dio che « lo vuole » o « è con noi » è lo stesso il cui nome, oltre a essere invocato nelle chiese, si incide sulle fibbie naziste e si stampa sui dollari statunitensi.

Non si tratta, naturalmente, di fare di ogni erba un fascio, benché la Chiesa Cattolica sia riuscita nel Novecento a fare con ogni fascio un concordato. Terremo dunque distinte le posizioni delle varie denominazioni del Cristianesimo, ma ci concentreremo naturalmente sul Cattolicesimo: non certo per le sue immaginarie pretese di costituire la varietà autentica della religiosità cristiana, bensì per le sue reali capacità di condizionare la vita politica, economica e sociale delle nazioni del Sud Europa e del Sud America (non a caso, le più arretrate dei loro continenti).

In fondo, è proprio perché il Cristianesimo in generale, e il Cattolicesimo in particolare, non sono (soltanto) fenomeni spirituali, e interferiscono pesantemente nello svolgimento della vita civile di intere nazioni, che i non credenti possono sempre rivendicare il diritto, e devono a volte accollarsi il dovere, di arginare le loro influenze: soprattutto quando, come oggi, l'anticlericalismo costituisce più una difesa della laicità dello Stato che un attacco alla religione della Chiesa.

In condizioni normali, una tale difesa sarebbe naturalmente compito delle istituzioni e dei rappresentanti del popolo. Purtroppo, però, questi sono invece tempi anormali e anomali, in cui presidenti, ministri e parlamentari fanno a gara per genuflettersi di fronte a papi, cardinali e vescovi, e ricevono man forte dagli apostati non solo del Comunismo e del Socialismo, ma addirittura del Risorgimento, i cui padri avevano doverosamente separato le faccende dello Stato da quelle della Chiesa.

A testimonianza basterà ricordare, a parte i reciproci salamelecchi tra presidenti e papi, da un lato le invocazioni alla Madonna nei discorsi di insediamento di Oscar Luigi Scalfaro al Quirinale il 28 maggio 1992 e di Pier Ferdinando Casini a Montecitorio il 31 maggio 2001, dall'altro la presenza di Massimo D'Alema e Walter Veltroni in piazza San Pietro il 6 ottobre 2002, alla cerimonia di beatificazione di Josemaría Escrivá de Balaguer, fondatore della famigerata Opus Dei.

Tocca dunque ai cittadini comuni doversi far carico della difesa del laicismo (da *laos*, « popolo », e *laikos*, « popolare »), per ovviare alle deficienze dei loro rappresentanti. E, nella fattispecie, tocca a un matematico farsene carico, per ovviare questa volta alle deficienze dei filosofi. Soprattutto di quelli che a parole si dichiarano laici, ma nei fatti risultano essere più papisti del papa: un'impresa olimpica, tra l'altro, visti i papi che corrono. E naturalmente un matematico non poteva non fare omaggio, almeno nel titolo, al più illustre dei suoi predecessori: il Bertrand Russell di *Perché non sono cristiano* (1957) che fece il controcanto al *Perché non possiamo non dirci cristiani* di Benedetto Croce (1943). Ovvero, ogni epoca ha non solo i suoi filosofi collaborazionisti, ma anche i suoi matematici resistenti.

L'assonanza col motto di Søren Kierkegaard *non possiamo essere cristiani* è invece soltanto pura omofonia: sta infatti a indicare non la supposta inadeguatezza del fedele, che gli impedirebbe di raggiungere un autentico rapporto personale con Cristo, ma la dimostranda assurdità della fede cristiana stessa, che pretende di continuare a propinare all'uomo occidentale contemporaneo stantii miti mediorientali e infantili superstizioni medioevali.

Andiamo dunque insieme alla scoperta di questi miti e di queste superstizioni, per mostrare candidamente che non tutto va per il meglio nella (sedicente) migliore delle fedi possibili. Se poi i panglossiani « credini » e « iddioti » manterranno ottimisticamente il loro Credo e il loro Iddio, saremo tutti felici: in fondo, e anche per principio, l'ateismo non è una fede, e non fa opera di sconversione. Rivendica soltanto, cristianamente, di poter dare alla Ragione ciò che è della Ragione. E non dimentica, volterrianamente, che bisogna coltivare anche il proprio giardino, e non soltanto quello dell'Eden.

New York e San Mauro, 11 febbraio[5] *- 20 settembre*[6] *2006*

IL PADRE

La prima stazione della nostra *via crucis* è l'inizio di tutti gli inizi: più precisamente, la mitologia ebraica della creazione del mondo e dell'uomo, narrata in due versioni diverse e contraddittorie nei capitoli I-XI del *Genesi*, il primo libro della Bibbia.

Elohim

Il versetto di apertura del *Genesi*, « In principio Dio creò il cielo e la terra », è così noto che quasi non varrebbe la pena di ripeterlo, se già in queste prime parole della Bibbia non si nascondesse un interessante dilemma: il fatto, cioè, che nell'originale ebraico *Bershit barà Elohim* il verbo *barà* è singolare, ma il soggetto *Elohim* è plurale.

La traduzione corretta dovrebbe dunque essere: « In principio gli dei creò il cielo e la terra ». Naturalmente la cosa suona male agli orecchi di un italiano, ma risuona ancora peggio al cuore di un monoteista: che cosa significa, infatti, che fin dalla sua prima apparizione biblica « Dio » si manifesti in realtà come « gli dei »? E, come se non bastasse, non attraverso un plurale generico, ma dello specifico *Eloah*, che è un derivato di *El*: ovvero del nome della principale divinità dei Cananei, chiamata anche « toro » o « vitello » e spesso rappresentata con quegli animali? Due nomi, Eloah ed El, che sono tra l'altro anch'essi usati nell'Antico Testamento per indicare Dio: una cinquantina di volte il primo, e circa 250 il secondo?

Qualche cristiano se la cava dicendo che un sostantivo plurale retto da un verbo singolare è una prefigurazione della Trinità: di un dio, cioè, che dovrebbe essere allo stesso tempo uno e molti. Ma chi non crede ammetterà più semplicemente che il plurale è un fossile del politeismo che vigeva nella terra di Canaan, e che fu evidentemente ereditato dagli Ebrei del regno settentrionale di Israele.

Questo regno si formò verso il 900 p.e.V.[1] insieme a quello meridionale di Giuda, quando l'impero di David collassò alla morte di Salomone e venne spartito fra Geroboamo a nord e Roboamo a sud. Fu il primo a rimpiazzare i cherubini dorati, che nel tempio di Gerusalemme sostenevano il trono, con i due vitelli d'oro di Betel e Dan:[2] un atto simbolico della divisione politica, che l'*Esodo*[3] rappresenterà mitologicamente in termini religiosi come un ritorno all'idolatria.

La storia di Elohim è dunque quella del dio di Israele, nel senso specifico del regno del nord. Ora, le due domande fondamentali riguardo alla creazione del mondo che egli avrebbe attuato sono quelle giustamente poste dal *Catechismo*:[4] che cosa è stato creato, e come?

Riguardo al come, lo stesso *Catechismo* risponde che « Dio ha creato dal nulla », citando questo versetto del *Secondo libro dei Maccabei*:[5] « Ti scongiuro, o figlio, contempla il cielo e la terra, osserva quanto vi è in essi e sappi che Dio li ha fatti non da cose preesistenti ». Una nota dell'edizione ufficiale CEI della Bibbia rivela poi che questa « è l'affermazione più precisa di tutto l'Antico Testamento sulla dottrina della creazione dal nulla ».

Ora, se questa è l'affermazione più precisa, figuriamoci le altre! Anzitutto, infatti, i due libri dei *Maccabei* sono estremamente tardi, e risalgono a un secolo circa p.e.V. Inoltre, non fanno parte della Bibbia ebraica e sono considerati apocrifi da quella protestante. Poi, il primo è stato scritto in ebraico ma ci è pervenuto soltanto in traduzione greca. Infine, il secondo è il riassunto di un'opera perduta in cinque libri di un ignoto Giasone di Cirene. Si può ben immaginare quanto sia attendibile, quell'unico e vago versetto, come fonte di notizie riguardanti gli inizi del mondo...

In realtà, la creazione dal nulla è un'invenzione di Ireneo,[6] ripresa da Agostino di Ippona, che nelle *Confessioni*[7] stabilisce l'interpretazione autentica dell'inizio del *Genesi*:

> Sei tu, Signore, tu che nel principio originato da te, nella tua Sapienza nata dalla tua sostanza, hai creato qualcosa, e dal nulla. Hai creato il cielo e la terra, ma non traendoli dalla tua sostanza, perché in tal caso sarebbero stati cosa uguale al tuo unigenito, quindi a te [...] Fuori di te non esisteva nulla da cui potessi trarre le cose, o Dio, Trinità una e Unità trina. Perciò creasti dal nulla il cielo e la terra.

Se però si va a leggere cosa dice effettivamente l'originale ebraico del *Genesi*,[8] si trova soltanto un testo che nell'edizione ufficiale della *Bereshit Rabah* dice:

> In principio della creazione di Dio del cielo e della terra, quando la terra era informe e deserta, e le tenebre ricoprivano l'abisso, e lo spirito di Dio aleggiava sulle acque, Dio disse: « Sia la luce! », e la luce fu.

L'edizione ufficiale della CEI traduce invece:

> In principio Dio creò il cielo e la terra. La terra era informe e deserta e le tenebre ricoprivano l'abisso e lo spirito di Dio aleggiava sulle acque. Dio disse: « Sia la luce! » E la luce fu.

Più nella prima versione, e meno nella seconda, è comunque chiaro che il buon Elohim del *Genesi* non è altro che un povero Demiurgo, come quello del *Timeo* platonico: un letterale « lavoratore pubblico » (da *demion*, « pubblico », ed *ergon*, « lavoro »), o un metaforico « artigiano », « plasmatore » o « manipolatore », che lavora su una materia preesistente chiamata « terra informe, deserta, tenebrosa e ventosa ». Ma per farne cosa?

Anzitutto il dì e la notte,[9] e poi il firmamento (da lui chiamato « cielo »),[10] le terre emerse (da lui chiamate « terra »)[11] e i mari. Il che significa che, per evitare fraintendimenti, il primo versetto del *Genesi* andrebbe tradotto letteralmente con: « In principio gli dei crearono il firmamento e le terre emerse ». Si eliminerebbe così ogni ambiguità sulla natura plurima e demiurgica di Elohim, il che naturalmente è ciò che invece si cerca a ogni costo di evitare.

Nella sua opera di creazione seguono poi le piante, e solo il quarto giorno arrivano il Sole e la Luna, per illuminare rispettivamente il dì e la notte:[12] un particolare interessante, che rivela come per gli antichi Ebrei il Sole non fosse la causa della luce diurna, ma solo un suo segnale. Senza di esso, evidentemente, di giorno la Terra sarebbe stata buia ma il cielo chiaro: è forse leggendo l'inizio della Bibbia che nel 1953 a Magritte è venuta l'ispirazione per il suo inquietante quadro *L'impero della luce*?

La storia della creazione si conclude con i pesci e gli uccelli il quinto giorno, e gli animali e l'uomo il sesto,[13] ma non senza un paio di sorprese. Anzitutto, perché Elohim crea sì l'uomo « a sua immagine e somiglianza » (o meglio, letteralmente, « a *loro* immagine e *loro* somiglianza »), ma lo crea *maschio e femmina*, simultaneamente! Forse questo significa che gli uomini delle origini erano androgini, come sembrerebbe anche dalla successiva precisazione che Elohim « li creò maschio e femmina, li benedisse e li chiamò Adamo ».[14]

E poi perché crea *vegetariani* non solo gli uomini, ma anche tutti gli animali.[15] Come ribadirà il versetto 14 del famoso *Salmo 104*, che costituisce la versione ebraica dell'*Inno al Sole* egizio di Akhenaton: « Tu fai crescere i foraggi per gli animali, e l'erba per l'uomo ». Ora, a testimonianza di come la religione sia indistinguibile dalla sua parodia, è proprio su questo versetto, così come sull'altrettanto esplicito riferimento all'erba nel *Genesi*, che i *rasta* giamaicani fondano la loro devozione per un tipo di erba molto specifico, chiamato *ganja* in ovvio riferimento al luogo di provenienza della canapa indiana.

È solo dopo il diluvio che Elohim permetterà agli uomini di diventare carnivori, dicendo a Noè e ai suoi figli:[16]

> « Quanto striscia sul suolo e tutti i pesci del mare sono messi in vostro potere. Quanto si muove e ha vita vi servirà di cibo: vi do tutto questo, come già le verdi erbe. Soltanto non mangerete la carne con la sua vita, cioè il suo sangue ».

Jahvé-Adonai

Ma la sorpresa maggiore ha ancora da venire. Perché, dopo aver concluso il racconto della creazione facendo riposare Elohim il settimo giorno, il *Genesi* lo riprende da capo immediatamente, in un'altra versione:[17]

> Quando il Signore Dio fece la terra e il cielo, nessun cespuglio campestre era sulla terra, nessuna erba campestre era spuntata – perché il Signore Dio non aveva fatto piovere sulla terra e nessuno lavorava il suolo e faceva salire dalla terra l'acqua dei canali per irrigare tutto il suolo – allora il Signore Dio plasmò l'uomo con polvere del suolo e soffiò nelle sue narici un alito di vita e l'uomo divenne un essere vivente.

La sorpresa non è, naturalmente, la descrizione ancora più esplicitamente demiurgica della creazione: questa, infatti, era già abbastanza esplicita anche nel primo racconto. È, invece, il fatto che di colpo si incomincia a parlare di *Jahvé*, « Signore », dapprima ancora in congiunzione con Elohim, « Dio », e poi da solo (nella traduzione inglese di re Giacomo si passa da *God* a *Lord*).

Ora, il tetragramma trascritto solitamente Yhwh o Jhwh è il nome divino che appare più frequentemente nella Bibbia ebraica: quasi 7000 volte, rispetto alle circa 2500 di Elohim (le cifre esatte dipendono dalle varie versioni del testo). Ma poiché è considerato ineffabile e impronunciabile, forse a causa di un'interpretazione letterale del comandamento « non nominare il nome di Yhwh invano »,[18] non si sa più come leggerlo, se pure mai lo si è saputo.

Il Quinto Libro degli *Stromati* o *Miscellanea*[19] di Clemente di Alessandria trascrive in greco il tetragramma come *Iaoue*, il che ha il vantaggio di ridurre l'ineffabilità di una scrittura totalmente consonantica all'immanenza di una pronuncia che per noi è panvocalica. Per successive contaminazioni si è poi arrivati all'uso corrente, che è Jahvé o qualcosa di simile, benché la setta dei cosiddetti « testimoni » abbia adottato Geova.

Per noi a-iaoueisti tutto va bene, ovviamente, ma per gli Ebrei, altrettanto ovviamente, no. La soluzione canonica da loro adottata è quella proposta tra il VII e il X secolo e.V. dagli scribi chiamati Masoreti, o « Tradizionalisti » (da *masorah*, « tradizione »): leggere Yhwh come *Adonai*, un plurale possessivo derivato dal fenicio *adon*, che sta a significare « signore », « legislatore » o « giudice », ed è usato nell'Antico Testamento più di 400 volte coniugato al plurale, e più di 300 al singolare. Letteralmente, dunque, Adonai dovrebbe essere tradotto con « Miei Signori », e si può facilmente prevedere che una divinità così chiamata si manifesti in maniera legalistica e prescrittiva, come effettivamente sarà nel seguito.

Passando dai nomi ai fatti, comunque, si nota anche a occhio nudo che la storia della creazione di Jahvé è sostanzialmente diversa da quella di Elohim. Tanto per cominciare, infatti, l'uomo non è l'ultima opera della creazione, bensì la prima! Ed è perché viene creato da *adam*, « terra » o « argilla », che prende il nome di Adamo: un'etimologia che si è conservata nelle lingue latine, dove « uomo » deriva da *humus*, e che in entrambi i casi significa dunque « terrestre ».

Dopo la creazione dell'uomo Jahvé pianta per lui il giardino dell'Eden,[20] un nome che significa « delizia » in ebraico, da cui il titolo del dipinto del 1504 di Hieronymus Bosch *Il giardino delle delizie*. Un'etimologia più antica, risalente al sumerico *edinu* e all'accadico *edin*, riporta poi il significato di Eden a « pianura » o « steppa ».

È solo dopo aver creato piante, animali e uccelli per il giardino,[21] che Jahvé plasma da una costola di Adamo quella che « si chiamerà donna (*ishah*), perché è stata tolta dall'uomo (*ish*) »:[22] la contrapposizione etimologica rimane nell'inglese *man* e *woman* (da *wif man*, « moglie dell'uomo », poi *wifman* e *winman*), ma in italiano va perduta, benché ne rimanga comunque una traccia negli appellativi « don » e « donna » (i quali derivano, però, da *dominus* e *domina*).

Oltre che alla donna, appunto, il racconto diede origine anche all'interessante credenza che l'uomo avesse una costola in meno di lei: il primo a sostenere il contrario fu il medico Andrea Vesalio nella sua *Fabbrica del corpo umano* (1543), sollevando naturalmente un pandemonio e finendo sotto le grinfie dell'Inquisizione.

Sia come sia, è solo dopo la caduta che la donna riceverà il nome di Eva, da *hawwah*, « vita », « perché essa fu la madre di tutti i viventi ».[23] A proposito di procreazione, non sappiamo comunque quale fosse il progetto originario di Jahvé. Forse, lasciare Adamo ed Eva soli nell'Eden. Oppure intervenire personalmente a incrementare la razza umana, permettendo ai suoi esponenti di « non sporcarsi le mani » in certe faccende. O, più probabilmente, *proibendo* loro di farlo, visto che l'interpretazione più ovvia dell'episodio del peccato originale[24] è proprio che l'uomo e la donna abbiano compiuto ciò che, da allora a oggi, più ossessiona entrambe le religioni ebraica e cristiana (naturalmente anche la musulmana, che però non ci interessa qui), e che esse rimuovono con tutto il loro inconscio.

Perché è vero che, formalmente, la proibizione divina riguarda il non mangiare il frutto dell'albero della conoscenza del bene e del male:[25] tra l'altro, in aperto contrasto con la prima versione della creazione, che invece permetteva espressamente di mangiare i frutti di *ogni* albero.[26] Ma è altrettanto vero che è proprio il verbo *yada'*, « conoscere », che viene sistematicamente usato nella Bibbia per indicare l'espletamento dell'atto sessuale, fornendo così un'interpretazione autentica del significato della richiesta di Jahvé: un'interpretazione talmente fastidiosa per i Cattolici, che l'edizione ufficiale CEI ha deciso di tradirla traducendo invece il verbo con « unirsi ».

In ogni caso, l'intera storia eiacula sesso da ogni poro: ad esempio, Adamo ed Eva si accorgono improvvisamente della loro nudità, e Jahvé condanna la donna a moltiplicare le gravidanze e partorire nel dolore.[27] Quanto al serpente, non c'è bisogno di essere Freud per interpretare il suo simbolismo. Se però uno lo è, e nel 1915 scrive un capitolo intitolato « Simbolismo del sogno » nella sua *Introduzione alla psicoanalisi*, non può fare a meno di notare: « Ai simboli sessuali maschili meno comprensibili appartengono certi rettili e pesci, soprattutto il famoso simbolo del serpente». L'incomprensibilità è naturalmente dovuta al fatto che, come simbolo del pene, il serpente sarà pure insinuante e viscido, ma è un po' moscio: può però facilmente ergersi in un duro bastone, e il bastone afflosciarsi in un serpente, anche nelle mani di Mosè.[28]

A coloro che avessero da ridire sul fatto che l'interpretazione del serpente come pene è tirata per i peli, basterà far notare che essa è comunque meno fantasiosa di quella tuttora proposta dal Cristianesimo,[29] che vede nel serpente il Diavolo: cioè, un ente spirituale di cui non si fa parola non solo nel *Genesi*, dove invece si dice esplicitamente che «il serpente era la più astuta di tutte le bestie selvatiche»,[30] ma in tutto il Pentateuco!

Sia come sia, la storia di Jahvé continua facendo dapprima procreare ad Adamo ed Eva due figli maschi, Caino e Abele, e poi facendo procreare a sua volta Caino:[31] un evento che persino un selvaggio, ad esempio quello del *Supplemento al viaggio di Bougainville* di Diderot (1771), riconosce dover essere basato sull'incesto. Infatti, o i due progenitori ebbero solo maschi, e allora Caino dovette accoppiarsi con la madre Eva, o ebbero anche figlie, e allora potrebbe essere stata qualcuna delle sorelle a procreare col fratello. A meno che, come propone il fondatore dei Mormoni Joseph Smith nella sua *Versione ispirata della Bibbia*, risolvendo genialmente una volta per tutte il problema, Caino non abbia semplicemente «preso per moglie una delle figlie di suo fratello».[32]

Incesto a parte, non è comunque affatto chiaro come la genealogia umana sia proceduta nella storia biblica. Perché, stranamente, dopo l'assassinio del fratello, Caino teme di essere ucciso e «Jahvé gli impose un segno, perché non lo colpisse chiunque l'avesse incontrato»,[33] benché fossero in teoria rimasti solo lui e i suoi genitori. E poi perché, ancora più stranamente, quando gli uomini cominciarono a moltiplicarsi[34]

> c'erano sulla terra i giganti a quei tempi – e anche dopo – quando i figli di Dio si univano alle figlie degli uomini e queste partorivano loro dei figli: sono questi gli eroi dell'antichità.

Naturalmente, basterebbe un briciolo di buon senso per interpretare Adamo ed Eva come metafore dei generi maschile e femminile, ed evitare tutti i problemi in cui si incorre a volerli invece considerare come nomi specifici di due ipostasi personali. E invece ancora nel 1950 Pio XII dichiarava, nell'enciclica *Humani Generis* (« Del Genere Umano »):[35]

> I fedeli non possono abbracciare quell'opinione i cui assertori insegnano che dopo Adamo sono esistiti qui sulla terra veri uomini che non hanno avuto origine, per generazione naturale, dal medesimo come da progenitore di tutti gli uomini, oppure che Adamo rappresenta l'insieme di molti progenitori.

E anche oggi il *Catechismo*[36] insiste a parlare di Adamo ed Eva come letterali progenitori, ai quali un letterale Dio si manifesta, e che cedono alla tentazione di un altrettanto letterale demonio: con buone ragioni, naturalmente, altrimenti perderebbe di senso la storia del Peccato Originale e si rivelerebbe inutile la Redenzione.

Contenti loro, comunque, contenti tutti. O quasi, visto che Jahvé, accortosi del pasticcio, « si pentì di aver fatto l'uomo sulla terra e se ne addolorò in cuor suo », decidendo di sterminare ogni essere vivente: uomo, animali e uccelli.[37] Un comportamento singolare, per un dio considerato onnipotente e onnisciente, soprattutto in virtù del fatto che anche in seguito si pentirà di altre sue azioni: ad esempio, « di aver costituito Saul re ».[38]

La cosa non sembra turbarlo, però, visto che in *Geremia*[39] egli confessa tranquillamente, e in maniera piuttosto sconcertante:

> Talvolta nei riguardi di un popolo o di un regno io decido di sradicare, di abbattere e di distruggere; ma se questo popolo, contro il quale avevo parlato, si converte dalla sua malvagità, io mi pento del male che avevo pensato di fargli.
>
> Altra volta nei riguardi di un popolo o di un regno io decido di edificare e di piantare; ma se esso compie ciò che è male ai miei occhi non ascoltando la mia voce, io mi pentirò del bene che avevo promesso di fargli.

Le fonti del Pentateuco

A questo punto ci ritroviamo con due dèi diversi, Elohim e Jahvé, e due storie della creazione contrapposte, in una delle quali l'uomo arriva alla fine insieme alla donna, e nell'altra agli inizi e da solo. E ci piacerebbe sapere com'è potuto accadere che gli uni e le altre (dèi e storie, cioè, non uomini e donne) abbiano potuto unirsi fra loro, in un sincretismo che ha portato gli Ebrei dapprima, e i Cristiani poi, a considerarli un unico Dio e un'unica storia.

Cominciamo, anzitutto, a cercare di capire che cosa significano i nomi dei due dèi. Come abbiamo già accennato, Elohim è il plurale di *Eloah*, del quale non c'è bisogno di essere linguisti per sentire l'assonanza con *Allah*: se però uno volesse esserlo per forza, allora scoprirebbe che fra i due termini ci sono connessioni basate non soltanto sulla pronuncia, ma anche sulle radici, sull'ortografia, sul significato e sulla geografia.

Tra l'altro, in ebraico il nome consonantico Lh che si legge Eloah si può anche leggere Alah, ottenendo forme verbali che il *Dizionario* di Ben Yehuda traduce con « fare un patto » o « adorare ». E non c'è niente di cui scandalizzarsi in questa assonanza, benché a Ebrei e Cristiani essa faccia venire in mente gli odiati Musulmani: *Elah* era infatti il nome di Dio anche in aramaico, cioè nella lingua di Gesù, ed è già usato un centinaio di volte nell'Antico Testamento; e *Allah* è il nome che i Cristiani di lingua araba hanno sempre usato per indicare il Dio della Bibbia, prima e dopo Maometto.

In arabo *Allah* deriva da *Al ilah*, « il Dio », ed è dunque il nome proprio associato al nome comune *ilah*, « dio ». La professione di fede islamica *la ilaha ill-allah* può dunque essere tradotta in due modi: « non c'è altro dio all'infuori di Allah » o « non c'è altro dio all'infuori del Dio », a seconda che si voglia enfatizzarne la specifica personalità o la generica impersonalità.

Una simile ambiguità c'è per il termine *Elohim*, che può anch'esso essere usato come nome proprio « Dèi », o come nome comune « dèi ». E c'è anche per il comandamento ebraico *lo yihyeh lecha elohim acherim al panay*,[40] che può essere tradotto come « non ci saranno altri Elohim all'infuori di me » o « non ci saranno altri dèi all'infuori di me » (letteralmente: « davanti a me »).

A proposito di ambiguità o confusione, nessuna è maggiore di quella relativa ai nomi di Dio fumosamente rivelati a Mosè dal roveto ardente.[41] Anzitutto, infatti, il roveto o chi per esso emette il famoso pronunciamento *ehyeh asher ehyeh*, che è stato tradotto, a seconda dei casi, come « Io sono ciò (o colui) che è », « Io sono ciò (o colui) che sono », « Io sono ciò (o colui) che sarò », « Io sarò ciò (o colui) che sarò », e così via, e interpretato come « Io sono immutabile », « Io sono eterno », « Io ci sarò sempre », « Io sono in divenire », « Io non ci sono ancora », e così sia. Subito dopo egli aggiunge di essere « Io sono » o « Io sarò », a seconda delle traduzioni. E poi, infine, svela di chiamarsi Jahvé, e che quello « è il mio nome per sempre, il titolo con cui sarò ricordato di generazione in generazione ». Naturalmente precisa anche di essere « il Dio di Abramo, Isacco e Giacobbe », benché loro non abbiano mai saputo il suo vero nome, e lo chiamassero invece *Shaddai*, « Onnipotente ».[42] Forse per rimettere un po' d'ordine in questo caos, una delle teorie sul tetragramma Yhwh propone che esso sia una composizione delle consonanti dei tre tempi verbali del verbo essere: *hayàh* (fu), *howéh* (è), *yehyéh* (sarà). La vocalizzazione YaHoWeH (Iaoue) sarebbe dunque una contrazione di « fu-è-sarà », più o meno un « Fuerà », e il significato qualcosa come « Essere ».

Come già sappiamo, però, gli Ebrei rimuovono il tetragramma Yhwh e lo pronunciano come Adonai. E non furono gli unici a prendere a prestito il fenicio *adon* come nome di un dio: a parte l'*Aton* egizio, oggetto del primo culto monoteistico della storia istituito da Akhenaton, esso sta infatti anche all'origine del greco *Adonis*, « Adone », la divinità della vegetazione che annualmente nasce, vive, muore e risorge. Un dio sempreverde, dunque, che diede anche il nome al *giardino di Adone* nel quale le donne di Atene coltivavano piante a vita breve, che spuntavano velocemente e altrettanto velocemente morivano. Dopo essere stato amato da Afrodite stessa, Adone fece una brutta fine, che ricorda da vicino quella di Osiride e di Cristo:

una morte violenta ma feconda, cioè in cui la vittima non muore invano perché versa il suo sangue per rigenerare la vita altrui (nel caso di Adone quella dell'anemone, o *Adonis vernalis*).

La diversa provenienza dei nomi, cananea di Elohim e fenicia di Adonai, suggerisce che le due divinità possano essere di derivazione settentrionale la prima, e meridionale la seconda. Questa rimarrebbe però soltanto una mera curiosità, se le occorrenze dei due nomi non permettessero di dipanare, dall'intreccio dei versetti biblici, racconti paralleli basati sull'una e sull'altra divinità, e spesso contraddittori fra loro.

Il fatto fu notato per la prima volta dal pastore protestante tedesco Henning Witter, in un'opera del 1711 dall'esplicito (e pedantissimo) titolo: *Jura Israelitarum in Palestinam terram Channaneam. Commentatione in Genesim perpetua demonstrata, ut idiomatis authentici nativus sensus fideliter detegatur, Mosis Autoris primaeva intentio sollicite definiatur, adeoque Corpus Doctrinae & Juris tum antiquissimum, tum consummatissimum tandem eruatur* («Il diritto degli Israeliti alla palestinese terra di Canaan. Commento al Genesi definitivamente dimostrato, per rivelare fedelmente il senso originario del linguaggio autentico, per definire esattamente l'intenzione primaria dell'autore Mosè, e infine per estrarre l'antichissimo e perfettissimo Corpo della Dottrina e del Diritto»).

A seguito di innumerevoli studi di archeologia linguistica,[43] oggi si pensa che il Pentateuco sia in realtà composto di (almeno) quattro fonti: due elohiste chiamate rispettivamente E e P (dal tedesco *Priester*, «sacerdote»), una jahvista chiamata J e una deuteronomica chiamata D. Naturalmente, per separare fra loro fonti che usano lo stesso nome divino si usano altri indizi analoghi: ad esempio, i nomi di località o di persone, come Oreb e Ietro in E e Sinai e Reuel in J, o lo stile.

Nel racconto della creazione la differenza tra le fonti è sostanzialmente teologica, nel senso che esse si limitano a raccontare mitologie diverse. In particolare, Elohim viene rappresentato in maniera più trascendente e cosmica, e Jahvé in maniera più antropomorfa e terrena: ad esempio, dopo la caduta Adamo ed Eva udirono quest'ultimo che «passeggiava nel giardino alla brezza del giorno, e si nascosero da lui in mezzo agli alberi».[44]

Ma quando si passa alla storia del popolo ebraico, le divergenze si fanno politiche e legali: da esse si deduce che le due versioni riflettono, da un lato, le vicende politiche dei due regni settentrionale di Israele e meridionale di Giuda nei quali il paese si era diviso dopo la morte di Salomone, descritte nei libri dei *Re* e delle *Cronache*; dall'altro lato, le rivalità teologiche dei vari ordini religiosi del paese, i principali dei quali erano quelli dei sacerdoti di Gerusalemme, Betel e Silo.

Il motivo per cui le fonti non sono state mantenute separate, come nel caso dei Vangeli, è che esse erano troppo contraddittorie fra loro. E poiché si volevano unire per forgiare una storia comune, dopo la ricostruzione del Tempio e la restaurazione dello Stato ebraico descritte nei libri di *Esdra* e *Neemia*, e nessuna tradizione poteva essere scartata senza creare risentimento nella parte della popolazione a cui essa apparteneva, si è deciso a volte semplicemente di giustapporle, come nel caso della creazione, e altre volte di fonderle insieme, come nel caso del diluvio.

Il risultato è spesso un *pastiche*, per non dire più apertamente un irritante e snervante pasticcio. Ad esempio, nel racconto del diluvio non si riesce a capire se Noè porti una o sette coppie di animali mondi nell'arca, se ci entri all'inizio del diluvio o una settimana prima, se l'acqua alta duri quaranta o centocinquanta giorni, se l'arca si posi sull'Ararat dopo sette o dieci mesi, se in perlustrazione venga mandato un corvo o una colomba, se la terra fu asciutta il primo giorno del primo mese o il ventisettesimo del secondo, e così via.[45]

Quanto al problema di quando sia stata fatta la compilazione, e da chi, non si possono che avanzare ipotesi. La più ovvia è che l'autore sia stato Esdra, l'unico personaggio oltre a Mosè al quale la Bibbia riconosce il ruolo di legislatore. Secondo la tradizione, infatti, fu lui a leggere pubblicamente alla folla il Pentateuco, dopo il ritorno dall'esilio di Babilonia nel 538 p.e.V.[46]

La Rivelazione

Nessuno oggi si stupisce, naturalmente, che per l'unità di una nazione, e soprattutto per l'identità culturale di un popolo, si siano potuti elaborare testi mitopoietici, simbolici e letterari, compilandoli da varie fonti più o meno fantastiche. Ma non è sempre stato così, soprattutto quando a venir messe in dubbio erano l'integrità originaria della Bibbia e la sua ispirazione divina.

Lo sperimentò sulla sua pelle Baruch Spinoza, il filosofo ebreo che nel 1656, a soli ventiquattro anni, era stato espulso dalla comunità ebraica per il suo spregiudicato anticonformismo. Nel 1670 egli pubblicò il *Trattato teologico-politico*, in cui proponeva di affrontare la Bibbia come un libro umano, invece che divino, applicando alla sua ermeneutica tutti gli strumenti linguistici, filologici e storici disponibili: nel 1674, puntualmente, il libro (quello di Spinoza, non quello di Dio) fu condannato e vietato dalle corti olandesi.

Richard Simon, un prete che si era convertito al Cattolicesimo dal Protestantesimo, cercò di salvare il salvabile e pubblicò nel 1678 una *Storia critica dell'Antico Testamento*, nella quale sosteneva che il Pentateuco era in realtà costituito da un nucleo originario e unitario dovuto a Mosè, al quale erano state fatte modifiche e aggiunte da profeti divinamente ispirati. Ma anche questo era già troppo per i tempi: il povero Simon fu attaccato sia dai Cattolici che dai Protestanti, e finì spretato e messo all'Indice.

Col passare del tempo furono però individuate le varie fonti dell'Antico Testamento, e divenne sempre più difficile continuare a sostenerne l'integrità. L'opera che costituì per la teoria dell'evoluzione biblica l'analogo di ciò che *L'origine delle specie* di Charles Darwin (1859) era stata per la teoria dell'evoluzione biologica fu *La composizione dell'Esateuco* di Julius Wellhausen (1876). Egli effettuò la prima grande sintesi sistematica delle varie scoperte, che è sostanzialmente la seguente.

Le due fonti jahvista J ed elohista E furono compilate rispettivamente verso l'850 e il 750 p.e.V. nei regni di Giuda e di

Israele, e riunificate dopo la distruzione del secondo nel 722. La fonte sacerdotale P risale al regno di Ezechia, tra il 716 e il 687, e sancisce la divisione da lui fatta tra sacerdoti e Leviti.[47] La fonte deuteronomica D fu creata da Giosia nel 622, e contrabbandata come il fortunoso ritrovamento del perduto rotolo della *torah*.[48] Infine, dopo il 538 Esdra unificò tutti i documenti nel Pentateuco, che fu in seguito variamente rimaneggiato e assunse la sua forma definitiva attuale verso il II secolo p.e.V.

Come si può immaginare, le reazioni ecclesiastiche a queste scoperte furono fortemente negative, e non si limitarono alle confutazioni accademiche: ad esempio, gli articoli che William Robertson Smith scrisse sull'argomento per l'*Enciclopedia Britannica* nel 1875 scatenarono una rivolta nell'ossimorica Libera Chiesa Scozzese alla quale egli apparteneva, che lo radiò dall'insegnamento.

Alla fine dell'Ottocento l'evidenza si era però ormai diffusa anche fra i Cattolici, e nel 1893 un allarmato Leone XIII denunciò, nell'enciclica *Providentissimus Deus* («Dio Provvidentissimo»),[49] i razionalisti come «veri figli ed eredi dei vecchi eretici», che «credono di distruggere la sacrosanta verità delle Scritture, imponendo al mondo i loro detestabili errori come perentori pronunciamenti di una nuova e sedicente *scienza libera*».

Soltanto cinquant'anni dopo, nel 1943, Pio XII accettò finalmente l'evidenza. La sua enciclica *Divino afflante Spiritu* («Ispirati dal Divino Spirito»), dopo aver definito quella del suo predecessore «la Magna Charta degli studi biblici», provvide opportunamente a sconfessarla incitando all'ermeneutica scientifica:

> Attendano dunque i nostri scritturisti con la dovuta diligenza a questo punto, e nessuna tralascino di quelle nuove scoperte fatte dall'archeologia o dalla storia o letteratura antica, che sono atte a far meglio conoscere qual fosse la mentalità degli antichi scrittori, e la loro maniera ed arte di ragionare, narrare, scrivere. In questa materia anche i laici cattolici sappiano ch'essi non solo gioveranno alla scienza profana, ma renderanno anche un segnalato servizio alla causa cristiana.[50]

L'edizione ufficiale CEI della Bibbia non ha dunque difficoltà, *oggi*, a riconoscere nell'introduzione al Pentateuco che « nell'opera confluiscono tradizioni e documenti variamente intersecantisi, che si possono scaglionare su un lasso di tempo che va dall'epoca di Mosè (secolo XIII p.e.V.) all'epoca della restaurazione del popolo di Israele dopo l'esilio in Babilonia (secolo V p.e.V.) ». Per citare il *Libro dei Proverbi*: « meglio tardi che mai », e « tutto è bene quel che finisce bene ».

Dopo aver accettato il teorema che il Pentateuco è un *collage* pasticciato e confuso di opere variegate e ineguali, la Chiesa deriva dunque anche il corollario che esso è, per forza di cose, « umano, troppo umano »? Manco per idea, naturalmente, perché con questo « gran rifiuto » scalzerebbe le ideali fondamenta celesti sulle quali si basa il suo reale edificio terreno.

E così la Costituzione Dogmatica del Concilio Ecumenico Vaticano II *Dei Verbum* (« Della Parola di Dio »), che essendo appunto dogmatica enuncia cose che un cattolico non può non accettare, continua a dichiarare:[51]

> La Santa Madre Chiesa, per fede apostolica, ritiene sacri e canonici *tutti interi i libri* sia dell'Antico sia del Nuovo Testamento, *con tutte le loro parti*, perché scritti per ispirazione dello Spirito Santo, hanno Dio per autore e come tali sono stati consegnati alla Chiesa. Per la composizione dei Libri Sacri, Dio scelse e si servì di uomini nel possesso delle loro facoltà e capacità, affinché, agendo Egli in essi e per loro mezzo, scrivessero, come veri autori, *tutte e soltanto quelle cose che Egli voleva fossero scritte.*[52]

Due perle brillano, in questa dichiarazione. Da un lato, la presenza di una divertente *excusatio non petita* sulla sanità mentale degli autori materiali della Bibbia, che rivela la preoccupazione per l'*accusatio manifesta* che chiunque legga la loro opera con spirito critico a volte potrebbe avanzare. Dall'altro lato, la mancanza di qualunque tentativo di risposta alla più ovvia delle domande: perché mai chi dettava avrebbe voluto che si scrivessero così tante cose che, come abbiamo cominciato a notare e continueremo a fare, sono sbagliate scientificamente, contraddittorie logicamente, false storicamente, sciocche umanamente, riprovevoli eticamente, brutte letterariamente e raffazzonate stilisticamente, invece di ispirare semplicemente un'opera corretta, consistente, vera, intelligente, giusta, bella e lineare?

Misteri della fede, anche se nella *Critica della filosofia hegeliana* Ludwig Feuerbach ha proposto una possibile e convincente soluzione: che uno dei molti errori del *Genesi*, il più tragicamente gravido di conseguenze per l'umanità, sia stata un'inversione tra soggetto e oggetto nel versetto « Dio creò l'uomo a sua immagine e somiglianza », che andrebbe invece letto « l'uomo creò Dio a sua immagine e somiglianza ».

Cosmogonie moderne

I primi undici capitoli del *Genesi*, ai quali ci siamo finora dedicati, costituiscono due versioni ebraiche del mito della creazione, che le varie culture hanno coniugato attraverso le più variopinte immagini letterarie e le più disparate visioni filosofiche. Naturalmente, oggi nessuno che sia « nel possesso delle sue facoltà e capacità » assegnerebbe a quei miti un valore scientifico o storico, credendo ad esempio che effettivamente il mondo sia stato creato in sei giorni o la donna da una costola dell'uomo.

Il problema è che di gente fuori di testa è purtroppo pieno il mondo, alla base e al vertice. E di creazionisti, antichi e moderni, anche. Fra i primi, il più noto campione delle datazioni basate sulle cronologie bibliche fu il vescovo James Ussher, che dopo precisi calcoli riuscì a stabilire il momento esatto della creazione: per la cronaca, il tramonto (di cosa?) del 22 ottobre 4004 p.e.V. Questa e simili datazioni entrarono naturalmente in crisi quando la geologia incominciò a sfornare le datazioni cosmiche della scienza, che facevano impallidire quelle antropiche della Bibbia.

Fra i secondi, la palma va all'Associazione Mondiale dei Fondamentalisti Cristiani che, nel 1925 a Daytona, nel Tennessee, denunciò l'insegnante di biologia John Scopes per aver insegnato l'evoluzionismo: si scatenò un circo mediatico chiamato « Il processo delle scimmie », che si concluse con la condanna dell'imputato (che era il professore, naturalmente, non il creazionismo). Tra parentesi, il pubblico accusatore non era un povero idiota qualunque, ma uno ricco e speciale: si chiamava William Bryan ed era stato il segretario di Stato del presidente Woodrow Wilson, oltre che il candidato democratico alla presidenza per ben tre volte, a dimostrazione che il creazionismo non è arrivato al governo degli Stati Uniti soltanto con George W. Bush.

Negli Stati Uniti il dibattito sull'argomento è stato ufficialmente chiuso nel 1987 da una sentenza della Corte Suprema, che dopo la promulgazione in Arkansas e Louisiana di leggi sulla *par condicio* tra la teoria biologica e la mitologia biblica ha stabilito che « cercare di promuovere un creazionismo di tipo religioso o di proibire l'insegnamento di una teoria scientifica sgradita a certe sette religiose viola il Primo Emendamento della Costituzione ».

La delibera ha chiuso un fronte, ma i creazionisti ne hanno naturalmente aperti altri. Da un lato, essi cercano di rivoltare la frittata sostenendo non più che il racconto mitologico è scientifico, ma che è il racconto scientifico a essere mitologico: dunque, nuova rivendicazione di *par condicio*, ma questa volta su basi postmoderniste, invece che religiose. Dall'altro lato, essi chiedono di dare spazio alle prove « scientifiche » contro l'evoluzione, e alle teorie « scientifiche » del Principio Antropico e del Progetto Intelligente.

Anche il dibattito su questi argomenti è stato ufficialmente chiuso negli Stati Uniti nel 2005 da una sentenza del tribunale di Dover, in Pennsylvania, la quale ha decretato che « l'*Intelligent Design* è una particolare forma di Cristianesimo », e come tale non può pretendere di essere affiancato all'evoluzionismo nell'insegnamento pubblico.

Poiché però queste strategie neocreazioniste allontanano il dibattito dal piano più propriamente teologico per spostarlo su uno filosofico o (para)scientifico, possiamo religiosamente tornare alla dottrina e affrontare l'atteggiamento cattolico verso il creazionismo. Una posizione ufficiale è stata presa nel 1950 da Pio XII nell'enciclica *Humani Generis* (« Del Genere Umano »),[53] nella quale egli dichiara che i primi undici capitoli del *Genesi* « appartengono al genere storico in un vero senso », e aggiunge:

> Se qualche cosa gli antichi agiografi hanno preso da narrazioni popolari (il che può essere concesso), non bisogna mai dimenticare che hanno fatto questo con l'aiuto dell'*ispirazione divina*, che nella scelta e nella valutazione di quei documenti li ha *premuniti da ogni errore*. Quindi le narrazioni popolari inserite nelle Sacre Scritture non possono affatto essere poste sullo stesso piano delle mitologie o simili, le quali sono frutto più di un'accesa fantasia che di quell'*amore alla verità e alla semplicità* che risalta talmente nei Libri Sacri, anche dell'Antico Testamento, da dover affermare che i nostri agiografi son *palesemente superiori* agli antichi scrittori profani.[54]

Ora, con buona pace del papa, il *best seller* di Fritjof Capra *Il tao della fisica* ha mostrato che anche altre religioni possono vantare qualche vaga assonanza con le teorie scientifiche moderne. Ma non si può negare che il primo racconto della creazione ne abbia di sue, soprattutto con il Big Bang e l'evoluzionismo.

Per quanto riguarda il primo, ad esempio, in fondo la sua teoria è stata elaborata per la prima volta da un abate, Georges Lemaître, e il fortunato ma denigratorio nome di « Grande Botto » o « Bottone » le fu dato da un ateo, Fred Hoyle, che la riteneva spregevolmente « conforme alla teologia Giudeo-Cristiana ». Non sorprende dunque che lo stesso Pio XII abbia dichiarato trionfante al proposito, nel suo discorso sull'origine dell'universo del 22 novembre 1951 alla Pontificia Accademia delle Scienze:

> Pare davvero che la scienza odierna, risalendo d'un tratto milioni di secoli, sia riuscita a farsi testimone di quel primordiale *Fiat lux* allorché dal nulla proruppe con la materia un mare di luce e di radiazioni, mentre le particelle degli elementi chimici si scissero e si riunirono milioni di galassie, [...] confermando con la concre-

tezza propria delle prove fisiche la contingenza dell'universo e la fondata deduzione che verso quell'epoca il cosmo sia uscito dalla mano del Creatore.

Sembra però che il papa si sia lasciato un po' troppo prendere la mano dall'entusiasmo, dimenticando da un lato che l'inizio del *Genesi* è l'esatto contrario di una creazione dal nulla, e dall'altro che il Big Bang è da intendersi come un inizio non assoluto, ma relativo: non a caso, esso è perfettamente compatibile con le attuali teorie che ritengono il nostro universo e il suo Big Bang solo uno dei molti, e non escludono affatto la possibile «eternità» del vuoto quantistico, del quale i vari Big Bang potrebbero non essere altro che più o meno insignificanti fluttuazioni.

Quanto all'evoluzionismo, in fondo i titoli di entrambi i capolavori di Darwin possono essere tradotti *La genesi delle specie* e *La genesi dell'uomo*, e anche qui ci sono assonanze generiche: ad esempio, il procedere della creazione dalle piante ai pesci, agli animali, all'uomo. Ma sono molto meno importanti delle divergenze specifiche: da «dettagli» come l'apparizione delle piante prima del Sole, o degli uccelli prima dei rettili, ad aspetti fondamentali quali i ripetuti interventi divini, l'emergenza istantanea e indipendente delle varie specie, e la divinità dell'uomo.

Ora, persino Giovanni Paolo II ha dovuto ammettere recalcitrante, nel suo discorso sull'origine della vita e l'evoluzione del 22 ottobre 1996 alla Pontificia Accademia delle Scienze, che oggi il darwinismo non è più «una mera ipotesi». Ma non ha potuto fare a meno di tracciare un confine invalicabile, affermando:

> Le teorie dell'evoluzione che, in funzione delle filosofie che le ispirano, considerano lo spirito come emergente dalle forze della materia viva o come un semplice epifenomeno di questa materia, sono incompatibili con la verità dell'uomo. Esse sono inoltre incapaci di fondare la dignità della persona.

L'arroccamento sulla divinità dell'uomo si scontra, naturalmente, con l'evidenza della sua animalità accumulatasi dalla pubblicazione dell'*Origine dell'uomo* di Darwin nel 1871, fino alla scoperta dell'universalità del codice genetico da parte di Marshall Nirenberg nel 1966: quest'ultima dimostra definitivamente come le forme di vita siano tutte legate fra loro e procedano da un comune antenato, che tra l'altro è pure stato battezzato e si chiama Luca, come l'evangelista, da *Last Universal Common Ancestor* (« Ultimo Antenato Comune Universale »).

Il perché di questo arroccamento è un mistero anche dal punto di vista di un credente: non si vede, infatti, per qual motivo un Dio onnipotente non avrebbe potuto creare un universo in cui dapprima la vita e poi la coscienza si evolvessero spontaneamente e gradualmente dalla materia inanimata. È soltanto l'attaccamento all'idea che gli autori del *Genesi* siano stati « premuniti da ogni errore », contraria ormai a ogni evidenza, che conduce all'imbarazzante scontro tra scienza e fede su questo particolare argomento.

In fondo, l'attaccamento alla storia della creazione dell'uomo a immagine di Dio non è più razionale di quello alla favola della nascita dell'arcobaleno come suggello di un patto postdiluviano: « Quando radunerò le nubi sulla terra e apparirà l'arco sulle nubi ricorderò la mia alleanza tra me e voi ».[55] La seconda è una bella immagine poetica ma una brutta stupidaggine scientifica, perché l'arcobaleno è un fenomeno che si può facilmente spiegare con le leggi dell'ottica. Perché mai non dovrebbe esserlo anche la prima, che oggi si può analogamente, benché più difficilmente, spiegare con le leggi della biologia?

Ma, soprattutto, perché mai dovremmo continuare a lasciarci ammannire superficiali e primitivi miti religiosi fin da bambini, invece di cominciare già da subito a essere esposti a divulgazioni delle loro profonde e moderne verità scientifiche? Come lo stesso Darwin ebbe a dire nella sua *Autobiografia*, in una frase che la moglie Emma censurò nella prima edizione del 1887:

Non dobbiamo trascurare la probabilità che il costante inculcare la credenza in Dio nelle menti dei bambini possa produrre un effetto così forte e duraturo sui loro cervelli non ancora completamente sviluppati, da diventare per loro tanto difficile sbarazzarsene, quanto per una scimmia disfarsi della sua istintiva paura o ripugnanza del serpente.

IL DIO D'ISRAELE

Dopo la prima stazione mitologica dell'inizio del *Genesi*, la nostra *via crucis* prosegue con la fantastoria della nascita del popolo ebraico e della conquista della Terra Promessa: cioè i capitoli XII-L del *Genesi*, l'*Esodo*, i *Numeri*, e i libri di *Giosuè* e dei *Giudici*.

I Patriarchi

A partire dal capitolo XII la storia del *Genesi* passa letteralmente «dalle stelle alle stalle», abbandonando i grandiosi avvenimenti cosmici degli inizi per concentrarsi sulle piccole beghe terrene di un popolo di pastori mediorientali di tremila anni fa. L'esordio è sorprendente, perché senza preamboli né spiegazioni Jahvé ordina bruscamente a un certo Abramo (da *ab raham*, «padre di una moltitudine» o «patriarca»):[1]

> Vattene dal tuo paese, dalla tua patria e dalla casa di tuo padre, verso il paese che ti indicherò. Farò di te un grande popolo e ti benedirò, renderò grande il tuo nome e diventerai una benedizione. Benedirò coloro che ti benediranno e maledirò coloro che ti malediranno, e in te si diranno benedette tutte le famiglie della terra.

Questa dichiarazione di intenti contiene già i due *mantra* della Terra Promessa e del Popolo Eletto, che verranno salmodiati fino alla nausea e in innumerevoli ripetizioni in tutto l'Antico Testamento. Ma contiene anche la sconfessione di tutta la precedente storia della creazione, perché nessuna giusta divinità universale avrebbe né voluto, né potuto, comportarsi in maniera ingiustamente parziale nei confronti di un singolo popolo: soprattutto, in base all'unica giustificazione di averlo scelto « perché lo ama », e non perché esso sia giusto o retto, ché anzi « è di dura cervice ».[2]

Jahvé getta dunque la falsa maschera di Creatore di ogni uomo per mostrare il suo vero volto di Dio del solo Abramo, e lo fa fin da subito. Cioè, dall'imbarazzante episodio[3] in cui Abramo scende in Egitto, e temendo che gli Egizi lo uccidano per prendersi la sua bella moglie Sara, le ordina di dire che è solo sua sorella. Il faraone se ne invaghisce, benché ella sia sulla settantina,[4] e pur di averla colma Abramo di « greggi, armenti, asini, cammelli, schiavi e schiave ». Ma come reagiscono Jahvé ed Elohim? Invece di punire il patriarca per il suo vigliacco e fraudolento comportamento, il primo « colpisce il faraone e la sua casa con grandi calamità » e il secondo « rese sterili tutte le donne della sua casa », lasciando gli Egizi perplessi ed esterrefatti, e noi anche.

In seguito l'episodio si ripete tale quale, e non solo per la solita storia delle due (diverse) versioni, alla quale ormai non faremo più troppo caso, ma perché il giochetto viene rifatto anche da Isacco:[5] il quale, tra l'altro, non poteva nemmeno invocare la pietosa scusa di non aver completamente mentito, in quanto incestuoso. Abramo sì, invece, perché aveva sposato una sua sorellastra per parte di padre:[6] una situazione che l'ineffabile edizione ufficiale CEI commenta dicendo che « la morale dell'Antico Testamento non era perfetta e delicata come quella evangelica ».[7]

Ma questo è un *understatement* che farebbe impallidire un inglese! Abramo ha infatti un figlio da una schiava,[8] e poi lo caccia da casa per la gelosia della moglie.[9] Lot, nipote (figlio del fratello) di Abramo, procrea con entrambe le proprie figlie.[10] Giacobbe, nipote (figlio del figlio) di Isacco, ha due mogli che sono fra loro sorelle.[11] Reuben, figlio di Giacobbe, va a letto con la concubina del padre.[12] Giuda, altro figlio di Giacobbe, ha due figli dalla nuora.[13] E così via, allegramente.

Ma Jahvé non se ne preoccupa, mentre si impegna invece a sterminare a « zolfo e fuoco » Sodoma e Gomorra,[14] i cui abitanti non saranno stati tanto peggio dei patriarchi e dei loro famigliari, a meno di voler appunto considerare come il peggio la sodomia. E sempre che questa fosse la colpa della città, visto che dalla storia non è così chiaro, benché ci sia qualche elemento per dedurlo: due angeli arrivano infatti in visita da Lot, gli abitanti li reclamano per « conoscerli », ma il pio uomo offre loro in cambio le figlie vergini (le stesse che in seguito svergincrà lui stesso, procreando con entrambe).

Naturalmente, offrendo delle vergini a una *gang* di molestatori Lot sembra confermare di temere qualche brutta intenzione di tipo sessuale, ma non necessariamente quella solitamente associata al termine « sodomia »: anche perché, in tal caso, la verginità sarebbe stata di poco vantaggio. D'altronde, *Ezechiele*[15] accusa più genericamente la città di « superbia, ingordigia, ozio indolente » e di « non stendere la mano al povero e all'indigente ».

Per non lasciare dei dubbi, comunque, i Cristiani formalizzeranno il peccato di sodomia come « sesso contro natura » in un versetto della *Lettera di Giuda*,[16] l'opera che conclude il Nuovo Testamento, prima dei fuochi d'artificio dell'*Apocalisse*:

> Così Sodoma e Gomorra e le città vicine, che si sono abbandonate all'impudicizia e sono andate dietro [*sic*] a vizi contro natura, stanno come esempio subendo le pene di un fuoco eterno.

Si noti l'interessante slittamento di significato dall'originale greco *sarkos heteros* alla traduzione italiana « vizi contro natura ». Il primo significa letteralmente « eterocarnalità », e indicava semplicemente un diversivo sessuale che per i Greci non era affatto riprovevole, per non dire che era affatto approvabile. La seconda rivela invece la sessuofobica considerazione cristiana dell'omosessualità e, più in generale, dei rapporti anali come contrari alle leggi di natura, benché li pratichino pure gli animali: e non solo quegli erotomani dei bonobi, ma anche topi, conigli, capre, cavalli, maiali, leoni, pecore, giraffe e scimpanzé, oltre a delfini e balene.

Se comunque Sodoma non ha usurpato il suo nome, allora

Jahvé doveva essere sensibile a certe cose ma non ad altre, perché non faceva una piega per l'incesto e la poligamia, ma dava in letterali escandescenze per la sodomia. E mentre non si preoccupava dei figli illegittimi e incestuosi che Giuda aveva avuti con la nuora, permettendo addirittura a uno di loro di diventare un progenitore di Davide e Gesù,[17] ne fece morire il figlio legittimo Onan perché si era rifiutato di procreare con la vedova del fratello, e aveva all'uopo inventato la benemerita tecnica dell'*onanismo* che oggi porta il suo nome.[18]

Dunque, anticoncezionali no, nemmeno «naturali». Ma procreazione assistita sì, visto che furono gli stessi Jahvé ed Elohim a praticarla la prima volta per permettere alla novantenne Sara, moglie del novantanovenne Abramo, di procreare il loro unico figlio Isacco. In verità, il gagliardo patriarca non aveva nessun problema di funzionamento: in seguito, infatti, si risposò ed ebbe vari altri figli, tutti senza aiuto di sorta. Ma, ovviamente, a Sara «era cessato ciò che avviene regolarmente alle donne». Le due divinità decisero dunque di intervenire personalmente, in una storia che tutta insieme fa semplicemente ridere: e fu appunto perché la stessa Sara rise, all'annunciazione della sua anacronistica maternità, che il figlio si chiamò *Ytzchak*, «Ha riso».[19]

Ora, che dire della successiva richiesta di Jahvé ed Elohim ad Abramo, di sacrificargli proprio quel figlio?[20] Naturalmente, essa viene presentata come una prova che il patriarca supera brillantemente, ma rimane il fatto che si tratta di una richiesta sanguinaria, oltre che bislacca, e che Abramo era disposto a esaudirla: forse perché non ci voleva molto a capire che, dopo essersi scomodati a far nascere Isacco da una novantenne perché diventasse il secondo capostipite del Popolo Eletto, sarebbe stato un po' strano che ora essi volessero farlo morire.

Anche se qualcosa che non convince nel racconto c'è, perché questa volta le due fonti sono mescolate insieme molto stranamente. Dapprima, infatti, è Elohim a chiedere il sacrificio e a «provvedere l'agnello».[21] Ma a fermare la mano assassina è «l'angelo di Jahvé», e il luogo viene chiamato da Abramo «Jahvé provvede»[22] (benché, come abbiamo già visto, Jahvé in seguito dirà a Mosè che nessuno prima di lui ha conosciuto il suo nome).

Poiché la storia finisce dicendo che «Abramo tornò dai suoi servi», e Isacco non verrà mai più menzionato dalla fonte elohista, si può immaginare che nella versione originaria Abramo non avesse rifiutato il figlio a Elohim, e che essa sia stata purgata quando le due fonti sono state riunite, per dare l'impressione della clemenza divina. Un'impressione solo parziale, però, perché non sempre in seguito ci sarà un analogo lieto fine. Ad esempio, quando Iefte immolerà la propria figlia per un voto fatto al fine di propiziarsi la vittoria in battaglia.[23] O quando Davide sacrificherà due figli e cinque nipoti di Saul per rimediare a un torto fatto da questi.[24] O quando Giosia truciderà sugli altari tutti i sacerdoti delle divinità locali di Samaria.[25] E solo dopo queste barbarie Jahvé ed Elohim «si mostreranno placati».[26]

In ogni caso, dal *Levitico*[27] risulta chiaramente che il culto prevedeva sacrifici non solo animali, ma anche umani:

> Quanto uno avrà consacrato al Signore con voto di sterminio, fra le cose che gli appartengono: *persona*, animale o pezzo di terra del suo patrimonio, non potrà essere né venduto né riscattato; ogni cosa votata allo sterminio è cosa santissima, riservata al Signore. Nessuna *persona* votata allo sterminio potrà essere riscattata; dovrà essere messa a morte.[28]

Dopo il suo mancato sacrificio, nella versione jahvista Isacco divenne il prediletto del padre a scapito dei suoi molti fratelli, primogenito Ismaele compreso. Quest'ultimo Abramo l'aveva avuto da una schiava procuratagli dalla stessa moglie, quand'ella ormai credeva di non potere più avere figli, ma lo cacciò di casa dopo l'arrivo del beneamato erede.[29] Altri cinque bambini avuti da una seconda moglie, più un numero imprecisato di «figli delle concubine», subirono la stessa sorte, sempre per non interferire con la predilezione per Isacco.[30]

Quando venne il suo turno, questi non fu da meno del padre, quanto ad amore paterno. Solo che questa volta preferiva il primogenito Esaù al secondogenito Giacobbe, che era invece il cocco di mamma Rebecca: i due erano gemelli, e i loro nomi venivano dal fatto che nacquero il primo *Esav*, «Completo [di pelo rosso]», e il secondo letteralmente trattenendo il fratello per il *Yaakov*, «Tallone».[31]

Visto che il buon bambino si vede dalla nascita, in seguito Giacobbe non esita a usare inganno e menzogna pur di strappare a Esaù la primogenitura e la benedizione del padre. La prima la compra dal fratello per una minestra di lenticchie, dopo che questi è tornato affaticato e affamato dai campi, mentre lui era rimasto a oziare a casa.[32] La seconda la estorce al padre ormai vecchio e cieco, mettendosi addosso una pelle di capra per simulare la pelosità del fratello e dichiarando di essere lui, mentre Esaù era andato a cacciare per Isacco.[33] Sarà questo bel tipo ad avere il coraggio di dichiarare al suocero, quando sarà il momento: «la mia stessa onestà risponderà per me».[34]

Ma, ciò nonostante, è proprio a Giacobbe che viene rinnovata in sogno la promessa già fatta ad Abramo e Isacco, di far diventare la sua progenie il Popolo Eletto.[35] Una progenie che inizia a diversificarsi a partire dai dodici figli che egli ha da due mogli e due schiave, e che rappresentano mitologicamente le dodici tribù di Israele.[36] Così come quest'ultimo nome deriva mitologicamente da un combattimento che Giacobbe sostiene per un'intera notte con un antropomorfissimo Elohim, che poi gli dà appunto il soprannome di *Yisrael* «perché hai combattuto (*sar*) con Dio (*El*) e con gli uomini e hai vinto».[37]

La Terra Promessa

Il sogno della Terra Promessa, che si è tramandato nei secoli fino a oggi, riposa sulla promessa che Jahvé fece ad Abramo fin dagli inizi del *Genesi*:[38]

> Alza gli occhi e dal luogo dove tu stai spingi lo sguardo verso il settentrione e il mezzogiorno, verso l'oriente e l'occidente. Tutto il paese che tu vedi, io lo darò a te e alla tua discendenza per sempre.

Più precisamente:[39]

> Alla tua discendenza io do questo paese dal fiume d'Egitto al grande fiume, l'Eufrate; il paese dove abitano i Keniti, i Kenneziti, i Kadmoniti, gli Hittiti, i Perizziti, i Refraim, gli Amorrei, i Cananei, i Gergesei, gli Evei e i Gebusei.

Questa promessa implica che ben undici popoli dovranno essere dislocati dalle loro terre, per far posto alle undici tribù laiche di Israele: alla dodicesima, quella sacerdotale dei Leviti, che costituisce un analogo della casta indiana dei Brahmini, saranno invece destinate quarantotto città sparse nel paese.[40] Poiché però undici non è un bel numero, i distretti saranno comunque dodici perché la tribù di Giuseppe ne riceverà due.

Quanto ai confini del futuro Stato, tutto dipende da chi e come viene interpretato il testo. Per dei laici sensati che lo considerano in maniera letteraria esso non costituisce che una finzione astratta, sulla quale non si può ovviamente basare nessun diritto concreto. Per degli integralisti insensati che lo leggono in maniera letterale, esso diventa invece la base teologica per una rivendicazione territoriale « dal Nilo all'Eufrate », ossia di tutto ciò che sta tra l'Egitto e il Sudan orientali, l'Etiopia settentrionale e l'Iraq occidentale: e cioè, in aggiunta a quelli, Eritrea, Yemen, Oman, Emirati Arabi, Qatar, Kuwait, Arabia Saudita, Israele, Giordania, Libano e Siria.

Non c'è dunque da stupirsi se oggi gli Arabi si innervosiscono, quando sentono i fondamentalisti Ebrei parlare di « Grande Israele ». Viceversa, non è difficile capire da dove gli Ebrei storici abbiano derivato questi grandiosi sogni: ovviamente, dagli esili in Egitto e Babilonia, le cui terre costituiscono appunto i confini del desiderio di rivincita degli oppressi sugli oppressori (di allora, visto che oggi le parti sono invertite).

Il primo passo verso la conquista della Terra Promessa fu compiuto da Abramo quand'egli ne comprò il primo lotto per edificare una tomba alla moglie, che divenne poi il cimitero dei patriarchi e delle loro consorti.[41] Un secondo lotto fu comprato da Giacobbe per accamparsi ed erigervi un altare.[42] Da allora, l'acquisto di terra ha costituito una delle due facce della strategia di conquista della Palestina: quella pacifica, perseguita ancora nel Novecento dal sionismo di Theodor Herzl.

L'altra faccia, quella violenta, risale anch'essa a un episodio mitologico. Dopo aver infatti ricevuto dal principe degli Evei un'offerta formale di coabitazione, che prevedeva il diritto a matrimoni misti e all'acquisto della terra, i figli di Giacobbe pretendono e ottengono la circoncisione di tutti gli Evei, perché «non possiamo dare nostra sorella a un non circonciso». Ma mentre gli uomini sono sofferenti per l'operazione, due dei fratelli li sterminano tutti e saccheggiano la città, rapendo le loro donne e i loro bambini.[43]

Oltre alla politica attiva di acquisto economico e conquista militare della Terra Promessa, gli Ebrei ne hanno fin dagli inizi praticata una complementare passiva di autosegregazione etnica dagli abitanti dei luoghi nei quali hanno risieduto. Essa risale a Isacco e Rebecca, e alla «grande amarezza» da essi manifestata per il matrimonio del figlio Esaù con due hittite.[44] Più esplicitamente:[45]

> Rebecca disse a Isacco: «Ho disgusto della mia vita a causa di queste donne hittite: se Giacobbe prende moglie tra le hittite come queste, tra le figlie del paese, a che mi giova la vita?»

Allora Isacco chiamò Giacobbe, lo benedisse e gli diede questo comando: «Tu non devi prender moglie tra le figlie di Canaan».

È proprio a causa della sua commistione con gli originari abitanti della Terra Promessa che Esaù, benché primogenito di Isacco, viene esautorato dalla successione. La stessa cosa era successa in precedenza a Ismaele, il primogenito che Abramo aveva avuto dalla schiava egiziana, ma allora Sara aveva addotto come motivo di ripudio una discriminazione sociale, più che etnica, limitandosi a dire: «il figlio di una schiava non dev'essere erede con mio figlio».[46]

Quando poi gli Ebrei sono ormai usciti dall'esilio egiziano e stanno per tornare nella Terra Promessa, viene stabilito espressamente il divieto non solo di mescolarsi, ma persino di coabitare con i locali, e allo stesso tempo vengono ridefiniti i confini dello Stato:[47]

> Stabilirò il tuo confine dal Mar Rosso fino al mare dei Filistei e dal deserto fino al fiume, perché ti consegnerò in mano gli abitanti del paese e li scaccerò dalla tua presenza. Ma tu non fare alleanza con loro e con i loro dèi.

Qui sembra che il futuro Israele sia improvvisamente diventato piccolo e incerto. Da un lato, infatti, non si parla più di una terra che unisca il Nilo all'Eufrate, ma di confini apparentemente molto più circoscritti. Dall'altro lato, mentre alcuni di questi confini sono stabiliti in maniera naturale e precisa dal Mediterraneo, il Mar Rosso e il Giordano, altri rimangono vaghe linee nel deserto, e la loro vaghezza sarà fonte di innumerevoli guai da allora ai giorni nostri.

E certo non aiuta che, come al solito, la Bibbia fornisca al proposito versioni contrastanti. Anzi, peggio del solito, perché proprio sulla cruciale questione dei confini della Terra Promessa le versioni si moltiplicano e includono, a seconda delle volte, « le montagne degli Amorrei e tutte le regioni vicine »,[48] le zone « dal deserto al Libano e dall'Eufrate al Mediterraneo »,[49] e « tutto il paese degli Hittiti ».[50]

Quest'ultima espressione, fra l'altro, ha permesso ad alcuni fondamentalisti Ebrei di rivendicare un diritto divino anche al di fuori del Medio Oriente e ben entro l'Asia Minore, visto che l'impero degli Hittiti si estese al suo massimo a comprendere, oltre all'odierna Siria, anche la metà orientale dell'odierna Turchia.

Lungi dall'essere stantie discussioni accademiche, questi argomenti costituiscono attuali diatribe politiche. Ad esempio, Yasser Arafat ha mostrato il 25 maggio 1990 al Consiglio di Sicurezza delle Nazioni Unite, per l'occasione convenuto a Ginevra affinché egli potesse parteciparvi, la mappa riportata sulla (allora) nuova moneta israeliana da 10 *agorot*, in cui apparentemente il paese viene rappresentato come comprendente « tutta la Palestina, tutto il Libano, tutta la Giordania, metà della Siria, due terzi dell'Iraq, un terzo dell'Arabia Saudita (compresa Medina) e metà del Sinai».

Reali o immaginarie che fossero le mire espansionistiche attribuite da Arafat al governo israeliano, rimane il fatto che l'esistenza stessa di Israele si fonda su una pretesa continuità storica che risale in ultima analisi a una supposta promessa divina. Ed è proprio questa continuità a toccarci da vicino, quand'essa viene invocata non soltanto nella «dannata Terra Santa» per regolare questioni territoriali o conflitti etnici, ma anche nell'Occidente cristiano per imporre anacronistici valori teocratici a moderne popolazioni secolari.

El Libertador

Se la Terra Promessa è l'ossessione positiva degli Ebrei, l'Egitto ne costituisce la complementare ossessione negativa: un'ossessione onnipresente nell'Antico Testamento, dal primo libro del *Genesi* fino all'ultimo (in ordine cronologico) della *Sapienza*.

L'Egitto fa il suo ingresso in grande stile nei capitoli conclusivi del *Genesi*,[51] che narrano in breve quella storia di *Giuseppe e i suoi fratelli* che tra il 1933 e il 1943 Thomas Mann dilaterà nelle duemila pagine della sua omonima tetralogia. Si tratta ovviamente di una storia simbolica, che ha lo scopo di spiegare perché mai gli Ebrei si siano ritrovati nell'esilio egiziano. Un esilio che, a seconda delle solite versioni plurime, durò 400 o 430 anni,[52] e il cui nucleo originario fu costituito da settanta persone: Giacobbe, i suoi dodici figli e i suoi cinquantasette nipoti.[53]

L'aspetto più interessante della storia è che Giacobbe arriva in Egitto, con undici figli e i relativi nipoti, soltanto molti anni dopo che c'era andato il rimanente e preferito figlio Giuseppe, in fuga dai fratelli gelosi. Questo potrebbe essere un indizio simbolico del fatto che l'esilio e l'esodo, ammesso che siano fatti storici e non soltanto miti, potrebbero aver coinvolto soltanto una parte degli Ebrei. In tal caso, forse solo i Leviti, tra i quali si trovavano individui con nomi egiziani, a partire dallo stesso Mosè, e che non occupavano nessuna delle dodici circoscrizioni del paese. E probabilmente solo le popolazioni del sud, limitrofe appunto all'Egitto, come confermato dal fatto che i racconti dei prodigi relativi alla nascita di Mosè e alla fuga dall'Egitto[54] non sono presenti nella fonte elohista E, relativa al regno settentrionale.

Secondo il *Genesi*, comunque, agli inizi l'esilio non era una cattività forzata, ma un rifugio volontario in un paese non toccato dalla carestia. E secondo l'*Esodo*,[55] fu quando gli Ebrei divennero troppo numerosi e potenti che essi vennero mandati ai lavori forzati e il faraone ordinò che venissero uccisi tutti i loro figli maschi, in una prima versione della strage degli innocenti. È a causa di questo editto che, dopo la sua nascita, Mosè viene abbandonato sul Nilo in una cesta di papiro col fondo spalmato di bitume, sopravvive miracolosamente e viene salvato per contrappasso dalla figlia del faraone, che poi lo adotta: da cui il suo nome ebraico *Moshe*, « Estratto [dalle acque] ».[56]

Questa storia, del salvataggio dalle acque di un futuro *leader*, è in realtà un archetipo diffuso nelle culture del tempo. Ad esempio, un mito del VII secolo p.e.V. sul fondatore della dinastia accadica Sargone il Grande racconta così le sue origini:

> La mia città è Azupiranu, sui banchi dell'Eufrate. Mia madre mi ha concepito in segreto. Mi ha messo in un cesto di giunchi, e ha sigillato il fondo col bitume. Mi ha messo sul fiume, che mi ha preso e portato da Akki, estrattore d'acqua. Akki, estrattore d'acqua, mi ha adottato come figlio e mi ha allevato. Akki, estrattore d'acqua, mi ha fatto diventare il suo giardiniere. E mentre ero giardiniere la dea Ishtar mi ha concesso il suo amore, e io ho regnato per anni.

L'adozione da parte della figlia del faraone stesso, invece, potrebbe stare a indicare che Mosè era un egiziano di alto rango, in seguito scappato dall'Egitto per qualche motivo, coi suoi seguaci: in tal caso il suo nome sarebbe *Moses*, che in egiziano significa semplicemente « Figlio », come in Tutmoses o Ahmoses. E lui potrebbe essere Ramoses, principe ereditario della regina Hashepsut, che sparì misteriosamente dalla storia egizia alla morte di lei. O un dignitario della corte di Akhenaton, il primo monoteista, che non accettò la destituzione dell'unico dio e decise di esportarne la religione altrove.

Sia come sia, la storia dell'*Esodo* continua raccontando che da grande Mosè vede un egiziano maltrattare un ebreo, lo uccide e si rifugia nella penisola del Sinai per sfuggire alla rappresaglia, rimanendoci per quarant'anni.[57] Ed è sull'Oreb e sul Sinai, di solito identificati in un unico monte, che Elohim e Jahvè rientrano nella storia e appaiono a Mosè, svelando finalmente i loro nomi e insegnandogli alcuni trucchi da circo, quali tramutare un bastone in un serpente, o mettersi una mano sana nel petto ed estrarla lebbrosa.[58]

Alla balbuzie di Mosè, però, apparentemente Jahvé non sa rimediare, ed è dunque costretto a inventare il macchinoso schema di trasmissione secondo cui lui parlerà a Mosè, che parlerà a suo fratello Aronne, che parlerà al Popolo Eletto, che spesso non ascolterà.[59] Il tutto, naturalmente, per stabilire un *pedigree* per i cosiddetti *kohanim* o *cohanim*, «sacerdoti» (da *kohen* o *cohen*, «sacerdote»), che dicevano di discendere da Aronne.

Essi venivano consacrati con cerimonie particolari, indossavano paramenti speciali ed eseguivano rituali riservati.[60] E la loro appartenenza a un unico ceppo genetico è stata confermata nel 1997 dalla scoperta di un particolare cromosoma Y condiviso dai Cohen o Coen di tutto il mondo, oggi chiamato *cromosoma Aronne* e datato a circa tremila anni fa: una trasmissione resa possibile dal fatto che, mentre l'ebraismo veniva ereditato per via materna, il sacerdozio era eccezionalmente ereditato per via paterna.

Ma torniamo a Mosè, che a sua volta torna in Egitto e cerca di convincere il faraone a lasciar partire gli Ebrei. In una sequenza di effetti speciali hollywoodiani, non a caso ripresi in innumerevoli produzioni cinematografiche e televisive, Jahvé scatena le prime nove piaghe d'Egitto, tramutando le acque del Nilo in sangue, infestando il paese di rane, zanzare e mosconi, provocando un'epidemia, un contagio e una grandinata, e oscurando il cielo con cavallette e tenebre.[61]

L'ultima piaga è invece una tragica pulizia etnica, in cui Jahvé stermina tutti i primogeniti degli Egizi e, chissà perché, anche dei loro animali.[62] Un'impresa che l'*Esodo* si limita a descrivere in maniera sobriamente soddisfatta: « un grande grido scoppiò in Egitto, perché non c'era casa dove non ci fosse un morto! »[63]

È questa bella impresa che gli Ebrei festeggeranno nei secoli come la *Pesach*, « Passaggio » o « Pasqua », perché un segno di sangue d'agnello sulla porta aveva indicato le case da non colpire:

> Il sangue sulle vostre case sarà il segno che voi siete dentro: io vedrò il sangue e passerò oltre, non vi sarà per voi il flagello di sterminio, quando io colpirò il paese d'Egitto. Questo giorno sarà per voi un memoriale, lo celebrerete come festa di Jahvé: di generazione in generazione, lo celebrerete come un rito perenne.[64]

In tutta la piagosa vicenda Jahvé si assicura personalmente che il cuore del faraone rimanga « indurito », così che questi si ostini a non voler lasciare partire gli Ebrei e lui possa continuare a dispiegare i suoi fuochi d'artificio. Puntualmente, e nonostante l'eccidio, il faraone insegue gli Ebrei in fuga e Jahvé può compiere il suo più spettacolare prodigio: l'apertura delle acque del Mar Rosso per lasciar passare il Popolo Eletto, e la loro chiusura sull'esercito egiziano per annegarlo.[65] In particolare, « le acque sommersero i carri e i cavalieri »,[66] nonostante la quinta piaga avesse « fatto morire tutto il bestiame degli Egiziani ».[67]

Quanto alla storicità degli eventi, alcune piaghe sembrano semplicemente versioni romanzate di reali calamità che occorrevano all'epoca: persino l'*Esodo* ammette implicitamente che esse non erano particolarmente « divine », visto che i maghi del faraone sono in grado di riprodurne alcune.[68] Per lo stesso motivo, sarà stato probabilmente soltanto un acquitrino quello che gli Ebrei riuscirono ad attraversare a piedi e nel quale i carri degli Egizi si impantanarono, che divenne poi il « Mar Rosso » nelle esagerazioni del ricordo.

Certamente è un'esagerazione la dimensione della popolazione che avrebbe preso parte all'esodo, che secondo il censimento nel deserto sarebbe consistita di 603.500 maschi e un numero imprecisato di donne.[69] Si tratta infatti di un ordine di grandezza pari a quello stimato per l'intero Egitto dell'epoca, che sarebbe dunque rimasto praticamente dimezzato da una vicenda catastrofica, di cui però la sua storia ufficiale non reca traccia.

Pochi o tanti che fossero gli Ebrei nel deserto, la storia[70] continua dicendo che essi ci rimasero quarant'anni, durante i quali Elohim intervenne ripetutamente per procurare loro cibo materiale (acqua potabile, manna e quaglie) e spirituale (comandamenti e leggi), oltre che per spianare la strada alla conquista della Terra Promessa:[71]

> Manderò i calabroni davanti a te ed essi scacceranno dalla tua presenza l'Eveo, il Cananeo e l'Hittita. Non li scaccerò dalla tua presenza in un solo anno, perché il paese non resti deserto e le bestie selvatiche si moltiplichino contro di te. A poco a poco, li scaccerò dalla tua presenza, finché avrai tanti figli da occupare il paese.

In realtà, nei piani divini l'esodo sarebbe dovuto finire molto prima. Dopo aver soggiornato « un anno, un mese e venti giorni » nel deserto del Sinai, infatti, la nube in cui Jahvé si era materializzato si muove e indica loro il cammino verso l'agognata meta.[72] Quando la comitiva arriva nei pressi della terra di Canaan, dodici esploratori vengono mandati a perlustrarla e tornano dopo quaranta giorni, entusiasti ma preoccupati, descrivendola come « un paese dove scorre latte e miele » ma abitato da popolazioni armate e potenti.[73]

Gli Ebrei, che evidentemente avevano sperato in un'entrata indolore nella Terra Promessa, messi di fronte alla prospettiva di una guerra di conquista si ribellano, e pensano che tutto sommato sarebbe meglio tornarsene in Egitto. Il bellicoso Jahvé la prende malissimo, e decide di « colpire con la peste e distruggere » il suo stesso popolo. Mosè gli fa notare che una tale conclusione della vicenda sarebbe apparsa ridicola agli occhi degli Egizi. Jahvé ne conviene, e si accontenta allora di condannare gli Ebrei a quarant'anni di peregrinazioni nel deserto, uno per ogni giorno di perlustrazione della Terra Promessa, e a permettere soltanto ai loro figli di entrarci.[74]

In quel periodo ci furono ribellioni contro la nascente gerarchia sacerdotale, simbolizzate dall'episodio in cui Core, Datan e Abiram aizzano il popolo contro Mosè e Aronne e rifiutano la loro autorità, con l'argomento che gli Ebrei « sono tutti santi e Jahvé è in mezzo a tutti ». Queste ribellioni però, almeno secondo i sacerdoti che scriveranno la Bibbia, vengono stroncate dall'alto: nel caso in questione, la terra si spalanca e inghiotte i ribelli e 250 loro sostenitori, facendoli « scendere vivi agli inferi ».[75] E quando il popolo si lamenta che quello non è il modo per Jahvé di trattare gli Ebrei, per tutta risposta riceve un flagello che uccide 14.700 persone.[76]

Un altro flagello ne ucciderà 24.000 quando il popolo « cominciò a trescare con le figlie di Moab », « si prostrò davanti ai loro dèi e aderì al culto di Baal »,[77] compiendo due dei peccati che più ossessionavano Jahvé: cedere, cioè, alle donne e ai culti degli stranieri. Il flagello termina soltanto quando un nipote di Aronne impala per il basso ventre una coppia mista, composta da un israelita e una madianita, meritandosi per questo bel gesto la gratitudine divina e « un sacerdozio perenne » per la sua stirpe.[78]

El Conquistador

Dopo aver peregrinato per quarant'anni nel deserto, arriva finalmente per gli Ebrei il momento fatidico di entrare nella Terra Promessa, preceduto dalle battaglie con i popoli vicini che si oppongono al loro avvicinamento alla meta. Con l'aiuto di Jahvé, Israele sconfigge i re di Arad, di Sicon e di Og, « votando allo sterminio » i loro popoli e « non lasciando nessun superstite ».[79]

Poi arriva la carneficina dei Medianiti, secondo precisi ordini divini: « Compi la vendetta degli Israeliti contro di loro, quindi sarai riunito ai tuoi antenati ».[80] Tutti i maschi vengono uccisi e le città bruciate, ma Mosè si adira per il mancato assassinio di donne e bambini e comanda: « uccidete ogni maschio tra i fanciulli e uccidete ogni donna non vergine, ma conservate invece in vita tutte le vergini per voi ».[81] Quanto al bottino, il suo macabro censimento è di « 675.000 capi di bestiame minuto, 72.000 capi di grosso bestiame, 61.000 asini e 32.000 persone, ossia donne vergini ».[82]

Conquistata la Transgiordania, il compito di Mosè è finito: dopo tre discorsi di commiato, pronunciati nel « quarantesimo anno, undicesimo mese e primo giorno » dell'esodo e registrati dal *Deuteronomio*, egli salì sul monte Nebo per vedere dall'alto il paese nel quale non sarebbe entrato. E così « Mosè morì in quel luogo, nel paese di Moab, secondo l'ordine di Jahvé » e venne sepolto nella valle, in un luogo sconosciuto.[83]

Gli successe al comando Giosuè, uno dei dodici esploratori originari della Terra Promessa, che era stato scelto da Jahvé come successore di Mosè perché il popolo non fosse « un gregge senza pastore ».[84] Il suo nome originario era Osea, ma era stato rinominato da Mosè stesso *Yeoshua*, « Dio salva »,[85] cioè Gesù, « Salvatore ».

Con Giosuè alla testa gli Ebrei attraversano finalmente il Giordano, che si apre come un nuovo Mar Rosso: non appena i sacerdoti che portano l'Arca mettono piede nel fiume, infatti, le acque a monte si fermano come in presenza di una diga invisibile e quelle a valle defluiscono, permettendo agli Ebrei di attraversare il confine.[86]

Un esercito di 40.000 uomini avanza di fronte a Gerico,[87] che viene presa in maniera miracolosa: dopo aver fatto girare l'Arca per sei giorni attorno alla città, e per sette volte l'ultimo giorno, al suono delle trombe dei sacerdoti le sue mura crollano. Nel gospel *Joshua fit the battle of Jericho* (« Giosuè combatté la battaglia di Gerico ») la vicenda è ridotta a una canzonetta, ma nel racconto biblico gli abitanti della città vengono letteralmente sterminati, « passando a fil di spada ogni essere che era nella città, dall'uomo alla donna, dal giovane al vecchio, e perfino i buoi, gli arieti e gli asini ».[88] Secondo l'imbarazzato commento dell'edizione ufficiale CEI « si tratta di un costume in armonia coi tempi antichi, ispirato a una morale imperfetta, che aspettava di progredire».[89]

E costume era, visto che si ripete tale e quale nella conquista di Ai, dove «i caduti, uomini e donne, furono 12.000», e Giosuè fece della città «una rovina per sempre, una desolazione fino ad oggi».[90] Poi viene il turno di una coalizione di cinque re amorrei, che vengono investiti da una pioggia di pietre scatenata da Jahvé. Per poter avere più ore di luce per lo sterminio dei nemici, Giosuè chiede al Signore di fermare il Sole, e «il Sole si fermò e la Luna rimase immobile».[91]

Un versetto, questo, particolarmente gravido di conseguenze non solo per i poveri Amorrei, ma anche per gli Europei, visto che è su di esso che la Chiesa basò il suo rifiuto dell'eliocentrismo e nel 1633 condannò Galileo. Anche se *oggi* la solita edizione ufficiale CEI si permette di spiegare con nonchalance che, guarda un po', «l'immobilità del Sole in un testo poetico [*sic*] può esprimere un oscuramento dell'atmosfera».

Naturalmente la conquista della Terra Promessa durò a lungo, ma col tempo «Giosuè batté tutto il paese: le montagne, il Negheb, il bassopiano, le pendici e tutti i loro re. Non lasciò alcun superstite e votò allo sterminio ogni essere che respira, come aveva comandato Jahvé, Elohim di Israele».[92] E naturalmente «si impadronì di tutti con le armi, perché era disegno di Jahvé che il loro cuore si ostinasse nella guerra contro Israele, per votarli allo sterminio, senza che trovassero grazia, e per annientarli».[93]

Dopo la feroce conquista della Terra Promessa il Popolo Eletto vede così mantenuta la promessa di Jahvé, che non perde l'occasione per sottolinearne la singolarità agli Ebrei: «Vi ho dato una terra che non avete lavorato, abitate in città che non avete costruito, e mangiate i frutti delle vigne e degli oliveti che non avete piantato».[94] Col che la grandiosa storia iniziata con la creazione del mondo e proseguita con il patto, l'esilio e l'esodo abbandona gli afflati cosmici e teocratici per intraprendere i prosaici resoconti della costruzione e dell'amministrazione di uno stato terreno, che naturalmente non seguiremo.

Così come non seguiremo i bollettini delle guerre civili e incivili che gli Ebrei continuarono a combattere fra loro e con i loro vicini, mietendo vittime innumerevoli: i *recordmen* biblici sono i re Abia e Asa del regno di Giuda, padre e figlio, che sterminarono rispettivamente mezzo milione di Israeliti e un milione di Etiopi,[95] naturalmente con l'aiuto di Dio. L'imbarazzata edizione ufficiale CEI nota che « il cronista sottolinea l'intervento divino gonfiando le cifre »: dimenticando non solo di spiegare come essa faccia a sapere che le cifre sono state gonfiate, ma anche di dire che il conto delle precedenti vittime ascrivibili secondo la Bibbia al buon Jahvé, dalla moglie di Lot[96] a Saul,[97] passando per varie stragi alle quali abbiamo accennato, assomma comunque a 770.359 persone, salvo errori e omissioni.

Il Dio degli eserciti

Con la perdita delle loro funzioni di Liberatore e Conquistatore, espletate ai tempi di Mosè e di Giosuè, le divinità dell'Antico Testamento ne assumono varie altre. Ad esempio, quella del sadico e ingiusto tormentatore del povero Giobbe, protagonista del libro omonimo: un episodio che genera una tale perplessità in chi lo legge, da aver ispirato nel 1952 a Carl Gustav Jung un'interessante *Risposta a Giobbe*, nel quale egli individua il germe dell'incarnazione.

Secondo Jung, infatti, in quell'occasione il Creatore si è rivelato inferiore alla sua creatura, e in possesso di una coscienza ancora indifferenziata. Egli decide dunque di farsi uomo per migliorarsi e acquistare maggiore coscienza, e di morire in espiazione dei peccati che *lui stesso* ha commesso nei confronti dell'umanità. L'incarnazione viene dunque interpretata da Jung come un'immagine mitologica della presa di coscienza psicologica da parte dell'inconscio.

Ma i peggiori panni assunti da Elohim o Jahvé nell'Antico Testamento sono quelli del *Sabaoth*, il « Dio o Signore degli eserciti » invocato per la prima volta da Davide nel suo duello contro il gigante Golia.[98] L'interpretazione autentica di questo ossimoro vergognoso viene dallo stesso Davide, a cui è attribuito il *Salmo 23*:

Sollevate, porte, i vostri frontali,
alzatevi, porte antiche,
ed entri il re della gloria.
Chi è questo re della gloria?
Il Signore forte e potente,
il Signore potente in battaglia. [...]
Chi è questo re della gloria?
Il Signore degli eserciti.

L'ossimoro ritorna nel *Salmo 83*, detto « Canto del pellegrino »:

Quanto sono amabili le tue dimore,
Signore degli eserciti! [...]
Signore, Dio degli eserciti,
ascolta la mia preghiera,
porgi l'orecchio, Dio di Giacobbe. [...]
Signore degli eserciti,
beato l'uomo che in te confida.

Di questo salmo l'ineffabile Giovanni Paolo II ebbe a dire, nell'Udienza Generale del 28 agosto 2002, che « si tratta di un canto dolcissimo, pervaso da un anelito mistico verso il Dio della vita, celebrato ripetutamente col titolo di Signore degli eserciti, cioè Signore delle schiere stellari, e quindi del cosmo ».

A parte il *non sequitur* di quel « cioè », e l'assurda equiparazione degli « eserciti » con la « vita », il papale commento non sorprende. Il Dio degli eserciti è infatti sempre stato di casa nella liturgia cristiana e invocato *in saecula saeculorum*, ogni santo giorno, a ogni santa messa, in ogni santo *Sanctus*:

Sanctus, Sanctus, Sanctus
Dominus Deus Sabaoth.
Pleni sunt caeli et terra
gloria tua.

Le origini di questo *mantra* risalgono a una visione del profeta *Isaia*:[99]

> Nell'anno in cui morì il re Ozia, io vidi il Signore seduto su un trono alto ed elevato; i lembi del suo manto riempivano il tempio. Attorno a lui stavano dei serafini, ognuno aveva sei ali: con due si copriva la faccia, con due si copriva i piedi e con due volava. Proclamavano l'uno all'altro: «Santo, santo, santo è il Signore degli eserciti. Tutta la terra è piena della sua gloria».

Ed è proprio attraverso il *Sanctus* che il vergognoso epiteto ha infangato le opere più elevate della nostra cultura, dal *Paradiso*[100] dantesco alle messe di Bach, Mozart e Beethoven. E la vergogna dev'essere stata percepita dalla Chiesa postconciliare, se essa ha cercato pudicamente di nascondere l'epiteto dietro la foglia di fico di un fantomatico «Dio dell'universo», nella traduzione italiana della sua liturgia:

> *Santo, Santo, Santo*
> *il Signore Dio dell'universo.*
> *I cieli e la terra sono pieni*
> *della tua gloria.*

Il che non basta a nascondere il fatto che il Dio degli eserciti è in realtà il capo di Stato Maggiore delle schiere monoteiste che da sempre combattono guerre che i loro fanatici combattenti descrivono come «giuste» e «sante»: altri due ossimori vergognosi, per i quali George W. Bush e Osama Bin Laden, per ora gli ultimi condottieri cristiano e musulmano ad averli usati, possono rispettivamente ringraziare la *Città di Dio*[101] di Agostino e il *Corano*[102] di Maometto.

Tra parentesi, e a proposito di monoteismi e violenza, il mondo intero può invece ringraziare gli Ebrei e i Musulmani per le parole «sicario» e «assassino». La prima deriva infatti da *sica*, «pugnale», e *sicari*, «pugnalatori», erano per i Romani coloro che gli Ebrei chiamavano per metatesi *iscarioti*: gli zeloti estremisti come Barabba o Giuda, cioè, che conducevano attacchi individuali all'arma bianca, e che oggi verrebbero chiamati «terroristi». Come infatti racconta Flavio Giuseppe nella *Guerra giudaica*:[103]

> In Gerusalemme nacque una nuova forma di banditismo, quella dei cosiddetti sicari che commettevano assassini in pieno giorno e nel bel mezzo della città. Era specialmente in occasione delle feste che essi si mescolavano alla folla, nascondendo sotto le vesti dei piccoli pugnali (*sicae*), e con questi colpivano i loro avversari; poi, quando questi cadevano, gli assassini si univano a coloro che esprimevano il loro orrore e lo facevano così bene da essere creduti e perciò non era possibile scoprirli.

Hashshashin, «mangiatori di *hashish*», era invece il nome dei membri di una setta medioevale sciita, agli ordini di un certo Vecchio della Montagna, che secondo le cronache dei Crociati da un lato, e di Marco Polo dall'altro, si drogavano con l'*hashish* prima di commettere assassini o azioni militari: una tecnica poi mutuata da vari eserciti moderni, ad esempio quello statunitense in Vietnam e in Iraq. Secondo altre versioni l'*hashish* veniva invece consumato durante gli intervalli fra le azioni militari, oppure somministrato alle vittime, così come secondo altre etimologie il nome della setta deriverebbe invece da quello del suo *leader* Hassan.

Sia come sia, il connubio tra monoteismo e violenza è entrato nella storia proprio grazie ai libri dell'Antico Testamento: quegli stessi che, secondo la Costituzione Dogmatica *Dei Verbum* («Della Parola di Dio») del Concilio Ecumenico Vaticano II, «manifestano a tutti il modo con cui Iddio giusto e misericordioso si comporta con gli uomini».[104] E la cui lettura ha invece fornito a noi molti dei tanti motivi per cui non possiamo dirci Cristiani, visto che secondo la stessa Costituzione quei libri sono «integralmente assunti nella predicazione evangelica».[105]

I COMANDAMENTI

Oltre alle vicende più o meno storiche del popolo ebraico delle origini, il Pentateuco contiene anche i comandamenti e i precetti della legge mosaica: essi sono enumerati nell'*Esodo*, nel *Levitico* e nel *Deuteronomio*, che costituiscono le prossime stazioni della nostra *via crucis*.

Le tavole della Legge

Tre mesi esatti dopo l'uscita dall'Egitto, gli Ebrei arrivano al monte Oreb e si accampano. Mosè sale verso Elohim, che gli annuncia di volersi manifestare pubblicamente: « Io sto per venire verso di te in una densa nube, perché il popolo senta quando io parlerò con te ».[1] Mosè allora « fa uscire il popolo dall'accampamento incontro a Elohim », al quale egli parla direttamente e dal quale riceve risposte « con voce di tuono ».[2]

Il più importante dei pronunciamenti di Elohim, apparentemente udito da tutto il popolo, riguarda i dieci comandamenti, nella forma che è più o meno quella alla quale di solito ci si riferisce: una versione basata su un nucleo elohista, a cui in seguito sono state fatte aggiunte sacerdotali.[3]

Poi, con uno dei soliti *non sequitur* biblici, la storia ricomincia col popolo impaurito che chiede a Mosè di ascoltare la voce divina non direttamente, ma attraverso lui. Mosè allora « avanza verso la nube oscura nella quale era Elohim »,[4] dove riceve alcune disposizioni rituali e sociali e un rinnovo del patto già stipulato con Abramo.[5]

In seguito Mosè, Aronne e i settanta anziani di Israele salgono sull'Oreb, e a tutti viene permesso di vedere Elohim: per chi fosse interessato, « sotto i suoi piedi vi era come un pavimento di lastre di zaffiro, simile in purezza al cielo stesso».[6] Poi Mosè rimane da solo sul monte per quaranta giorni e quaranta notti, in udienza privata, per ricevere le tavole della Legge.[7]

A questo punto viene interpolata nel testo una lunga (e noiosa) parentesi sacerdotale,[8] nella quale è ad esempio formulata la *lex talionis*, «legge del taglione» o «della ritaliazione»: «vita per vita, occhio per occhio, dente per dente, mano per mano, piede per piede, bruciatura per bruciatura, ferita per ferita, livido per livido».[9]

La legge era già stata introdotta verso il 1800 p.e.V. dal *Codice di Hammurabi*, ed è una versione antica del principio moderno della «pena commisurata al delitto»: ad esempio, impedisce di sparare a un ladro o di lanciare una guerra preventiva. D'altra parte, come notò il Mahatma Gandhi, «occhio per occhio, dente per dente» è anche una buona ricetta per sfornare un mondo di ciechi e sdentati.

Una buona fetta delle disposizioni della parentesi sacerdotale è relativa alla costruzione dell'Arca e del Tabernacolo: rispettivamente, un cofano di legno che dovrà accogliere le tavole e una tenda che avrà le funzioni di un tempio mobile, in attesa di costruirne uno fisso. Sia l'Arca che il Tabernacolo sono probabilmente soltanto fantasie simboliche: della prima, ad esempio, nella Bibbia ebraica si perdono le tracce da quando viene disposta nel *sancta sanctorum* del Tempio di Salomone, il giorno della sua consacrazione.[10] Essa non viene menzionata tra gli oggetti salvati alla distruzione del Tempio,[11] e quando questo viene ricostruito il suo *sancta sanctorum* rimane vuoto.

Ma siamo impazienti di tornare al monte Oreb, dove nel frattempo il popolo ha invece perso la pazienza di aspettare Mosè, e chiede ad Aronne di trovargli un nuovo dio. Con gli orecchini delle donne viene così costruito un vitello d'oro, al quale gli Ebrei offrono sacrifici recitando: «Ecco il tuo Elohim, o Israele, colui che ti ha fatto uscire dal paese d'Egitto».[12] Come abbiamo già notato, l'episodio è una versione mitologica dello scisma del regno settentrionale di Israele e dei suoi vitelli d'oro, che non a caso Geroboamo presenterà al popolo esattamente con le stesse parole.[13]

Quando Mosè scende dall'Oreb con le tavole, le spezza in un impeto d'ira verso il suo popolo fedifrago. Poi distrugge l'idolo, lo polverizza, impasta la polvere con l'acqua e fa trangugiare l'intruglio agli Ebrei.[14] Dopo aver strigliato Aronne, Mosè raduna i Leviti e ordina un massacro: « passate e ripassate nell'accampamento da una porta all'altra, uccida ognuno il proprio fratello, ognuno il proprio amico, ognuno il proprio parente ». Essi obbediscono, e come risultato « perirono circa 3000 uomini del popolo ». In premio, i Leviti ricevono l'investitura divina: « ciascuno di voi è stato contro suo figlio e contro suo fratello, perché oggi egli vi accordasse una benedizione ».[15]

A questo punto, è chiaro che le cose sono scappate di mano a Elohim, e la palla passa a Jahvé.[16] Poiché però, come sappiamo, le varie fonti sono state interpolate fra loro, Jahvé era in realtà già apparso in precedenza nella vicenda, manifestandosi agli inizi sul Sinai come una forza della natura: infatti, « vi furono tuoni e lampi, una nube densa sul monte e un suono fortissimo di tromba », e « il monte era tutto fumante » e « tremava molto ».[17] In altre parole, ci furono un temporale e un terremoto, che gli Ebrei interpretarono come una manifestazione divina.

Dopo aver lasciato spazio alla vicenda precedente, tutta elohista e sacerdotale, Jahvé rientra in scena per affidare a Mosè due nuove tavole della Legge. Così Mosè risale sul monte, dove rimane di nuovo quaranta giorni e quaranta notti: questa volta, nel caso ci fosse venuta la curiosità, « senza mangiar pane e senza bere acqua ».[18] Nel frattempo Jahvé rinnova per l'ennesima volta la sua alleanza e fornisce la sua versione dei comandamenti:[19] non si sa chi li scrisse sulle tavole, però, visto che prima Jahvé annuncia che le scriverà personalmente, e poi ordina invece a Mosè di farlo lui.[20]

I suoi comandamenti sono però molto diversi, nella forma e nella sostanza, da quelli di Elohim ai quali siamo abituati. Essi non hanno alcuna valenza universale ed etica, e impongono soltanto particolari obblighi rituali o sociali validi unicamente per gli Ebrei: primo, non fare alleanza con gli abitanti della terra di Canaan; secondo, non sposarti con le loro figlie; terzo, non farti dèi di metallo fuso; quarto, osserva la festa delle azzime; quinto, sacrifica o riscatta ogni primogenito; sesto, riposati un giorno alla settimana; settimo, celebra le feste agricole; ottavo, sali tre volte l'anno di fronte a me; nono, porta le primizie al tempio; decimo, ... non cuocere un capretto nel latte di sua madre!

Per terminare degnamente la vicenda delle tavole della Legge, la fonte sacerdotale aggiunge che quando Mosè scese dal Sinai aveva la faccia radiosa, perché aveva parlato direttamente con Jahvé. Poiché doveva far paura, Aronne e gli Ebrei se ne tennero alla larga: da quel momento Mosè si mise un velo sul viso, che toglieva soltanto quando andava a parlare col principale.[21]

Cosa fosse successo alla sua pelle, non si sa: probabilmente, era rimasta ustionata. L'espressione *karnu panav*, « faccia radiosa », fu però tradotta da Gerolamo nel 400 e.V. con *cornuta facies*, « faccia cornuta », pare per evitare che la gente pensasse che Mosè aveva un'aureola come i santi cristiani. Da questa traduzione nacque la leggenda che Mosè fosse sceso dal Sinai con le corna: una leggenda ripresa nel 1515 da Michelangelo nella sua famosa statua di *Mosè* per la tomba di Giulio II, oggi a San Pietro in Vincoli.

Dopo questo episodio, la fonte sacerdotale passa a una litania di noiose disposizioni, che coprono la fine dell'*Esodo*[22] e l'intero *Levitico*. Spesso si tratta di cose anacronistiche, il che non impedisce ad alcune sette ebraiche di seguirle anche oggi: ad esempio, il « non tagliarsi in tondo i capelli ai lati del capo ».[23] Altre interessano solo i sacerdoti, i quali non devono essere ciechi, zoppi, gobbi, nani o eunuchi, ma possono sposarsi: solo con delle vergini, però, e tenendosi alla larga da vedove, divorziate, disonorate e prostitute.[24]

A volte si tratta di vere e proprie stupidaggini scientifiche, scusabilissime per un popolo antico ma imperdonabili per un supposto Creatore, tipo il non poter mangiare « ruminanti come la lepre », che invece ruminante non è. O « uccelli come i pipistrelli », che invece sono mammiferi. O « insetti che camminano su quattro piedi », quando invece gli insetti si chiamano a buona ragione « esapodi », perché di piedi ne hanno sei.[25]

Più sensato è naturalmente il comandamento « amerai il prossimo tuo come te stesso »,[26] spesso attribuito a Gesù,[27] che invece si era limitato a citarlo come il secondo in ordine di importanza,[28] il primo essendo «amerai il Signore Dio tuo con tutto il tuo cuore, con tutta la tua anima e con tutte le tue forze».[29] Anche se è difficile capire in che modo «amare il prossimo tuo come te stesso» possa andare d'accordo non solo con la legge del taglione, ma anche con la pena di morte per un lungo elenco di delitti, che includono la bestemmia, l'adulterio, l'incesto, l'omosessualità e la bestialità, precisando che in quest'ultimo caso «dovrete uccidere anche la bestia».[30]

Una cosa comunque è certa, ed è che i comandamenti ebraici non sono affatto soltanto dieci. Quanti essi siano veramente è un'altra faccenda, viste le innumerevoli ripetizioni e contraddizioni delle varie fonti: il computo tradizionale è quello effettuato nel XII secolo da Maimonide, che nel *Sefer Hamitzvot* («Libro dei Comandamenti») ne classificò 613, di cui 248 positivi e 365 negativi.

Ma già circa milleottocento anni prima i sacerdoti del tempio di Gerusalemme avevano sentito il bisogno di rimettere un po' d'ordine nel pasticcio delle varie versioni della storia mosaica, e non trovarono di meglio che riscriverla da capo nel *Deuteronomio*, il cui nome significa, non casualmente, «seconda Legge» (da *deuteros*, «secondo», e *nomos*, «legge»).

Esso ripete l'intera vicenda dei precedenti tre libri in maniera storicamente più coerente e letterariamente più poetica, utilizzando la finzione dei discorsi di ricapitolazione che Mosè avrebbe fatto al suo popolo prima di morire, e concludendo: «Non è mai più sorto in Israele un profeta come Mosè, col quale Jahvé parlava faccia a faccia».[31] Dal che si può dedurre, come fece appunto Spinoza,[32] che i successivi profeti non udivano una voce reale ma immaginaria: cioè, erano degli schizofrenici.

In ogni caso, il *Deuteronomio* costituisce la cerniera tra la letteratura più o meno fantastica dei libri precedenti (*Genesi*, *Esodo*, *Levitico* e *Numeri*) e quella più o meno reale dei successivi (*Giosuè*, *Giudici*, *Samuele* e *Re*), che narrano le vicende di Israele dalla conquista alla monarchia e traghettano l'Antico Testamento dalla mitologia religiosa alla storia politica.

Il Signore Dio tuo

Passiamo ora ad analizzare il Decalogo ebraico, nella versione elohista in cui esso appare nell'*Esodo* e nel *Deuteronomio*: cioè, per chi ci crede, nella versione incisa sulle tavole della Legge dal dito di Dio o dalla mano di Mosè. Dimenticando, in altre parole, le sue innegabili assonanze con il *Codice di Hammurabi* da un lato, e con il *Libro dei morti* egiziano dall'altro.

Anche se, come non può sorprendere in una storia che dichiara apertamente le sue origini egiziane, il Decalogo ricalca alla lettera alcune delle 42 dichiarazioni di innocenza che l'anima del defunto doveva rivolgere ai 42 dèi componenti la corte di Osiride, tra le quali si trovano le seguenti invocazioni, che per buona misura prefigurano pure le opere di misericordia corporali:[33]

O corridore, che vieni da Eliopoli,
non ho commesso iniquità.
O splendente, che vieni dalle sorgenti del Nilo,
non ho rubato.
O faccia tremenda, che vieni da Rosetau,
non ho ucciso.
O spezzatore di ossa, che vieni da Eracleopoli,
non ho detto falsa testimonianza.
O malvagio, che vieni da Busiri,
non ho desiderato la roba d'altri.
O vedente, che vieni dal macello,
non ho fornicato con la donna d'altri.
O comandante, che vieni da Nu,
non ho bestemmiato.
Ma ho dato pane agli affamati,
acqua agli assetati,
vestiti agli ignudi.

Sia come sia, riguardo al Decalogo ebraico Mosè ha raccomandato, nei suoi primi due discorsi di commiato: « non aggiungete nulla a ciò che vi comando e non ne togliete nulla ».[34] Come vedremo, Gesù sarà d'accordo sul non togliere, benché non sul non aggiungere. Da parte sua, il *Catechismo*[35] ribadisce che anche « i Cristiani sono obbligati a osservarlo » e che nel suo insieme esso costituisce « un tutto organico e indissociabile, perché ogni Comandamento rimanda agli altri e al tutto », e perciò « trasgredire un Comandamento è infrangere l'intera legge »: ricordiamocelo, a futura memoria.

Incominciamo dunque ad affrontare il Decalogo integralmente e in ordine, dividendo i suoi dieci comandamenti in due gruppi alla maniera del *Catechismo*, a seconda che siano relativi a Dio o all'uomo.

Primo *Non avrai altri dèi di fronte a me.*[36]

Oggi questo comandamento viene di solito considerato come la professione di fede nel monoteismo, e il *Catechismo*[37] dichiara che esso proibisce « il politeismo, l'idolatria, la superstizione, l'irreligione, l'ateismo e l'agnosticismo ».

In realtà, la Bibbia antica incita più alla *monolatria* che al monoteismo, cioè più all'adorazione di un unico dio che alla fede nella sua unicità: essa infatti non nega l'esistenza di altri dèi, e si limita ad affermare che Elohim o Jahvé sono i migliori fra loro. Ad esempio, prima della decima piaga Jahvé promette: « farò giustizia di tutti gli dèi d'Egitto ».[38] Dopo il passaggio del Mar Rosso gli Ebrei cantano: « Chi è come te fra gli dèi, o Jahvé? ».[39] E fra i comandamenti minori uno recita: « Colui che offre un sacrificio agli dèi, oltre che a Jahvé, sarà votato allo sterminio », e un altro: « non pronunciare il nome di altri dèi ».[40]

Insomma, come ammette lui stesso, « Jahvé è un Dio geloso »,[41] ma (o, forse, proprio perché) non unico. D'altronde, come potrebbe esserlo quando viene identificato con Elohim, e quest'ultimo è per giunta un nome plurale? Naturalmente, la scappatoia più facile è quella di dire che, da un lato, gli altri dèi sono falsi, e dall'altro lato, Elohim e Jahvé sono manifestazioni differenti dell'unico vero dio.

In realtà l'identificazione di Elohim e Jahvé sembra essere tarda, e compare esplicitamente per la prima volta soltanto nel *Deuteronomio*,[42] nell'invocazione che poi è diventata la professione di fede del monoteismo ebraico, recitata due volte al giorno da tutti i fedeli: *Shema' Yisrael Adonai Eloheinu Adonai Echad* («Ascolta, Israele, Jahvé è i nostri Elohim, Jahvé è uno solo»).

Ma una volta accettata la possibilità di travestire il polimorfismo da monoteismo, la supposta singolarità del dio d'Israele viene a cadere, perché ad esempio anche Brahma, Vishnu e Shiva, rispettivamente Creatore, Preservatore e Distruttore dell'universo, sono tre forme di un unico Brahman: dunque, anche l'Induismo sarebbe un monoteismo. Così come lo sarebbe la tarda religione greca, che vedeva in Apollo una sorta di superdio dell'ecumenismo panellenico, dagli innumerevoli epiteti: non a caso, secondo i *Moralia* di Plutarco, il suo stesso nome significa letteralmente «non molti», cioè appunto «uno». E naturalmente lo sarebbero, così come affermano di esserlo, il Cattolicesimo e le altre sette cristiane che pur professano un Credo trinitario.

Secondo *Non ti farai idolo né immagine alcuna di quanto è lassù nel cielo, né di quanto è quaggiù sulla terra, né di ciò che è nelle acque sotto la terra.*[43]

Molti Cattolici saranno sorpresi di vedere questo come secondo comandamento, perché nonostante le citate e belle affermazioni sull'integrità unitaria del Decalogo, esso è stato semplicemente rimosso dalla Chiesa, con la seguente candida spiegazione del *Catechismo*,[44] mutuata dal Secondo Concilio di Nicea del 787:

> Nell'Antico Testamento con tale comando si proibiva di rappresentare il Dio assolutamente trascendente. A partire dall'Incarnazione del Figlio di Dio, il culto cristiano delle sacre immagini è giustificato, poiché si fonda sul Mistero del Figlio di Dio fatto uomo, nel quale il Dio trascendente si rende visibile.

Naturalmente, però, le cose non sono così semplici. Anzitutto, il comandamento viene preso seriamente sia dagli Ebrei che dai Musulmani, come mostra l'astratta arte sacra delle sinagoghe e delle moschee, mentre la sua rimozione da parte dei Cristiani ha trasformato le loro chiese in musei nei migliori dei casi, e in circhi nei peggiori. L'unica eccezione al secondo comandamento che l'Antico Testamento registri è quella dei cherubini d'oro del Tempio, due specie di sfingi le cui ali proteggevano l'Arca contenente le tavole della Legge.[45]

Il motivo della proibizione di raffigurazioni naturalistiche, soprattutto a scopo religioso, è abbastanza evidente: per dirla con la nota metafora buddhista, esse rischiano di concentrare l'attenzione sul dito che punta e di distrarla dalla Luna a cui esso punta. Fuor di metafora, esse rischiano di condurre all'idolatria e alla superstizione invece che a Dio, come effettivamente accade nelle religioni in cui queste rappresentazioni sono permesse: Cattolicesimo *in primis*, come mostrano sceneggiate quali le processioni della Settimana Santa a Siviglia o lo scioglimento del sangue di san Gennaro a Napoli.

Puntualmente, i primi usi di immagini cristiane sono riferiti in contesti pagani o gnostici, come nel caso dei Carpocraziani citati da Ireneo:[46]

> Essi possiedono immagini, alcune dipinte e altre di materiali diversi, e sostengono che un'immagine di Cristo sia stata fatta da Pilato al tempo in cui Gesù visse fra loro. Essi incoronano queste immagini, e le espongono insieme a quelle dei filosofi del mondo: cioè, di Pitagora, Platone, Aristotele e altri. E le onorano in varie maniere, come i pagani.

Con la legalizzazione del Cristianesimo nel IV secolo l'uso delle immagini divenne sempre più diffuso, anche grazie a un graduale adattamento dell'iconografia pagana a fini cristiani. Ad esempio, agli inizi Gesù veniva rappresentato coi capelli corti e sbarbato, secondo l'uso semitico, ma in seguito divenne capellone e barbuto, alla maniera di Zeus, e tale è rimasto fino a oggi, senza più andare dal barbiere.

Nel VI secolo le immagini erano ormai divenute comuni, ma naturalmente non tutti i Cristiani furono d'accordo con la rimozione del secondo comandamento. Tra il 730 e il 787 ci fu così a Costantinopoli un primo periodo di *iconoclastia*,

« distruzione delle immagini » (da *eikon*, « immagine », e *klaein*, « rompere »), quando gli imperatori bizantini Leone III e Costantino V bandirono le immagini sacre, accusandole appunto di fomentare l'idolatria. Il Concilio di Ieria del 754, ovviamente non riconosciuto dalla Chiesa Cattolica, confermò il bando, ma il Secondo Concilio di Nicea del 787 lo rimosse, con la seguente disposizione:

> Come la Santa Croce si trova dovunque come simbolo, così le immagini di Gesù Cristo, della Vergine Maria, dei santi angeli, e anche dei santi e di altri pii uomini, *devono*[47] essere usate nella manifattura di sacri arredi, tappeti, paramenti, eccetera, ed esibite sui muri delle chiese, nelle case, e in ogni luogo cospicuo, lungo la strada e dovunque, perché siano riverite da tutti coloro che le vedano. Perché più esse sono contemplate, più esse muovono alla fervente memoria dei loro prototipi.

Nell'VIII secolo si poteva certo dire correttamente che la croce « si trova dovunque come simbolo », ma agli inizi del Cristianesimo essa non si trovava invece da nessuna parte. Al suo posto veniva usato il pesce, che era in origine un simbolo pagano associato ad Afrodite (Venere) da un lato, e ad Apollo dall'altro: nel primo caso, perché la dea si sarebbe gettata in un fiume col figlio Eros (Cupido) e i due sarebbero stati sorretti da due pesci, poi divenuti per premio l'omonima costellazione; nel secondo caso, perché il dio sarebbe arrivato a Delphi come un delfino (*delphos*), recando sul dorso i suoi sacerdoti.

Fin dai Pitagorici il pesce veniva rappresentato col simbolo della *vescica piscis*, la mandorla che si ottiene intersecando due cerchi aventi lo stesso raggio, e col centro di ciascuno sulla circonferenza dell'altro. Poiché essa contiene esattamente due triangoli equilateri, il rapporto fra la sua lunghezza e la sua larghezza è la radice di 3, che si approssima come 265/153: stranamente, nella pesca miracolosa che segue all'apparizione di Gesù risorto sul lago di Tiberiade, « Simon Pietro salì nella barca e trasse a terra la rete piena di 153 grossi pesci »,[48] forse in velata allusione a qualche sapere esoterico.

Il motivo per cui il pesce passò poi a simboleggiare Cristo è probabilmente il fatto che la sua nascita coincise astrologicamente con l'inizio dell'Era dei Pesci: cioè del periodo di circa 2000 anni in cui il Sole sorge nella costellazione dei Pesci durante l'equinozio invernale (oggi quell'era è finita, grazie alla precessione degli equinozi, e siamo ormai passati nell'Era dell'Acquario). Motivazioni più evangeliche sono probabilmente, oltre alla citata pesca miracolosa, la moltiplicazione dei pani e dei pesci e la professione originaria degli apostoli. Ma anche il fatto che il termine greco *ichtys*, « pesce », potesse essere interpretato come acronimo di *Iesous Christos Theou Yios Soter*, « Gesù Cristo Figlio di Dio e Salvatore ».

Sia come sia, nei primi secoli fu dunque il pesce a simboleggiare Cristo, e non la croce, che era soltanto il macabro memento di un odiato supplizio: più o meno come la ghigliottina o la forca ieri, e la sedia elettrica oggi. I primi riferimenti alla croce come « simbolo del Signore » sono del III secolo, nelle opere di Clemente di Alessandria e Tertulliano. Essa divenne popolare solo dopo l'abolizione della crocifissione da parte di Costantino nel 314, e il supposto ritrovamento della Santa Croce da parte di sua madre nel 326. E, a conferma dell'idolatria che subito si accompagna ai segni materiali della religione, le sue reliquie divennero presto tanto numerose, che Erasmo scherzò dicendo che raccogliendole si sarebbe potuta costruire un'intera nave.

L'iconoclastia era dunque pienamente giustificata, da un punto di vista religioso, e un secondo periodo bizantino si ebbe tra l'814 e l'842. Il culto delle icone fu però restaurato nell'843, e da allora la prima domenica di Quaresima viene festeggiata nella Chiesa Ortodossa come « Trionfo dell'Ortodossia ». In seguito, con la nascita del Protestantesimo, il problema si spostò in Europa: furono soprattutto Calvinisti e Anglicani a opporsi alle immagini sacre, in particolare nei Paesi Bassi nel 1566 e in Inghilterra nel 1643, e ancor oggi essi considerano le Chiese Cattolica e Ortodossa idolatre, e si attengono alla versione originale dei comandamenti, e non a quella purgata adottata dai Cattolici (e, tra parentesi, anche dai Luterani).

Naturalmente, rimuovendo un comandamento si provoca

uno slittamento di tutti i seguenti: per questo motivo il numero ordinale associato ai prossimi è aumentato di uno rispetto alla (ab)norma cattolica.

Terzo *Non pronuncerai invano il nome del Signore Dio tuo.*[49]

Su questo comandamento c'è poco da osservare, se non il fatto che non si vede come esso possa essere conciliato, ad esempio, con l'uso della scritta *In God we trust*, « Confidiamo in Dio », su tutti i dollari statunitensi, in una combinazione di denaro e religione certo più diabolica che divina. Soprattutto quando si pensa che, secondo il dipartimento del Tesoro degli Stati Uniti, tale uso fu introdotto nel 1864 a causa « dell'accresciuto sentimento religioso durante la Guerra Civile »: dapprima sulle monete, e a partire dal 1957 anche sui biglietti.

Anzi, dal 1956 questo è anche il motto degli Stati Uniti, in sostituzione di *E pluribus, unum*, « Da molti, uno »: in quanto tale esso appare dovunque, non solo sul denaro. Ad esempio, viene cantato nell'inno nazionale *Star-Spangled Banner*, « Bandiera a stelle e strisce », in ogni occasione sacra e profana, quando non semplicemente mondana: uno strano modo di osservare il terzo comandamento, appunto.

Anche se, naturalmente, quello statunitense non costituisce che un esempio dell'abuso del nome di Dio che è stato, e continua a essere, sistematicamente fatto nella sedicente civiltà occidentale: dalla tragedia delle benedizioni dei cannoni al fronte, alla commedia dei segni di croce dei calciatori allo stadio.

Quarto *Ricordati del giorno di sabato per santificarlo.*[50]

I motivi per festeggiare il sabato sono due. Secondo l'*Esodo*,[51] « perché il settimo giorno Jahvé si è riposato », benché in realtà a riposarsi sia stato Elohim: evidentemente, dopo un po' nemmeno la Bibbia riesce più a raccapezzarsi, nel pasticcio che essa stessa ha inscenato.

E secondo il *Deuteronomio*,[52] perché Jahvé ha fatto uscire gli Ebrei dall'Egitto, dov'erano costretti a lavorare senza sosta, e ora essi possono (anzi, devono) giustamente prendersi un riposo settimanale. Tra l'altro, altrettanto giustamente, a riposarsi non dev'essere soltanto il padrone, ma anche « il figlio, la figlia, lo schiavo, la schiava, il bue, l'asino, le bestie e il forestiero ». Anche se, quanto a giustizia, l'esistenza degli schiavi è un po' più difficile da giustificare (ma su questo torneremo).

Le due motivazioni risalgono, naturalmente, alle due tradizioni elohista e jahvista. Ma ciascuno ha la sua, di tradizione, e in particolare la Chiesa ha deciso di sostituire il sabato con la domenica per festeggiare la resurrezione. E, come al solito, il *Catechismo*[53] cerca di quadrare il cerchio spiegando, da un lato, che Gesù « riconosce la santità del sabato », dall'altro che proprio in suo onore essa riconosce invece quella della domenica.

Per non essere da meno, il sabato ebraico e la domenica cristiana sono poi diventati il venerdì musulmano: un'ottima tradizione, che in un mondo multireligioso potrebbe felicemente sfociare in un weekend lungo del monoteismo.

Il prossimo tuo

Dopo i comandamenti relativi al rapporto dell'uomo con la divinità, il Decalogo passa a quelli relativi al rapporto col prossimo. I quali, qualunque sia il motivo, sono gli unici che Gesù cita quando gli viene chiesto che comandamenti osservare:[54]

> Un tale gli si avvicinò e gli disse: « Maestro, che cosa devo fare di buono per ottenere la vita eterna? »
>
> Egli rispose: « Perché mi interroghi su ciò che è buono? Uno solo è buono. Se vuoi entrare nella vita, osserva i comandamenti ».
>
> Ed egli chiese: « Quali? »
>
> Gesù rispose: « Non uccidere, non commettere adulterio, non rubare, non testimoniare il falso, onora il padre e la madre, ama il prossimo tuo come te stesso ».

Quinto *Onora tuo padre e tua madre.*[55]

Anche su questo comandamento c'è poco da obiettare, a meno che esso venga interpretato in maniera eccessivamente estesa:

ad esempio, arrivando a stabilire che « colui che percuote suo padre o sua madre, o li maledice, sarà messo a morte ».[56]

Volendo, come vuole il *Catechismo*, si può poi interpretare l'espressione « padre e madre » come una metafora della « famiglia », e leggere il comandamento come « onora la famiglia », con tutto ciò che ne consegue: ad esempio, che « la famiglia è la cellula originaria della società umana ».[57] E anche con tutto ciò che *non* ne consegue, ad esempio che « la società ha il dovere di sostenere e consolidare il matrimonio », o addirittura che « i genitori hanno la missione di educare i figli alla fede cristiana »:[58] un corollario che è singolare derivare da un comandamento ebraico risalente a un migliaio di anni prima di Cristo!

Ma, naturalmente, quando si incominciano a coniugare due delle persone della trinità associata al motto fascista « Dio, Patria e Famiglia », il pensiero degli italiani passa subito per libere associazioni alla terza esclusa. Anche se, per ironia della sorte, il motto era in origine quello del casato di Mirafiori e Fontanafredda, concesso nel 1859 con Regio Decreto da Vittorio Emanuele II alla sua amante, la Bela Rosin: alla faccia della moglie e, naturalmente, della « famiglia ».

Puntualmente, comunque, anche il *Catechismo* fa l'associazione tra famiglia e patria e continua il suo commento al quinto (o, per esso, il quarto) comandamento dichiarando che « i cittadini devono considerare i loro superiori come rappresentanti di Dio, offrendo loro leale collaborazione ». Il che, nel caso non fosse chiaro, « comporta l'amore e il servizio della patria », anche se « il cittadino non deve in coscienza obbedire quando le leggi delle autorità civili si oppongono alle esigenze dell'ordine morale ».[59] Cosa che, naturalmente, vuol dire cose diverse per « ordini morali » diversi. In particolare, l'obiezione di coscienza che il *Catechismo* ha in mente non è certo al servizio militare, bensì a sue fissazioni come l'aborto e l'eutanasia, come vedremo immediatamente.

Sesto *Non uccidere.*[60]

Inteso in senso letterale il sesto comandamento proibisce non solo l'omicidio, ma anche la pena di morte e la guerra. Jahvé e gli Ebrei però non l'hanno inteso così, come abbiamo avuto già più occasioni di mostrare: ricapitolando, infatti, le loro leggi prevedevano la pena di morte per il rapimento, l'omicidio, i maltrattamenti ai genitori, l'adulterio, l'incesto, l'omosessualità, la bestialità, la magia, l'idolatria, la bestemmia e la violazione del sabato.[61]

In seguito i Cristiani hanno fatto lo stesso: non solo individualmente, ma anche istituzionalmente. Senza dover risalire alle Crociate e alle guerre di religione, basta infatti ricordare che il Vaticano ha applicato la pena di morte fino al pontificato di Pio IX, nell'Ottocento, e che la sua Legge Fondamentale del 1929 continuava a prevederla, tramite impiccagione: l'applicazione della pena è stata abolita da Paolo VI solo nel 1969, e la norma relativa è stata finalmente cancellata dalla Legge Fondamentale nel 2001.

Ed è solo dal 1995, con l'enciclica di Giovanni Paolo II *Evangelium Vitae* («Il Vangelo della vita»),[62] che il Vaticano è diventato ufficialmente abolizionista, dichiarando:

> sulla pena di morte si registra, nella Chiesa come nella società civile, una crescente tendenza che ne chiede un'applicazione assai limitata ed anzi una totale abolizione.

Ma continuando:

> È chiaro che la misura e la qualità della pena devono essere attentamente valutate e decise, e non devono giungere alla misura estrema della soppressione del reo *se non in casi di assoluta necessità*, quando cioè la difesa della società *non fosse possibile altrimenti.* Oggi, però, a seguito dell'organizzazione sempre più adeguata dell'istituzione penale, questi casi sono ormai molto rari, se non addirittura praticamente inesistenti.[63]

Il *Catechismo* riprende questa esitante dichiarazione, specificando a sua volta che «la vita umana va rispettata perché sacra»,[64] ma con eccezioni e distinguo: infatti, la «legittima difesa delle persone e delle società non va contro il comandamento».[65] In particolare, in vari casi «è moralmente consentito l'uso della forza militare» e «i governanti hanno il diritto di imporre ai cittadini l'obbligo della difesa nazionale».[66]

Naturalmente, si tratta di una posizione più che ragionevole, e soltanto non violenti totali come il Mahatma Gandhi o il Dalai Lama potrebbero non condividerla. Ma si tratta anche di una posizione che va *contro* il sesto comandamento, snaturandone la natura di massima universale e facendolo diventare una calzamaglia elastica, che ciascuno può indossare per coprire a piacere le proprie vergogne: non a caso, «non uccidere» non è mai stato un freno alle guerre di conquista dei Cristiani, dal Santo Sepolcro alle colonie antiche e moderne.

Stupisce, dunque, che a una così apertamente liberale lettura del comandamento a proposito di pena di morte e guerra, il *Catechismo* ne affianchi una così rigidamente conservatrice a proposito di aborto ed eutanasia, entrambi considerati atti «gravemente contrari alla legge morale»: il primo, in particolare, perché «l'essere umano, *fin dal suo concepimento*, va rispettato e protetto in modo assoluto nella sua integrità».[67]

Ed è una singolare caratteristica della Comunione Spirituale dei Conservatori dichiarare, da un lato, che «il diritto inalienabile alla vita di ogni individuo umano, fin dal suo concepimento, è un elemento costitutivo della società civile e della sua legislazione».[68] E, dall'altro lato, assegnare senza riserve quel diritto a feti che la vita ancora non l'hanno autonomamente, o a corpi vegetativi che ormai non sanno più di averla o non la vorrebbero più, ma alienarlo con riserve a esseri che invece non solo ce l'hanno e sanno di averla, ma vorrebbero anche tenersela.

Soprattutto, quando la «vita umana fin dal concepimento» è una novità pescata non si sa dove, contraria non soltanto all'evidenza scientifica, ma anche alla tradizione teologica. Per quanto riguarda la prima, infatti, si sa che almeno fino al quattordicesimo giorno dal concepimento il pre-embrione (che non a caso si chiama appunto «pre-») non può essere considerato un individuo attuale: prima del sesto giorno, perché le sue cellule sono ancora totipotenti, e dunque ciascuna di esse è un individuo potenziale; e tra il sesto e il quattordicesimo giorno perché il pre-embrione può ancora dividersi in gemelli monozigoti, e dunque nemmeno esso ha ancora un'individualità attuale.

Quanto all'umanità, poi, tutto dipende da cosa significa il termine. Se indica la presenza di un sistema nervoso, questo comincia a svilupparsi dopo il quattordicesimo giorno. Se la percettività sensoriale, allora il tatto arriva al secondo o terzo mese, il gusto al sesto e l'olfatto all'ottavo. Se l'autocoscienza, bisogna naturalmente attendere mesi dopo la nascita. Se la parola, un paio d'anni. Se la ragione, quella purtroppo per qualcuno non arriva mai...

Benché in aperto contrasto con il magistero contemporaneo della Chiesa, tutto ciò va invece parzialmente d'accordo con la tradizione tomistica di Tommaso d'Aquino che, oltre a individuare il momento dell'infusione dell'anima razionale nell'embrione verso il quarantesimo giorno dal concepimento,[69] riteneva che prima di allora questo fosse un vegetale o un animale, ma non ancora una persona:[70]

> L'anima vegetativa, che viene per prima, mentre l'embrione vive la vita della pianta, si corrompe e le succede un'anima più perfetta, che è insieme nutritiva e sensitiva, e allora l'embrione vive la vita dell'animale. Distrutta questa, le succede l'anima razionale che viene infusa dall'esterno.

Questo dimostra che, qualunque siano i motivi che l'hanno spinto a cambiare posizione, non è affatto vero che « il Magistero della Chiesa ha costantemente proclamato il carattere sacro e inviolabile di ogni vita umana, dal suo concepimento sino alla sua fine naturale », come invece ha sostenuto il « papa teologo » Benedetto XVI il 22 febbraio 2006 nel suo discorso ai partecipanti al congresso *L'embrione umano nella fase del preimpianto*.

Così come non è affatto vero che il versetto 16 del *Salmo 138* faccia riferimento all'embrione quale « piccola realtà ovale, arrotolata [*sic*], sulla quale si pone già lo sguardo benevolo e amoroso degli occhi di Dio », e che esso costituisca « un elogio biblico dell'essere umano dal primo momento della sua esistenza», come invece ha sostenuto lo stesso Benedetto XVI nell'Udienza Generale del 28 dicembre 2005. Il versetto in questione si limita infatti a dire, testualmente:

> i tuoi occhi hanno visto il mio *golem* e tutto era scritto nel tuo libro; i miei giorni erano fissati, quando ancora non ne esisteva uno.

Ora, *golem* è una parola che appare una sola volta nella Bibbia: appunto, in questo versetto. Ed è singolare che il papa finga di ignorare tutta la tradizione esoterica e magica a essa associata: dalle leggende del *Talmud* e della *Cabala* alla ballata del 1797 di Wolfgang Goethe *L'apprendista stregone*, poi musicata nel 1897 da Paul Dukas e animata nel 1940 da Walt Disney in *Fantasia*, al romanzo del 1915 di Gustav Meyrink *Il Golem*, al saggio del 1964 di Norbert Wiener *Dio & Golem s.p.a.*

Arrampicarsi su simili vetri per difendere l'embrione significa veramente non sapere più a che santo votarsi. Anche perché è ovvio che, nel testo originale, *golem* significa semplicemente, in termini filosofici, l'essenza di un ente che ne precede l'esistenza. O, in termini informatici, le specifiche di un programma che ne precedono l'implementazione. O, in termini biologici, l'informazione genetica di un organismo che ne precede l'espressione. Tutto, quindi, meno che un embrione che non precede proprio nulla, essendo già una fase dello sviluppo: anche se, naturalmente, queste cose interessano soltanto coloro che sono alla ricerca di profetici appigli mitologici per i loro patetici anacronismi teologici.

Settimo *Non commettere adulterio.*[71]

Per definizione, l'adulterio (da *(ad)alterare*, «falsificare») è un rapporto in cui almeno uno dei due partner è sposato con qualcun altro: il comandamento ha dunque una valenza sociale, più che sessuale. E senza nulla dire su come debba essere il matrimonio, si limita a imporre di non tradirne i termini, quali che siano.

Non si vede dunque come il *Catechismo*[72] possa affermare, a questo proposito, che poligamia, divorzio, convivenza, concubinato e rapporti extramatrimoniali siano « offese alla dignità del matrimonio »: anche perché è palese, come abbiamo già notato in più occasioni, che gli Ebrei saranno forse stati monoteisti, ma certo non erano né monogami né antidivorzisti.

Non si può negare, però, che avessero idee bislacche a proposito di certe faccende. Ad esempio,[73] se una fanciulla vergine ma fidanzata veniva violentata in città, dovevano essere lapidati a morte sia il violentatore che la vittima: la presunzione era, infatti, che questa fosse consenziente, perché altrimenti « avrebbe potuto gridare ». Se invece la violenza avveniva in campagna, si doveva lapidare solo il violentatore. Se però la signorina non era fidanzata e il violentatore veniva colto in flagrante, allora doveva riparare sposandola senza possibilità di ripudio. In altre parole, il crimine non era la violenza sessuale, invariata in tutti e tre i casi, ma l'offesa all'onore e al buon costume: e così era anche nel nostro Codice penale, fino alla riforma del 1996.

A proposito di verginità, naturalmente gli Ebrei la pretendevano dalle mogli: la sua mancanza al momento del matrimonio poteva in seguito essere addotta come motivo di divorzio, e se l'accusa veniva provata la moglie era condannata a morte per lapidazione. Se invece l'accusa veniva confutata, il marito accusatore doveva pagare un risarcimento alla famiglia di lei per diffamazione.[74]

La prova cruciale che i suoceri potevano letteralmente « esibire davanti agli anziani della città » era costituita dai panni macchiati di sangue della prima notte di nozze.[75] Evidentemente essi venivano conservati a futura memoria, alla Lewinsky, anche se è difficile capire come potessero essere probanti senza un esame del DNA che confermasse anzitutto che il sangue era umano, e non tintura di iodio come quello delle stimmate di Padre Pio,[76] e poi che era femminile, e non maschile come quello della Madonna piangente di Civitavecchia.[77]

Tornando al *Catechismo*, stupisce la sua riformulazione del settimo comandamento nella versione canonica: « Non commettere atti impuri ». E infatti, nel patetico tentativo di spiegare perché mai lo si debba intendere come un divieto di « tutti i peccati contro la castità », esso non trova di meglio da dire che, « benché nel testo biblico si legga altrimenti, la tradizione della Chiesa così considera ».[78]

Una volta introdotta, la castità diventa paradossalmente « la positiva integrazione della sessualità nella persona »:[79] una vera perla, questa, più o meno come dire che il digiuno è la positiva integrazione del cibo nello stomaco. Quanto al modo in cui « tutti sono chiamati a vivere la castità »,[80] non può che essere quello proposto da Gesù stesso nel Discorso della Montagna:[81]

> Avete inteso che fu detto: « Non commettere adulterio ». Ma io vi dico: chiunque guarda una donna per desiderarla, ha già commesso adulterio con lei nel suo cuore. [...]
>
> Fu pure detto: « Chi ripudia la propria moglie, le dia l'atto di ripudio ». Ma io vi dico: chiunque ripudia sua moglie, *eccetto il caso di concubinato*,[82] la espone all'adulterio e chiunque sposa una ripudiata commette adulterio.

L'edizione ufficiale CEI si affretta a precisare imbarazzata, a proposito dell'inciso in corsivo: « nessuna reale eccezione alla indissolubilità del matrimonio ». E invece l'eccezione è non solo palese, ma ripetuta letteralmente anche in un passo successivo,[83] benché non sia chiaro che cosa essa significhi: che non è adulterio prendere una concubina oltre la moglie, o che non lo è ripudiare una concubina? Sempre che la traduzione sia corretta, visto che il vocabolo greco originale è *porneias*, che può significare « infedeltà », « fornicazione », « prostituzione » e tante altre belle cose del genere.

Oltre all'esplicita eccezione di Gesù, Paolo permetteva il divorzio ai non credenti, anche se sposati con credenti,[84] e Agostino riteneva l'adulterio una ragione sufficiente e valida per il divorzio:[85] è solo nel 1563, col Concilio di Trento, che l'indissolubilità assoluta del matrimonio è ufficialmente diventata legge canonica per i Cattolici, e li costringe a fare i salti mortali nella rimozione del passo precedente. Protestanti e Ortodossi, invece, leggono il Vangelo com'è scritto e accettano il divorzio più o meno estesamente, a seconda delle loro interpretazioni più o meno letterali del passo: in particolare, è proprio sulla questione del divorzio (di Enrico VIII) che nel 1533 si consumò lo scisma tra Anglicani e Cattolici.

A proposito di Paolo, comunque, non è che egli fosse meno sessuofobico di Gesù. Anzi, se possibile lo era ancor più, come dimostra un passo giustamente famoso della *Prima lettera ai Corinzi*:[86]

> È cosa buona per l'uomo non toccare donna. Tuttavia, per il pericolo dell'incontinenza, ciascuno abbia la propria moglie e ogni donna il proprio marito. [...]
>
> Vorrei che tutti fossero come me; ma ciascuno ha il proprio dono da Dio, chi in un modo, chi in un altro. Ai non sposati e alle vedove dico: è cosa buona per loro rimanere come sono io. Ma se non sanno vivere in continenza, si sposino: è meglio sposarsi che ardere.

E a proposito di Agostino, non è che almeno lui fosse meno sessuofobico di Gesù e Paolo. Anzi, era ancora peggio di loro, visto e considerato che nel testo *Le nozze e la concupiscenza*[87] arrivò a sostenere che la sessualità « non è un bene procedente dall'essenza del matrimonio, ma un male derivante dal peccato originale ». E che un rapporto sessuale coniugale è giustificato soltanto se intrapreso a fini procreativi, mentre farlo esclusivamente per piacere è un peccato, benché (bontà sua) solo veniale.

È chiaro che su queste basi il Cristianesimo non è potuto andare lontano, in certe cose. E infatti il *Catechismo* ribadisce che « sono peccati gravemente contrari alla castità la masturbazione, la fornicazione, la pornografia, la prostituzione, lo stupro, gli atti omosessuali »,[88] tanto per fare di ogni erba un fascio. Quanto alla doppia funzione di procreazione e piacere del sesso, poi, « nessuno deve rompere la connessione inscindibile che Dio ha voluto tra i due significati dell'atto coniugale, escludendo l'uno o l'altro di essi ».[89]

Ne consegue, ovviamente, che « è intrinsecamente immorale

ogni azione che, o in previsione dell'atto coniugale o nel suo compimento o nello sviluppo delle sue conseguenze naturali, si proponga, come scopo o come mezzo, di impedire la procreazione»,[90] come d'altronde avevano già ufficialmente stabilito in precedenza due encicliche: nel 1930 la *Casti Connubii* («Del Casto Connubio») di Pio XI, e nel 1968 la discussa *Humanae Vitae* («Della Vita Umana») di Paolo VI.

Discussa, quest'ultima, non soltanto per le sue anacronistiche posizioni, ma anche per l'indegno modo in cui il papa le aveva ribadite. Come infatti ricorda il preambolo della stessa enciclica,[91] nel marzo 1963 Giovanni XXIII aveva istituito una ristretta commissione di studio comprendente studiosi di varie discipline, per esaminare il problema del matrimonio e della regolazione delle nascite. A seguito di vari rimpasti voluti da Paolo VI, alla fine la commissione arrivò ad avere una settantina di membri tra cardinali, vescovi, preti, religiosi, teologi, medici, sociologi, demografi e coppie di sposi cattolici.

Essa concluse i suoi lavori nel giugno 1966, con due rapporti. Il primo, quasi all'unanimità, ammetteva come lecita «la regolazione delle nascite mediante il ricorso a mezzi, umani e onesti, ordinati alla promozione della fecondità in tutta la vita matrimoniale nel suo insieme». Il secondo, di una minoranza formata da soli *quattro* membri, tutti teologi, chiedeva al papa di confermare la dottrina tradizionale e condannare fermamente ogni forma di contraccezione. Una situazione così descritta nell'enciclica:[92]

> Non si era giunti, in seno alla commissione, alla piena concordanza [*sic*] di giudizi circa le norme morali da proporre, e soprattutto erano emersi alcuni criteri di soluzioni, che si distaccavano dalla dottrina morale sul matrimonio proposta con costante fermezza dal magistero della Chiesa.

Paolo VI decise dunque di disattendere l'appello alla modernità della quasi totalità della commissione papale, così come il Concilio Vaticano II aveva già disatteso, nella Costituzione Dogmatica *Gaudium et Spes* («La Gioia e le Speranze»), l'appello lanciato il 29 ottobre 1964 dal cardinale Leo Suenens: « Seguiamo il progredire della scienza. Vi scongiuro, Padri, evitiamo un nuovo processo a Galileo. Uno basta alla storia ».

Tra parentesi, della commissione allargata di Paolo VI faceva parte anche Karol Wojtyla, allora arcivescovo di Cracovia, che non partecipò *mai* alle sedute. Che cosa pensasse sull'argomento si può comunque facilmente dedurre, oltre che dall'enciclica del 1981 *Familiaris Consortio* (« La Famiglia »), che ribadisce la dottrina del suo predecessore, anche dal discorso del 17 settembre 1983 ai partecipanti al seminario di studio su *La procreazione responsabile*:[93]

> La contraccezione è da giudicare, oggettivamente, così profondamente illecita da non potere *mai, per nessuna ragione*,[94] essere giustificata. Pensare o dire il contrario, equivale a ritenere che nella vita umana si possano dare situazioni nelle quali sia lecito non riconoscere Dio come Dio.

Ottavo *Non rubare.*[95]

Ancora una volta, così come il sesto comandamento condanna la pena di morte e le guerre, l'ottavo dovrebbe condannare i saccheggi e le razzie. Ma abbiamo già visto che, in realtà, queste attività erano perfettamente ammesse quando si trattava di rubare ai nemici: era *agli Ebrei* che non si doveva farlo, naturalmente, e a essi si riferisce il comandamento nelle intenzioni.

Benché noi oggi interpretiamo giustamente il comandamento in senso universale, non possiamo comunque certamente dedurne « la proprietà privata dei beni », come invece fa il *Catechismo*.[96] E non solo perché, ovviamente, si può benissimo rubare anche dove esiste soltanto la proprietà pubblica. Ma anche perché, letteralmente, la proprietà privata è già essa stessa un furto: « privare » e « deprivare » significano infatti « isolare » e « togliere », e la proprietà privata è ciò che è stato sottratto, in barba all'ottavo comandamento, alla proprietà pubblica, cioè del popolo (il latino *publicus* è infatti una contrazione di *populicus*, « del popolo »).

Meno che mai sembra possibile dedurre dal « non rubare » il fatto che « l'uomo deve trattare gli animali con benevolenza »:[97] soprattutto quando non si stigmatizza, allo stesso tempo, il loro allevamento forzato e la loro macellazione a fini di consumo alimentare. Il che non significa che chi segue l'ottavo comandamento debba essere vegetariano: piuttosto, che chi proclama che gli animali devono essere trattati con benevolenza non dovrebbe poi mangiare carne a pranzo e cena eccetto il venerdì, quando comunque mangia pesce.

Nono *Non pronunciare falsa testimonianza.*[98]

Per una volta possiamo anche essere d'accordo col *Catechismo*, quando dice che il nono (o, per esso, l'ottavo) comandamento « proibisce lo spergiuro, la menzogna, la maldicenza, la diffamazione, la calunnia, la lusinga, l'adulazione e la compiacenza ».[99]

Non lo siamo più, naturalmente, quand'esso confonde « non dire il falso » con « di' il vero », e passa dunque a parlare della verità. Usando, in particolare, la parola con la maiuscola e dichiarando che « in Gesù Cristo la verità di Dio si è manifestata interamente: egli è la Verità ».[100]

A parte il non senso logico dell'identificazione tra una persona biologica da un lato e un concetto semantico ipostatizzato dall'altro, non è infatti certamente al Dio della Bibbia che possiamo associare la verità, con o senza la maiuscola. Anzitutto, perché abbiamo già visto quante volte egli abbia sbagliato, moralmente e scientificamente, e continueremo a vederlo.

E poi, perché egli prescrive ben otto dei suoi dieci comandamenti in forma negativa: lungi dall'essere in grado di dire come « fare il bene », Dio sembra dunque essere costretto a doversi limitare a dire come « non fare il male ». Per usare il metaforico stile del *Catechismo*, cioè, egli si rivela non positivamente, come una Verità o un Bene in possesso di un'etica o una morale propositive, ma negativamente, come una contrapposizione alla Falsità o al Male, limitata a un'etica o una morale proibitive.

In maniera ancora più metaforica, non è dunque il Diavolo a opporsi a Dio, ma Dio a opporsi al Diavolo: con buona pace di Agostino, il quale aveva cercato di rimuovere il suo iniziale manicheismo decostruendo il Male come mancanza del Bene, quando invece si dovrebbe più sensatamente asserire l'esatto contrario, se questi discorsi avessero un senso, e ridurre il Bene alla mancanza del Male.

E di certo così è nel campo dell'Ordine e del Disordine, dove si può effettivamente parlare in modo sensato: perché è appunto l'Ordine a essere una momentanea mancanza del Disordine, in un mondo in cui quest'ultimo cresce in maniera misurabile e inesorabile attraverso l'entropia. E la Seconda Legge della Termodinamica stabilisce appunto che, alla fine dei tempi, verrà il suo regno e sarà fatta la sua volontà, così in cielo come in Terra: letteralmente, come si parla nella scienza, e non metaforicamente, come si farfuglia nella religione!

Decimo *Non desiderare la casa del tuo prossimo. Non desiderare la moglie del tuo prossimo, né il suo schiavo, né la sua schiava, né il suo bue, né il suo asino, né alcuna cosa che appartenga al tuo prossimo.*[101]

Mentre i precedenti comandamenti, più o meno opinabili che siano, riguardano azioni che almeno in teoria ricadono sotto il dominio della volontà, l'ultimo pretende irrealisticamente di impedire dei desideri, sui quali naturalmente l'uomo ha poco o nessun controllo. A meno che quello non fosse soltanto un modo di dire, tipo: « Non ti passi nemmeno per la testa di privare il prossimo delle sue proprietà ».

L'elenco specifico di queste proprietà, comunque, è semplicemente agghiacciante: esso non comprende, infatti, soltanto beni materiali quali le case o le cose, o animali quali il bue e l'asinello, ma anche persone quali gli schiavi (di entrambi i sessi) e la moglie. Quest'ultima, in particolare, solo seconda in ordine di importanza, dopo la casa.

Nessun cenno ai mariti, naturalmente, visto che per gli Ebrei le donne non *avevano*, bensì *erano*, proprietà. Ad esempio, potevano essere ripudiate a piacere:[102]

> Quando un uomo ha preso una donna e ha vissuto con lei da marito, se poi avviene che essa non trovi grazia ai suoi occhi, perché egli ha trovato in lei qualche cosa di vergognoso, scriva per lei un libello di ripudio e glielo consegni in mano e la mandi via dalla casa.

Per quanto riguarda invece la schiavitù, c'è poco da scandalizzarsi per l'atteggiamento ebraico nei suoi confronti, visto che quello cristiano non è stato da meno, fino a non troppo tempo fa. Anzi, fino a oggi, perché non soltanto il Ku Klux Klan, ma anche sette contemporanee quali il Ricostruzionismo Cristiano di Rousas Rushdoony e l'Identità Cristiana di Wesley Swift continuano a pensare che la schiavitù non soltanto sia giustificata, ma vada perfettamente d'accordo con il Cristianesimo.

E non sono state sempre e soltanto le minoranze fondamentaliste a essere schiaviste. Da quando Colombo mise piede su Hispaniola nel 1492, la politica dei *conquistadores* cattolici fu infatti una medaglia a due facce: cristianizzazione e schiavizzazione. La « regolamentazione » di questa politica fu stabilita nel 1514 dal cosiddetto *Requerimiento* (« Richiesta ») redatto da Juan Lopez de Palacio Rubios, che doveva essere letto (in spagnolo!) nei villaggi del Nuovo Mondo, e incominciava con la prima faccia della medaglia:

> Vi notifichiamo e vi facciamo sapere, come meglio possiamo, che il Signore Iddio, vivo ed eterno, creò il cielo e la terra, e un uomo e una donna dai quali noi e voi e tutti gli uomini del mondo furono e sono discendenti [...] Tra tutte le persone il Nostro Signore ne incaricò una, chiamata San Pietro [*sic*], affinché di tutti gli uomini del mondo fosse signore e superiore, al quale tutti dovessero obbedire, e che fosse a capo dell'intera razza umana [...] E allo stesso modo sono stati considerati coloro che furono eletti dopo di lui al soglio pontificio, e così è stato fino ad oggi, e così sarà fino alla fine del mondo.

Ma continuava naturalmente con la seconda faccia:

> Se invece così non farete, o maliziosamente prenderete tempo, vi assicuro che con l'aiuto di Dio noi ci scaglieremo contro di voi, vi

faremo guerra in tutti i modi e con tutti i mezzi che potremo, e vi assoggetteremo al giogo e all'obbedienza della Chiesa e delle Loro Maestà, e cattureremo voi e le vostre donne e i vostri figli, e ne faremo degli schiavi e come tali li venderemo e disporremo di loro, e prenderemo i vostri beni e vi faremo tutto il male che potremo.

Queste belle teorie furono messe in pratica dai *conquistadores* spagnoli e portoghesi, provocando una carneficina: si calcola infatti che nella conquista dell'America furono uccisi dai settantacinque ai cento milioni di *indios*, pari a un quarto della popolazione mondiale dell'epoca,[103] con un genocidio peggiore di tutti quelli del Novecento messi assieme. Solo i gesuiti del Paraguay si comportarono in maniera un po' più umana con i Guaraní nelle loro *reducciones*, e come ricompensa furono ufficialmente espulsi nel 1767 dal Sud America, in un episodio reso popolare nel 1986 dal film *Mission*.

I colonizzatori inglesi dapprima, e gli statunitensi poi, non schiavizzarono invece gli indiani del Nord America, preferendo risolvere il problema con la soluzione finale di una loro sistematica eliminazione. Gli schiavi li importarono piuttosto dall'Africa, in una tratta che coinvolse decine di milioni di negri e fu giustificata, al solito, su basi bibliche. Questa volta, addirittura con un riferimento alla cosiddetta Maledizione di Canaan del *Genesi*:[104]

Ora Noè, coltivatore della terra, cominciò a piantare una vigna. Avendo bevuto il vino, si ubriacò e giacque scoperto all'interno della sua tenda. Cam, padre di Canaan, vide il padre scoperto e raccontò la cosa ai due fratelli che stavano fuori. Allora Sem e Iafet presero il mantello, se lo misero tutti e due sulle spalle e, camminando a ritroso, coprirono il padre scoperto; avendo rivolto la faccia indietro, non videro il padre scoperto.

Quando Noè si fu risvegliato dall'ebbrezza, seppe quanto gli aveva fatto il figlio minore; allora disse: «Sia maledetto Canaan! Schiavo degli schiavi sarà per i suoi fratelli!»

Forse l'episodio ha una valenza metaforica nascosta, ma dal punto di vista letterale è palesemente senza senso, perché il figlio (Canaan) di un innocente (Cam) paga per le malefatte di un colpevole (Noè). Ciò nonostante, o forse proprio per questo, i fondamentalisti ebrei e cristiani l'hanno preso come giustificazione biblica della schiavitù dei negri africani, che secondo loro derivano appunto da Cam e Canaan.

In particolare, durante la guerra civile le chiese protestanti statunitensi si divisero tutte al loro interno, a favore o contro la schiavitù. Ad esempio, fu proprio la decisione delle Chiese Battiste del Nord di impedire il possesso di schiavi ai missionari a causare uno scisma e a provocare nel 1845 la nascita della Convenzione Battista del Sud, che oggi è la maggiore chiesa protestante degli Stati Uniti e ha circa sedici milioni di affiliati.

Nello stesso periodo, e senza stimoli bellici, il Santo Uffizio di Pio IX emanava il 20 giugno 1866 una Istruzione che diceva:

> La schiavitù in quanto tale, considerata nella sua natura fondamentale, non è del tutto contraria alla legge naturale e divina. Possono esserci molti giusti titoli alla schiavitù e sia i teologi che i commentatori dei canoni sacri vi hanno fatto riferimento. Non è contrario alla legge divina che uno schiavo possa essere venduto, acquistato, scambiato o regalato.

D'altronde, la tradizione schiavista della Chiesa era di lunga data: nel 1179 il Terzo Concilio Lateranense aveva condannato alla schiavitù i collaborazionisti dei Saraceni, nel 1226 era stata dichiarata ufficialmente da Gregorio IX la sua legittimità, e nel 1454 Nicola V l'aveva autorizzata con la Bolla *Romanus Pontifex* («Il Pontefice Romano») nei confronti dei Saraceni e dei prigionieri fatti dall'esercito portoghese.

Naturalmente i fondamentalisti avevano e hanno facile gioco nel considerare la schiavitù divinamente permessa e nel trovare riferimenti biblici a suo favore. Ad esempio, nel *Levitico*:[105]

> I miei servi, che io ho fatto uscire dal paese d'Egitto, non devono essere venduti come si vendono gli schiavi. [...] Quanto allo schiavo e alla schiava, che avrai in proprietà, potrete prenderli dalle nazioni che vi circondano; da queste potrete comprare lo schiavo e la

schiava. Potrete anche comprarne tra i figli degli stranieri, stabiliti presso di voi e tra le loro famiglie che sono presso di voi, tra i loro figli nati nel vostro paese; saranno vostra proprietà.

O nella *Prima lettera a Timoteo*[106] di Paolo:

Quelli che si trovano sotto il giogo della schiavitù trattino con ogni rispetto i loro padroni, perché non vengano bestemmiati il nome di Dio e la dottrina. Quelli poi che hanno padroni credenti, non manchino loro di riguardo perché sono fratelli, ma li servano ancora meglio, proprio perché sono credenti e amati coloro che ricevono i loro servizi.

Per fortuna, comunque, oggi il riferimento alla schiavitù è scomparso nella versione della Chiesa dell'ultimo comandamento, che recita semplicemente: « Non desiderare la roba d'altri ». Avendo però perso per strada il secondo, e per evitare l'imbarazzo di avere un Ennalogo invece di un Decalogo, la Chiesa ha deciso di spezzare il decimo comandamento in due, aggiungendo come suo nono: « Non desiderare la donna d'altri ». Al femminile, tra l'altro, anche se sarebbe stato facile evitare questo squilibrato maschilismo chiedendo, semplicemente, di « non desiderare il coniuge d'altri ».

In ogni caso, anche nella sua limitata formulazione maschilista il nono comandamento ha il vantaggio di permettere al *Catechismo* di tornare a battere uno dei suoi chiodi fissi, spiegando che esso « richiede di vincere la concupiscenza carnale » e « di coltivare pensieri e desideri relativi alle azioni proibite dal sesto comandamento »:[107] quello della Chiesa, naturalmente, cioè il « non commettere atti impuri ».

Quanto al decimo comandamento, che secondo il *Catechismo* « completa il precedente », esso « proibisce la tristezza provata davanti ai beni altrui ».[108] Cioè, chi è povero sia contento di esserlo e non invidi il ricco, secondo la prima beatitudine del Discorso della Montagna, che nella versione canonica di *Luca*,[109] così come in quella apocrifa di Tommaso,[110] recita semplicemente: « Beati voi poveri, perché vostro è il regno di

Dio». E nella versione laica di *Ho visto un re* di Enzo Jannacci e Dario Fo:

Sempre allegri bisogna stare
ché il nostro piangere fa male al re,
fa male al ricco e al cardinale,
diventan tristi se noi piangiam.

IL FIGLIO

La nostra *via crucis* ha ormai doppiato il capo di Buona Speranza che separa l'Antico dal Nuovo Testamento e si accinge a fermarsi alle quattro stazioni che narrano le vicende, vere o presunte, di Gesù detto il Cristo: i quattro Vangeli, cioè, di Matteo, Marco, Luca e Giovanni.

Gesù di Nazareth

L'Antico Testamento narra di una serie di personaggi ed eventi che partono dalla mitologia e si avvicinano per gradi alla storia. Solo i fondamentalisti oggi non accetterebbero di mettere variamente in discussione, quando non semplicemente di negare, l'esistenza di Abramo, Isacco, Giacobbe, Mosè, Giosuè, Davide e Salomone, così come la storicità dell'esodo, della conquista della Terra Promessa e del primo regno di Israele: se non completamente, almeno nei dettagli con cui la Bibbia presenta quelle persone e quei fatti. Questi dubbi sono stati recepiti nel 2002 persino dai tradizionalisti delle Sinagoghe Unite del Giudaismo Conservatore, che rappresentano un milione e mezzo di Ebrei degli Stati Uniti, nel loro scettico commento ufficiale alla *torah* intitolato *Etz Hayim* (« L'albero della vita »).

Quando invece si arriva al Nuovo Testamento, anche solo sollevare il problema dell'esistenza di Gesù e della completa veridicità dei Vangeli diventa un affronto ai credenti e un vilipendio della religione. Eppure, almeno alcuni vaghi riferimenti dell'Antico Testamento sono confermati dall'archeologia o dalla storia: ad esempio, il ritrovamento di resti distrutti delle mura di Gerico o una citazione di Israele in una stele del faraone Merneptah, risalenti rispettivamente a circa il 1500 e il 1200 p.e.V.

Invece, in pratica nessuna testimonianza storica esiste sulla persona e sulla vita di Gesù, al di fuori del Nuovo Testamento.

Le prime notizie su di lui risalgono a metà del I secolo e.V. e si trovano nelle lettere di Paolo, che sono precedenti ai Vangeli. Si tratta dunque di testimonianze da parte di una persona che, dichiaratamente, non ha mai incontrato colui di cui predica, anche se gli *Atti degli Apostoli*[1] raccontano che ne abbia sentito la voce durante una caduta da cavallo sulla strada di Damasco, e la sua *Prima lettera ai Corinzi*[2] dice che « ultimo fra tutti apparve anche a me come un aborto ». Le lettere di Paolo non danno comunque nessun dettaglio biografico significativo sulla figura di Gesù, e contengono invece alcune delle credenze su di lui che divennero poi parte integrante del Cristianesimo: tra esse l'appartenenza alla casa di Davide, la resurrezione e l'annuncio della sua seconda venuta.

Nei documenti storici contemporanei o poco successivi all'epoca di Gesù, di lui non si parla *mai*. In seguito, solo *quattro* storici fanno qualche riferimento: Flavio Giuseppe, Plinio il Giovane, Svetonio e Tacito. Il primo lo cita in questo passo delle *Antichità giudaiche*:[3]

> A quel tempo visse Gesù, un uomo saggio, se pure si può chiamarlo uomo: perché compì opere straordinarie, e insegnò a coloro che amavano la verità. Egli portò a sé molti Ebrei e molti Gentili. Egli era il Cristo. E quando Pilato udì che era accusato dai nostri governanti, lo condannò alla croce. Coloro che lo avevano amato dagli inizi non persero la fede in lui, ed egli apparve loro redivivo il terzo giorno, perché i profeti avevano previsto questa e altre mille altre meraviglie su di lui. E la tribù dei Cristiani, che prende il nome da lui, non si è estinta fino a oggi.

Ora, questo passaggio è tardo, perché l'opera è del 93 e.V. Inoltre, in molti manoscritti pervenutici non c'è. Infine, non è stato citato nel III secolo da Origene, che pure conosceva le *Antichità*, e si lamentava invece che Flavio Giuseppe « non accettava Gesù come Cristo »,[4] così come Clemente di Alessandria notava che egli « non diceva niente delle cose meravigliose che il Signore aveva fatto».[5] Poiché una versione molto più estesa è stata interpolata anche nell'altra opera di Flavio Giuseppe *La guerra giudaica*,[6] questa volta in maniera dimostrabile, tutto fa pensare che lo sia stato anche nella precedente, a partire dal IV secolo: la testimonianza più antica del brano è infatti quella di Eusebio nel 323.[7]

Un secondo riferimento si trova in una lettera[8] del 112 di Plinio il Giovane a Traiano e parla genericamente dei Cristiani:

> Affermavano che le loro colpe o errori si riducevano al fatto di incontrarsi in un giorno stabilito prima dell'alba per cantare un inno a Cristo come se fosse un dio [*quasi deo*], e di ritenersi vincolati da un giuramento non già a compiere un crimine, ma a non commettere furti, rapine o adultèri, a non tradire la fiducia, e a non rifiutarsi di restituire, se richiesti, ciò che avevano ricevuto in custodia.

Un terzo riferimento, contemporaneo al precedente, è di Gaio Svetonio nelle *Vite dei Cesari*:[9]

> poiché gli Ebrei fomentavano continui disturbi su istigazione di Cresto, [Claudio] li espulse da Roma.

«Cresto» è la traduzione dell'originale latino *Chrestus*: un nome derivato dal greco *Chrestos*, «Buono» o «Valoroso», riferito a qualcuno che era a Roma nel 54 e.V. Più che di un errore di trascrizione di *Christus* sembra trattarsi della citazione di un appellativo che si sa essere stato comune tra gli schiavi, e il brano parla appunto di una loro rivolta.

Qualche anno dopo Tacito cita un paio di volte i Cristiani nei suoi *Annali*,[10] dicendo che erano presenti a Roma ai tempi di Nerone, dunque tra il 54 e il 68, e che

> Cristo, da cui prendevano il loro nome, fu mandato a morte da Ponzio Pilato, procuratore della Giudea durante il regno di Tiberio.

Di tutti i quattro frammenti questo è l'unico che sembra costituire una qualche «prova» indipendente della storicità della morte, e dunque dell'esistenza, di Cristo: ma non sappiamo se essa viene citata come un fatto o riportata soltanto come una credenza dei Cristiani. Probabilmente la seconda ipotesi, visto che Tacito sbaglia nell'assegnare a Pilato il ruolo di procuratore, invece che di prefetto: il che fa pensare che egli parli per sentito dire, più che citando fonti ufficiali.

Questi sono dunque i brani non cristiani dell'antichità che citano in qualche maniera Gesù: certamente troppo pochi, vaghi e indiretti, per poter costituire una convincente prova esterna della sua esistenza. Il che, naturalmente, non significa che egli non sia esistito: in fondo, innumerevoli altre persone reali non hanno lasciato alcuna traccia nella storia ufficiale. Significa, però, che per parlare di lui possiamo soltanto affidarci alle fonti interne del Nuovo Testamento: ma allora, con lo stesso metro di giudizio, il *Mahabharata* o l'*Iliade* dimostrerebbero l'esistenza delle divinità indù o greche, che giustamente nessun cristiano sarebbe disposto ad accettare come reali.

Tra l'altro, le eventuali concordanze dei Vangeli con fatti oggettivi non costituiscono una prova di nessun genere a favore della loro storicità. Ad esempio, proprio l'ambientazione dell'*Iliade* è tanto veritiera, che basandosi su di essa Heinrich Schliemann ha potuto localizzare nel 1873 le rovine di Troia: questo, però, non autorizza certo a dedurne la veridicità del racconto della guerra, per non parlare dell'esistenza degli eroi e degli dèi omerici. Più in generale, un testo (sacro o profano) non può mai essere *confermato* da concordanze con fatti storici o da riscontri archeologici: altrimenti, dovremmo credere a tutto ciò che si racconta nei romanzi veristi o realisti. Un testo può però essere *invalidato* da discordanze interne o esterne, che nei Vangeli abbondano.

Riguardo alla nascita di Gesù, ad esempio, *Matteo*[11] dice che « nacque a Betlemme di Giudea al tempo del re Erode », mentre *Luca*[12] racconta:

> In quei giorni un decreto di Cesare Augusto ordinò che si facesse il censimento di tutta la terra. Questo primo censimento fu fatto quando era governatore della Siria Quirino.

Poiché Erode morì il 4 p.e.V. e Quirino arrivò in Siria il 6 e.V., i due racconti sono temporalmente contraddittori. Inoltre, non è stato registrato in quel periodo alcun fenomeno atmosferico che possa essere interpretato come la stella dei Re Magi, né una qualche strage di bambini, né un qualche censimento romano nell'epoca di Erode: quest'ultimo per ottimi motivi, visto che in quel tempo la Giudea non era sotto dominio romano. Lo divenne l'anno in cui Quirino arrivò e fece effettivamente il suo censimento, ma non ci sono tracce del fatto che sia andato contro le consuetudini romane, che erano di far registrare la gente nel luogo di residenza e non di nascita.

In realtà, in tutti e quattro i Vangeli Gesù viene sempre consistentemente chiamato « di Nazareth », e solo nei capitoli iniziali di *Matteo*[13] e *Luca*[14] si racconta la sua nascita e la si situa a Betlemme: tra l'altro, senza citare affatto il bue e l'asinello che a Natale compaiono puntualmente in ogni presepe. Ma lo stile dei due racconti fa pensare, più che a un'esposizione storica, a una cornice mitologica, dichiaratamente basata sulla supposta realizzazione di profezie bibliche (che, comunque, spesso parlano di tutt'altro e vengono citate completamente fuori contesto). Ad esempio:

- La nascita virginale e il nome di Gesù derivano da *Isaia*:[15] « La vergine concepirà e partorirà un figlio che sarà chiamato Emmanuele », che significa « Dio è con noi » (Gesù, come sappiamo, significa analogamente « Dio salva »).
- Il luogo di nascita da *Michea*:[16] « E tu, Betlemme di Efrata, così piccola per essere fra i capoluoghi di Giuda, da te mi uscirà colui che deve essere il dominatore di Israele ».
- La fuga in Egitto da *Osea*:[17] « Dall'Egitto ho chiamato il mio figlio ».
- La strage degli innocenti da *Geremia*:[18] « Un grido si ode da Rama, lamento e pianto amaro: Rachele piange i suoi figli, rifiuta di essere consolata perché non sono più ». (Rama era un luogo vicino a Betlemme, dov'era venerata la tomba di Rachele.)

La stessa cosa vale per gli episodi legati a Giovanni Battista e al battesimo di Gesù.[19] In particolare, la descrizione del primo è mutuata da *Isaia*:[20] « Una voce grida nel deserto ». E la voce dal cielo che annuncia il secondo in parte dal *Salmo 2*:[21] « Tu sei il mio figlio, io oggi ti ho generato », e in parte da *Isaia*:[22] « Ecco il mio servo che io sostengo, il mio eletto in cui mi compiaccio ». La stessa voce ripeterà le stesse cose sia durante la trasfigurazione che dopo l'entrata di Gesù a Gerusalemme, anche se quest'ultima volta *Giovanni*[23] si lascerà scappare la probabile e ovvia verità: « La folla che era presente e aveva udito diceva che era stato un tuono ».

Infine, come già per la nascita, neanche per la morte di Gesù si hanno testimonianze storiche: l'unico dato che si può ricavare dai racconti della passione è che essa sarebbe avvenuta « sotto Ponzio Pilato », e dunque tra il 26 e il 36 e.V. In particolare, non è stato registrato nessuno dei pur difficilmente dimenticabili prodigi che l'avrebbero accompagnata. Certamente è falso che « a mezzogiorno il Sole si eclissò e si fece buio su tutta la terra fino alle tre del pomeriggio »,[24] visto che non ci poteva essere un'eclissi di Sole durante il periodo di plenilunio della Pasqua ebraica: non solo di tre ore, ma neppure di tre minuti. E, sorprendentemente, nessuno sembra essersi accorto che « il velo del tempio si squarciò in due da cima a fondo, la terra si scosse, le rocce si spezzarono, i sepolcri si aprirono e molti corpi di santi morti risuscitarono; e uscendo dai sepolcri entrarono nella città santa e apparvero a molti ».[25]

Per inciso, l'edizione ufficiale CEI spiega che « il velo divideva le parti più riservate del tempio, il Santo e il Santo dei Santi. Il suo squarciarsi indica la fine dell'antica economia religiosa ». Ma nel tentativo di assegnare una simbolica valenza all'evento si dà letteralmente una zappata sui piedi, perché in quelle parti del tempio poteva entrare solo il Sommo Sacerdote, e solo in particolari occasioni: se anche Caifa si fosse trovato *in loco* al momento giusto, difficilmente sarebbe poi andato a raccontare in giro un evento che avrebbe sconfessato pubblicamente il suo stracciarsi le vesti di fronte a Gesù il giorno prima.[26]

In realtà, ancora una volta il racconto della passione procede come se fosse espressamente costruito per far avverare le profezie, e tradisce palesemente lo scheletro di citazioni bibliche su cui esso è costruito. Ad esempio:

- L'entrata di Gesù a Gerusalemme è tratta da *Zaccaria*:[27] « Egli è giusto e vittorioso, umile e cavalca un asino » (anche se dai Vangeli[28] non è chiaro se si trattasse di un asino, di un puledro o, addirittura, di entrambi).
- L'accoglienza della folla dal *Salmo 117*:[29] « Benedetto colui che viene nel nome del Signore ».
- L'entità del pagamento di Giuda da *Zaccaria*:[30] « pesarono trenta sicli d'argento come mia paga ».
- La spartizione delle vesti e gli scherni dal *Salmo 21*:[31] « si dividono le mie vesti e le tirano a sorte » e « si è affidato al Signore, lo salvi e lo liberi lui, se è suo amico ».
- Le molestie dei soldati sulla croce dal *Salmo 68*:[32] « quando avevo sete mi hanno dato aceto ».
- La rottura delle gambe ai due ladroni ma non a Gesù dall'*Esodo*:[33] « non ne spezzerete alcun osso » (riferito all'agnello pasquale).
- La durata della sepoltura da *Giona*,[34] che « restò nel ventre del pesce tre giorni e tre notti ».
- La resurrezione dal *Salmo 15*:[35] « Non abbandonerai la mia vita nel sepolcro, né lascerai che il tuo santo veda la corruzione ».

Da parte sua, nelle circostanze cruciali lo stesso Gesù parla prendendo a prestito le sue parole dalla Bibbia:

- La dichiarazione al Sinedrio dal *Salmo 109*[36] e da *Daniele*:[37] « siede alla destra del Signore » e « appare sulle nubi del cielo un Figlio dell'uomo ».
- Le urla sulla croce dai *Salmi 21*[38] e *30*:[39] « Dio mio, Dio mio, perché mi hai abbandonato? » e « nelle tue mani consegno il mio spirito » (anche se dai *Vangeli*[40] non è chiaro se abbia urlato l'una cosa, l'altra, o invece « tutto è compiuto »).

Oltre a queste esplicite radici ebraiche, la nascita e la morte di Gesù rivelano poi assonanze più o meno implicite con una lunga serie di miti religiosi di altre civiltà: gli egizi Horus e Osiride, il persiano Mitra, i greci Dioniso ed Ercole, persino l'azteco Quetzalcoatl. Il che non significa, naturalmente, che ci siano stati prestiti diretti fra i vari miti: piuttosto, significa che fatti come la nascita da una vergine e la resurrezione dalla morte costituiscono ovvi archetipi universali, condivisi dalle mitologie di molte culture.

Ma non significa nemmeno che tali prestiti non ci siano stati. Ad esempio, la scelta del 25 dicembre come giorno della nascita di Gesù è mutuata dalla festa del *Sol Invictus*, « Sole Invitto », il Dio Sole (*El Gabal*) che l'imperatore Eliogabalo importò nel 218 a Roma dalla Siria. L'imperatore Aureliano ne instaurò il culto nel 270 e ne consacrò il tempio il 25 dicembre 274, durante la festa del Natale del Sole: il giorno, cioè, del solstizio d'inverno secondo il calendario giuliano, quando il Sole tocca il punto più basso del suo percorso, si ferma (da cui il nome *solstitium*, « fermata del Sole ») e ricomincia la sua salita, in un succedersi di eventi che si può metaforicamente descrivere come la sua « morte, resurrezione e ascesa in cielo ». Il 7 marzo 321 l'imperatore Costantino stabilì poi il *Dies Solis* (che ancor oggi si chiama in inglese *Sunday*) come giorno del riposo romano.

Dopo essere evidentemente stato notato dai fedeli dei due culti, anche grazie a pronunciamenti evangelici quali « Io sono la luce del mondo »,[41] il collegamento fra Cristo e il Sole venne praticamente ufficializzato nel 350 da papa Giulio I, con la scelta del 25 dicembre come Natale di Gesù. Anche il *Dies Solis* fu adottato dai Cristiani come giorno di riposo, benché col nome di Domenica, da *Dominus*, « Signore ». Il culto di Cristo non riuscì però a rimuovere quello del Sole, come dimostra il *Sermone di Natale* del 460 di papa Leone Magno:[42]

> È così tanto stimata questa religione del Sole che alcuni cristiani, prima di entrare nella basilica di San Pietro apostolo, dedicata all'unico Dio, vivo e vero, dopo aver salito la scalinata che porta all'atrio superiore, si volgono al Sole e piegando la testa si inchinano in onore dell'astro fulgente. Siamo angosciati e ci addoloriamo molto per questo fatto, che viene ripetuto in parte per ignoranza e in parte per mentalità pagana.

Benché « ignorante e pagano », il simbolismo solare permane comunque ancor oggi nei rituali della Chiesa: principalmente nell'uso dell'*ostensorio*, in cui l'ostia consacrata viene esibita come un Sole irradiante raggi dorati. Esso fu introdotto nella liturgia cristiana da Bernardino da Siena nel XV secolo, ma era di uso comune già nella liturgia egizia per il culto di Aton, il dio unico di Akhenaton rappresentato dal disco solare. Lo stesso dio, cioè, che potrebbe aver ispirato Jahvé a Mosè: in tal caso, veramente Gesù sarebbe il Figlio del Padre, e il cerchio si chiuderebbe storicamente.

Ma si chiude in ogni caso etimologicamente, perché non sono affatto casuali i legami tra le divinità indoeuropee e la luce: l'italiano *dio*, il latino *deus*, il greco *theos* e il sanscrito *dyaus* derivano infatti tutti da un'unica radice che significa « luminoso » o « splendente », e identificavano variamente il giorno (da cui il latino *dies*) e il cielo. I nomi comuni sono poi stati personificati nei nomi propri *Dyaus Pitar* indù, *Zeus Pater* greco, *Deus Pater* latino e *Dio Padre* italiano, che significano semplicemente « Padre Cielo » o, con una ulteriore ipostatizzazione, « Padre che sei nel Cielo ».

Leone Magno aveva dunque ragione di essere addolorato, perché recitando il Padre Nostro i Cristiani si rivolgono semplicemente a Giove, il cui nome *Iove* non è altro che l'ablativo di *Iuppiter*, a sua volta contrazione del vocativo *Dyeu Pitar*. Un minimo di linguistica basta dunque a smascherare l'anacronismo della fede in Dio Padre: cioè, in Padre Cielo, quello stesso che nella religione naturalistica del *Rig Veda*[43] era sposato a *Prithvi Mata*, la « Madre Terra », e aveva come figli il fuoco Agni e la pioggia Indra.

E mentre siamo in tema di oscure confusioni a proposito della luce e di Dio, tanto vale chiarire anche quella che ha portato invece a chiamare Lucifero il Diavolo. Per i Romani, infatti, Lucifero, « Portatore di Luce » (da *lux*, « luce », e *fero*, « porto »), era semplicemente ciò che Fosforo (analogamente, da *phos* e *phero*) era per i Greci: la Stella del Mattino, cioè Venere. E poiché, a parte il Sole e la Luna, essa è l'oggetto celeste più brillante insieme a Giove, ma essendo un pianeta interno non si vede di notte, le venne associato il mito secondo cui Lucifero era stato cacciato dal Cielo perché aveva voluto prendere il ruolo di Giove.

Una volta identificato Giove con Dio Padre, diventa naturale identificare Lucifero con l'Angelo Ribelle che viene scacciato dal Paradiso. O meglio, lo diventerebbe, se da qualche parte nella Bibbia ci fosse scritta questa storia, che invece è un'invenzione di molto posteriore a quelle dell'Antico e del Nuovo Testamento. Non a caso, in entrambi Lucifero indica ancora semplicemente Venere: ad esempio nella *Seconda lettera di Pietro*,[44] che parlando di Gesù ai fedeli augura loro: « Lucifero si levi nei vostri cuori », o nell'*Apocalisse*,[45] in cui Giovanni fa dire a Gesù stesso: « Io sono Lucifero ».

A causa della balzana identificazione col Diavolo, popolarizzata da Dante nella *Divina Commedia* e da Milton nel *Paradiso perduto*, quando oggi si sente Lucifero non si pensa certo più a Venere. L'edizione ufficiale CEI evita dunque accuratamente di menzionare questo nome dove lo usava invece la Vulgata, soprattutto in riferimento a Gesù. Ma lo mantiene furbescamente in questo brano di *Isaia*:[46]

> Come mai sei caduto dal cielo, Lucifero, figlio dell'aurora? Come mai sei stato steso a terra, signore di popoli? Eppure tu pensavi: « Salirò in cielo, sulle stelle di Dio innalzerò il trono, dimorerò sul monte dell'assemblea, nelle parti più remote del settentrione. Salirò sulle regioni superiori delle nubi, mi farò uguale all'Altissimo ». E invece sei stato precipitato negli inferi, nelle profondità dell'abisso!

In accordo con la loro nuova mitologia, i vescovi spiegano farisaicamente che « la tradizione cristiana applica il testo alla caduta di Satana », pur sapendo benissimo che esso non è invece altro che un canto riferito al re di Babilonia, che gli Ebrei speravano di intonare quando fossero stati liberati dall'esilio.

Le fonti dei Vangeli

A parte le narrazioni chiaramente mitologiche degli inizi e della fine della vita di Gesù, anche il resto dei Vangeli canonici rivela indizi che lasciano pensare a una loro elaborazione da fonti eterogenee: ad esempio, i primi tre raccontano spesso gli stessi eventi in maniera diversa, ma evidentemente collegata, mentre l'ultimo si situa in una posizione più isolata rispetto a essi.

Già nel IV secolo Eusebio di Cesarea aveva messo in evidenza il legame fra *Matteo*, *Marco* e *Luca*, ma il primo a renderlo visivamente esplicito fu Johann Griesbach, che nel 1776 ne fece un'edizione parallela su tre colonne chiamata *sinossi*, « sguardo d'insieme » (da *syn*, « insieme », e *opsis*, « vista »): da allora i primi tre Vangeli vengono appunto chiamati « sinottici ».

Prendiamo, per fare un esempio più o meno tipico, l'episodio dell'elezione dei Dodici, che compare appunto nei tre sinottici ma non in *Giovanni*. In *Matteo* si parla di un'iniziazione ai poteri tipici del « Gesù Mago »:[47]

> Chiamati a sé i dodici discepoli, diede loro il potere di scacciare gli spiriti immondi e di guarire ogni sorta di malattie e d'infermità.

In *Luca*, all'opposto, essi vengono scelti come *apostoli*, « messaggeri » o « inviati » (da *apo*, « da », e *stellein*, « inviare »), per trasmettere il *vangelo*, « buona novella » (da *eu*, « buono », e *angelion*, « messaggio »), tipico del « Gesù Profeta »:[48]

> In quei giorni Gesù se ne andò sulla montagna a pregare e passò la notte in orazione. Quando fu giorno, chiamò a sé i suoi discepoli e ne scelse dodici, ai quali diede il nome di apostoli.

In *Marco*, infine, le due storie sono palesemente combinate insieme:[49]

> Salì poi sul monte, chiamò a sé quelli che egli volle ed essi andarono da lui. Ne costituì dodici che stessero con lui e anche per mandarli a predicare e perché avessero il potere di scacciare i demoni.

Poiché avviene abbastanza sistematicamente che *Marco* fonda insieme testi corrispondenti di *Matteo* e *Luca*, si può immaginare che esso sia una loro compilazione: questa fu appunto la prima conclusione di Griesbach, che nel 1789 la pubblicò nella *Dimostrazione che l'intero Vangelo di Marco è tratto dalle narrazioni di Matteo e Luca*. Tale interpretazione però mal si accompagna al fatto che, mentre *Matteo* e *Luca* hanno lunghezze comparabili, e cioè 1068 e 1149 versetti, *Marco* è molto più corto e ne ha soltanto 661: quest'ultimo, dunque, non può certo essere una semplice somma degli altri due.

A un esame più approfondito ci si accorge che, da un lato, *Marco* si ritrova praticamente intero in *Matteo*, e per circa due terzi in *Luca*; dall'altro lato, invece, solo due terzi di *Matteo*, e un terzo di *Luca*, trovano una corrispondenza in *Marco*: il resto è in parte identico in entrambi, in parte parallelo ma diverso, e in parte proprio di ciascuno. Sembra dunque che *Matteo* e *Luca* abbiano attinto in parte da una prima fonte comune, in parte da versioni diverse di una seconda fonte comune, e in parte da fonti indipendenti.

La ricostruzione più naturale[50] è che ci fossero due fonti primarie da cui i Vangeli sinottici hanno attinto in maniera diversa. La prima è la cosiddetta fonte Q (dal tedesco *Quelle*, «fonte»), che qualcuno pensa fosse soltanto orale, e altri che costituisse invece un perduto vangelo: forse quello a cui alludono gli *Atti degli Apostoli*,[51] «ricordando» una massima di Gesù che non si trova in nessuno dei quattro Vangeli canonici; o forse il *Vangelo secondo Tommaso* scoperto a Nag Hammadi nel 1945, che contiene massime sia canoniche che non. La fonte Q si può comunque parzialmente ricostruire sulla base dei circa 235 versetti comuni a *Matteo* e *Luca* ma non presenti in *Marco*, contenenti appunto massime sapienziali del «Gesù Profeta». Per inciso, questa fonte non lo chiama mai Cristo, né parla della sua passione, morte e resurrezione.

La seconda fonte è un perduto protovangelo della comunità di Gerusalemme, costituente probabilmente la prima raccolta di eventi legati alla vita di Gesù. Con la formazione delle comunità di Antiochia e di Efeso, questa fonte ebraica o aramaica venne tradotta in greco ed elaborata in due versioni differenti, rispecchianti le diverse predicazioni di Barnaba e Paolo: queste due versioni sarebbero confluite separatamente in *Matteo* e in *Luca*, e insieme in *Marco*, spiegando così allo stesso tempo le concordanze di massima e le discordanze di dettaglio nei primi due.

Quanto alla cronologia e alla destinazione dei Vangeli, esse sarebbero che *Marco* è stato scritto verso il 70 per i Romani, *Matteo* e *Luca* tra il 70 e il 100, rispettivamente per gli Ebrei e i Greci, e *Giovanni* verso il 100 per tutti. Quest'ultimo costituirebbe poi un analogo per i Vangeli di ciò che il *Deuteronomio* era per il Pentateuco: cioè una rielaborazione tarda e letteraria di materiale precedente e più o meno storico, che contiene libere variazioni di Giovanni sui temi della vita di Gesù.

Il che non significa che almeno *Giovanni* sia integro. Ad esempio, i manoscritti antichi non riportano il famoso episodio del «chi è senza peccato scagli la prima pietra»,[52] che rappresenta l'esempio più noto di *agrapha*, «cose non scritte [negli originali]». Inoltre, i capitoli XV-XVII costituiscono versioni alternative del Discorso dell'Ultima Cena e sono chiaramente interpolati nel racconto, visto che il capitolo XIV termina con Gesù che dice: «Alzatevi, andiamo via di qua», e il XVIII inizia con: «Detto questo, Gesù uscì con i suoi discepoli».

Infine, e nella miglior tradizione della letteratura potenziale, il Vangelo ha due finali e aggiunge un capitolo dopo il XX, che terminava dicendo: «Molti altri segni fece Gesù in presenza dei suoi discepoli, ma non sono stati scritti in questo libro. Questi sono stati scritti, perché crediate che Gesù è il Cristo, il Figlio di Dio e perché, credendo, abbiate la vita nel suo nome». Sia le precedenti interpolazioni che quest'aggiunta finale sono tanto evidenti da essere persino ammesse dall'edizione ufficiale CEI.[53]

I «segni» a cui si allude sono gli unici sette miracoli narrati da *Giovanni*,[54] in cui Gesù e le sue gesta appaiono, rispettivamente, come una reincarnazione di Mosè e una ricapitolazione simbolica dei passi salienti dell'*Esodo*. Ad esempio, il primo miracolo di Gesù (la trasformazione dell'acqua in vino a Cana) corrisponde alla prima piaga d'Egitto (la trasformazione del Nilo in sangue). La moltiplicazione dei pani, alla manna nel deserto (oltre che a un analogo miracolo di Eliseo[55]). La camminata sulle acque, all'apertura del Mar Rosso. La resurrezione di Lazzaro, alla liberazione dall'Egitto, eccetera. Il che fa supporre che *Giovanni* abbia inglobato una fonte precedente, che viene chiamata SQ (da *Semeia Quelle*, « fonte dei segni »): una fonte che, come le altre precanoniche, non riporta alcun racconto della passione, morte e resurrezione.

Com'era già successo per il Pentateuco, anche il precedente abbozzo di decostruzione storica dei Vangeli sinottici mostra che essi non possono certo essere considerati una trascrizione letterale della « parola del Signore », come invece viene dichiarato a ogni messa dopo la lettura di qualunque loro brano. Piuttosto, si tratta di compilazioni più o meno fedeli e libere di vari lavori precedenti, come ammette lo stesso *Luca* iniziando la sua:[56]

> Poiché *molti*[57] han posto mano a stendere un racconto degli avvenimenti successi tra di noi, come ce li hanno trasmessi coloro che ne furono testimoni fin da principio e divennero ministri della parola, così ho deciso anch'io di fare ricerche accurate su ogni circostanza fin dagli inizi e di scriverne per te un resoconto ordinato.

Come se non bastasse, a loro volta questi lavori precedenti erano resoconti più o meno fedeli e liberi di insegnamenti orali, ma non necessariamente quelli di Gesù. Ad esempio, già nella prima metà del II secolo le *Interpretazioni dei Detti del Signore* di Papia notavano che *Marco* si rifaceva alla predicazione di Pietro, ma che questa aveva avuto fini catechistici e non storiografici: cioè si era *ispirata* indirettamente alla predicazione di Cristo, ma non l'aveva *riportata* letteralmente. I libri di Papia, che pretendevano di rifarsi invece direttamente a una tradizione orale risalente agli apostoli, furono a loro volta bollati dalla *Storia ecclesiastica*[58] di Eusebio come un insieme di « strane parabole e insegnamenti del Salvatore, e altre cose più mitiche ».

Insomma, fin dagli inizi era chiaro che i Vangeli non erano opere storiche ma devozionali, che parlavano di un personaggio più o meno idealizzato e mitizzato, quando non semplicemente inventato. E, naturalmente, non c'erano soltanto i quattro Vangeli canonici e le loro supposte perdute fonti: esistevano anche i cosiddetti Vangeli apocrifi, « rimossi » (da *apo*, « via », e *kryptein*, « nascondere »), che furono appunto dismessi dalla Chiesa come non autentici.

Naturalmente, in questioni di *canone* (da *canon*, « regola ») tutto è relativo: abbiamo infatti già notato che libri del Vecchio Testamento come i *Maccabei*, che la Chiesa Cattolica oggi considera canonici, sono invece ritenuti non canonici dagli Ebrei e apocrifi dai Protestanti. E la decisione definitiva sul canone cattolico dell'Antico Testamento non risale che al 1546, quando il Concilio di Trento stabilì la lista attuale e dichiarò: « Anatema su chi non ammette come sacri e canonici questi interi libri, con tutte le loro parti, come sono di solito letti nella Chiesa Cattolica ». Per la cronaca, i libri apocrifi che questa chiama eufemisticamente *deuterocanonici*, « postcanonici » (da *deuteros*, « secondo »), sono una decina e comprendono, oltre ai due *Maccabei*, anche la pseudosalomonica *Sapienza*.

Quanto al canone del Nuovo Testamento, che oltre ai quattro Vangeli canonici comprende gli *Atti* di Luca, ventuno *Lettere* degli Apostoli e l'*Apocalisse* di Giovanni, esso non è che una scelta tra i molti Vangeli, i molti Atti, le molte Lettere e le molte Apocalissi della tradizione, benché si tratti di una scelta condivisa da quasi tutte le Chiese cristiane. Non da tutte, comunque, visto che ad esempio la Chiesa Ortodossa Etiope ammette altri tre libri come canonici.

Molti degli apocrifi sono andati perduti, ma quelli rimasti narrano episodi alternativi della vita di Gesù, della Madonna o degli apostoli: la loro considerazione da parte della Chiesa varia, a seconda dei casi, da un'implicita accettazione di alcuni come documenti ufficiosi relativi ad aspetti poco sviluppati nei testi canonici, a un esplicito rifiuto di altri come ufficialmente eretici.

Particolarmente interessanti da un punto di vista storico sono, naturalmente, le versioni alternative dei Vangeli canonici. Ad esempio, il *Vangelo di Pietro*, parzialmente ritrovato nel 1886, che descrive la passione in maniera analoga ai sinottici ma in una prospettiva politica diversa, antiebraica e pro Pilato. O il perduto Vangelo accettato da Marcione, che in base alle descrizioni rimaste doveva essere una prima versione di *Luca* senza le posticce favole sulla nascita di Gesù.

Il più antico documento in cui si fa riferimento a una scelta di quattro vangeli è il *Canone Muratoriano*, così chiamato perché fu scoperto nella Biblioteca Ambrosiana da Ludovico Antonio Muratori. Esso fu pubblicato nel 1740, risale al VII secolo, è ritenuto la traduzione di un originale greco del 170 circa e cita espressamente *Luca* e *Giovanni*.

La scelta di *Matteo*, *Marco*, *Luca* e *Giovanni* come canonici si trova comunque già in Ireneo, che verso il 180 inaugurò una lunga lista di pronunciamenti *Contro le eresie*, in un'omonima opera. Ricordiamo però, per non alimentare illusioni, che i motivi per cui Ireneo afferma che i Vangeli devono essere quattro sono che « la terra ha quattro angoli e quattro venti, e la Chiesa è sparsa dovunque, e i Vangeli sono i suoi pilastri », e altre amenità del genere.[59] Come a dire che, forse, Voltaire non era troppo lontano dal vero quando sosteneva sarcastico, nel *Dizionario Filosofico*, che i Vangeli canonici erano semplicemente quelli che non erano rotolati giù dal tavolo al Concilio di Nicea.

Sarebbe comunque interessante vedere le versioni di essi cui Ireneo si riferiva, visto che nella sua opera si legge:[60]

> Tra i quaranta e i cinquant'anni un uomo inizia il declino verso la vecchiaia, che nostro Signore raggiunse mentre Egli ancora ricopriva l'ufficio di Maestro, come il Vangelo e tutti gli anziani testimoniano: i frequentatori asiatici di Giovanni, discepolo del Signore, affermano di aver ricevuto quest'informazione direttamente da lui. Egli rimase tra loro fino al tempo di Traiano [cioè almeno fino al 98 e.V.]. Alcuni, inoltre, videro non solo Giovanni, ma anche altri apostoli, e udirono lo stesso racconto da essi, e ne testimoniano la validità.

Questo interessante brano sembra essere confermato da *Giovanni*[61] stesso, che fa dire dai Giudei a Gesù: « Non hai ancora cinquant'anni e hai visto Abramo?» L'edizione ufficiale CEI commenta imbarazzata: «La cifra degli anni è volutamente esagerata». E l'imbarazzo è doppiamente giustificato: anzitutto, perché quel «volutamente» è in realtà uno «sperabilmente»; e poi perché, volendo «esagerare», sarebbe stato ancor meglio dire «non hai ancora quarant'anni», soprattutto se così fosse stato!

Dunque, come d'altronde può intuire chiunque scorra i testi, probabilmente le parti dei Vangeli canonici relative alla morte di Gesù, per non parlare della resurrezione, sono aggiunte tarde e fasulle. Così come lo sono quelle relative alla sua nascita, che però dovevano già essere state aggiunte in *Luca*, visto che una delle eresie che Ireneo combatté più ferocemente fu appunto quella di Marcione, che riteneva come unico vero Vangelo la propria versione purgata di esso, senza quelle parti.

E che qualcosa di grosso dovesse esserci sotto lo dimostra l'accanimento con cui la nascente Chiesa combatté Marcione: un popolarissimo vescovo che fu scomunicato nel 144, attaccato furiosamente da Tertulliano in *Contro Marcione*, e ancor oggi definito dall'*Enciclopedia Cattolica* «forse il nemico più pericoloso che il Cristianesimo abbia mai avuto». Tra l'altro, una delle accuse a suo carico era di aver professato un interessante protomanicheismo, in cui Jahvé e il Padre di Gesù giocavano i ruoli opposti di un Dio cattivo e di un Dio buono, e il Nuovo Testamento veniva considerato non una continuazione, ma un ribaltamento dell'Antico.

Dopo la sconfitta di Marcione la Chiesa ha consistentemente considerati come canonici soltanto *Matteo*, *Marco*, *Luca* e *Giovanni*, ritenendoli opere divinamente ispirate dei quattro evangelisti omonimi, che li avrebbero scritti da soli e in quell'ordine, basandosi ciascuno sui precedenti. Ancor oggi l'edizione ufficiale CEI continua a datare *Matteo* tra il 40 e il 50, *Marco* al 65, *Luca* tra il 65 e il 70 e *Giovanni* a dopo il 100, in bell'ordine, e ad attribuirli «per tradizione unanime» a due apostoli (Matteo e Giovanni) e a due discepoli di Pietro (Marco) e Paolo (Luca).

Il Concilio Vaticano II ha però parzialmente accettato l'evidenza filologica e storica, facendo timidamente affermare alla Costituzione Dogmatica *Dei Verbum* (« Della Parola di Dio »):[62]

> Gli autori sacri scrissero i quattro Vangeli, scegliendo alcune cose tra le molte che erano tramandate a voce o già per iscritto, redigendo un riassunto di altre, o spiegandole con riguardo alla situazione delle Chiese, conservando infine il carattere di predicazione, sempre però in modo tale da riferire su Gesù cose vere e sincere.

Come abbiamo già notato a proposito dell'Antico Testamento, il Concilio oltre a questo non poteva andare. Accettare, infatti, che i Vangeli possano non aver riferito « cose vere e sincere » significherebbe scalzare da sotto i piedi alla Chiesa la pietra sulla quale essa sarebbe stata costruita, e ammettere ciò che gli uomini di buona razionalità hanno sempre saputo: che, basato o no che sia su uno o più modelli realmente esistiti, il Gesù dei Vangeli non è altro che una costruzione letteraria, alla pari degli altri grandi miti sacri o profani della storia, da Buddha e Confucio a Pitagora e Socrate.

E un mito dai molti volti, come ora andiamo a vedere, leggendo in maniera disincantata i Vangeli nel tentativo di separare « a naso » il grano dal loglio: cioè il possibile o plausibile dall'implausibile o impossibile. Un tentativo che, a partire dal 1985, è stato invece effettuato in grande stile e scientificamente dal *Jesus Seminar* (« Seminario su Gesù »), un gruppo di un centinaio di titolati biblisti statunitensi che ha usato metodi antropologici, storici e linguistici per assegnare quattro gradi di veridicità alle affermazioni di Gesù riportate dai Vangeli, dalle sicuramente autentiche alle sicuramente apocrife. Poiché le decisioni venivano prese votando con palline colorate, quest'impresa venne scherzosamente chiamata la « teologia delle palline », in contrapposizione a quella canonica senza il diminutivo.

Essa ha portato alla pubblicazione, nel 1993, di un testo a quattro colori intitolato *I cinque Vangeli: cosa ha veramente detto Gesù?* (cinque, perché ai quattro canonici è stato affiancato anche il *Vangelo secondo Tommaso*),[63] seguito nel 1998 dagli *Atti di Gesù: cosa ha veramente fatto Gesù?*[64] Non sorprendentemente, è risultato che di almeno l'80 per cento dei detti evangelici non si può affermare l'autenticità. Quanto alla storicità dei fatti, la persona di Gesù è stata praticamente ridotta a quella di un uomo nato da un padre naturale diverso da Giuseppe, abile guaritore di malattie psicosomatiche e morto in croce come disturbatore della quiete pubblica: il resto è favola, pure per i biblisti (o almeno, per quelli seri).

Il Profeta

Ironicamente, se un Gesù storico è veramente esistito, è più probabile che sia stato l'ispiratore dei concreti detti che si trovano nei Vangeli, che non il soggetto degli astratti miti della sua nascita e della sua morte. Quei detti sono espressi in discorsi, parabole e motti sparsi nei quattro canonici, e in parte ripetuti in alcuni apocrifi come il *Vangelo secondo Tommaso*.

Fra i discorsi di Gesù, quelli della Montagna e della Pianura sono forse i più noti e prendono il nome dalla loro diversa ambientazione: « sulla montagna » in *Matteo*[65] e « in un luogo pianeggiante » in *Luca*.[66] Entrambi sono probabilmente compilazioni di temi e detti sparsi, e possono essere facilmente confusi tra loro: persino l'edizione ufficiale CEI intitola il secondo « Discorso della Montagna », nonostante l'esplicito riferimento alla pianura nel suo primo versetto!

Entrambi i discorsi riportano la famosa lista delle beatitudini, che mostra il gusto di Gesù per il paradosso e l'antonimia: « Beati voi poveri, perché vostro è il regno di Dio. Beati voi che ora avete fame, perché sarete saziati. Beati voi che ora piangete, perché riderete ». Viceversa: « Guai a voi ricchi, perché avete già la vostra consolazione. Guai a voi che ora siete sazi, perché avrete fame. Guai a voi che ora ridete, perché sarete afflitti e piangerete ».[67]

Altrettanto famoso è il brano del Discorso della Montagna che poi la liturgia ha annesso come preghiera del Padre Nostro, nella versione lunga di *Matteo*:[68]

> Padre nostro che sei nei cieli, sia santificato il tuo nome, venga il tuo regno, sia fatta la tua volontà, così in cielo come in terra. Dacci oggi il nostro pane quotidiano, e rimetti a noi i nostri debiti come noi li rimettiamo ai nostri debitori, e non ci indurre in tentazione, ma liberaci dal male.

Luca[69] invece è più stringato: « Padre, sia santificato il tuo nome, venga il tuo regno; dacci oggi il nostro pane quotidiano, e perdonaci i nostri peccati, perché anche noi perdoniamo ad ogni nostro debitore, e non ci indurre in tentazione ». E *Marco*[70] ancora di più: « Quando vi mettete a pregare, se avete qualcosa contro qualcuno, perdonate, perché anche il Padre vostro che è nei cieli perdoni a voi i vostri peccati ».

Le varie versioni rivelano, naturalmente, una progressiva elaborazione. In particolare, nell'aggiunta della singolare richiesta *a Dio*, invece che al Diavolo, di non indurci in tentazione: una richiesta giustificata dal suo comportamento sistematico, da Abramo a Giobbe, e anticipata dal lamento del *Salmo 65*[71] che è Lui a « metterci alla prova, passarci al crogiuolo e nel fuoco, tenderci agguati e farci calpestare ». Inoltre, come si vede, *Marco* e *Luca* parlano espressamente di peccati, mentre *Matteo* si restringe ai debiti: i Cattolici e i Calvinisti adottano la seconda lettura, mentre i Luterani e gli Anglicani preferiscono la prima, benché queste siano questioni di lana agnellina.

In ogni caso, per il *Catechismo*[72] il Padre Nostro « riprende il contenuto essenziale di tutto il Vangelo » ed è una « preghiera insostituibile », così come già per Tertulliano esso era « la sintesi di tutto il Vangelo » e per Tommaso d'Aquino « la preghiera perfettissima ». Non bisogna comunque essere un Dottore della Chiesa per riconoscere nella preghiera di Gesù, per lo meno nella sua versione liturgica, un contrappunto positivo del fedele alla negatività del Decalogo divino: persino la divisione in due frasi ricalca quella dei comandamenti, relativi al « Signore Dio tuo » e al « prossimo tuo ».

Nel medesimo Discorso della Montagna è però Gesù stesso a precisare a questo proposito: « Non pensate che io sia venuto ad abolire la Legge o i Profeti; non sono venuto per abolire, ma per dare compimento».[73] E poiché non si può trasgredire «nemmeno uno di questi precetti, benché minimo»,[74] gli unici compimenti possibili ai comandamenti saranno ulteriori restrizioni di quelli negativi, e ulteriori estensioni di quelli positivi. Così non solo non si deve uccidere, ma nemmeno «adirarsi col proprio fratello». Non solo non commettere adulterio, ma nemmeno «guardare una donna per desiderarla». Non solo non dire falsa testimonianza, ma «non giurare affatto». Non solo amare il prossimo, ma «amare i nemici».[75]

L'irrealistico ideale proposto dal Gesù Profeta è dunque, esplicitamente, un'irraggiungibile perfezione: «Siate perfetti come è perfetto il Padre vostro celeste».[76] Talmente irrealistico l'uno e irraggiungibile l'altra, che lui stesso non sembra essere alla loro altezza: ad esempio, quando si scaglia contro gli scribi e i farisei chiamandoli «ipocriti, stolti, ciechi, sepolcri imbiancati, serpenti e razza di vipere».[77] Anche se si trattava certamente di epiteti meritati, visto che i farisei erano gli analoghi degli integralisti o dei fondamentalisti attuali: tipo i nostri ciellini e teocon, ai quali quei divini insulti vanno ripetuti da chiunque voglia raggiungere almeno la perfezione del Figlio, se non proprio quella del Padre (nel qual caso bisognerebbe mandarli semplicemente all'Inferno).

Sempre nel Discorso della Montagna si trova la versione cristiana della cosiddetta *regola aurea*: «Ciò che volete gli uomini facciano a voi, anche voi fatelo a loro».[78] Benché essa sia magnificata come espressione di grande saggezza, in realtà si tratta di una massima aggressiva e pericolosa, che in teoria potrebbe fare disastri se applicata da masochisti e autolesionisti, e che in pratica provoca guai quando viene invocata da moralisti e bacchettoni per imporre i propri pregiudizi come regole di comportamento universali.

Molto meno aggressiva è la regola orientale che si trova negli *Analecta*[79] confuciani, negli *Udana-Varga*[80] buddhisti e nel *Mahabharata*[81] induista: «Non fare agli altri ciò che non vorresti fosse fatto a te», anche se pure essa si presta a simmetriche interpretazioni paradossali. Tali regole andrebbero naturalmente supplementate da qualche clausola, ad esempio: «Fai agli altri ciò che vorresti fosse fatto a te, ammesso che anche loro lo vogliano». Anche se la teoria dei giochi ha dimostrato che non esistono regole universali di comportamento e che l'etica non può essere ridotta a qualche massima, per quanto poetica o ispirata essa sia. Per dirla con George Bernard Shaw: «L'unica regola aurea è che non ci sono regole auree».

Oltre all'interessante precetto di pregare non in pubblico ma «nella tua camera, a porte chiuse e in segreto»,[82] evidentemente sfuggito ai paladini sacri e profani dell'ora di religione e delle preghiere in classe, per non parlare delle messe e delle altre funzioni, il Discorso della Montagna regala poi anche alcune perle di poetica saggezza, o di saggia poesia: da «non gettare perle ai porci»,[83] appunto, a «porgi l'altra guancia»,[84] da «osserva i gigli del campo»[85] a «togli la trave dal tuo occhio».[86] E molte altre sono sparse per i Vangeli, da «lo spirito è forte ma la carne è debole»[87] a «chi è senza peccato scagli la prima pietra».[88] Ed è proprio per i suoi molti aforismi che il Gesù Profeta viene ancor oggi citato, a proposito e a sproposito, e si è conquistato un posto non controverso fra i grandi produttori di massime: da Lao Tze e Confucio a Oscar Wilde e Ludwig Wittgenstein.

Anche se, come spesso succede alle belle parole, esse non sono necessariamente vere. Ad esempio, «chi cerca trova» o «bussate e vi sarà aperto»[89] non soltanto rivelano un ingenuo eccesso di ottimismo, ma contraddicono altri pronunciamenti ben più pessimisti, quali: «Comincerete a bussare alla porta, dicendo: 'Signore, aprici'. Ma egli vi risponderà: 'Non vi conosco, non so di dove siete. Allontanatevi da me'», e allora «ci sarà pianto e stridore di denti».[90] Un pessimismo che ben si accorda alle parole del Padre stesso: «Mi invocheranno, ma io non risponderò. Mi cercheranno, ma non mi troveranno».[91] Oltre che, naturalmente, con il famoso motto: «Molti sono i chiamati, ma pochi gli eletti».[92]

Tra gli artifici retorici prediletti dal Gesù Profeta c'era la parabola: cioè l'aneddoto morale o la fiaba allegorica. Uno degli esempi più noti è quello del Buon Samaritano, raccontato per illustrare il comandamento «ama il prossimo tuo come te stesso»:[93]

Un uomo scendeva da Gerusalemme a Gerico e incappò nei briganti che lo spogliarono, lo percossero e poi se ne andarono, lasciandolo mezzo morto. Per caso, un sacerdote scendeva per quella medesima strada e quando lo vide passò oltre dall'altra parte. Anche un levita, giunto in quel luogo, lo vide e passò oltre. Invece un samaritano, che era in viaggio, passandogli accanto lo vide e n'ebbe compassione. Gli si fece vicino, gli fasciò le ferite, versandovi olio e vino; poi, caricatolo sopra il suo giumento, lo portò a una locanda e si prese cura di lui.

Duemila anni fa, quando i samaritani erano considerati degli apostati, la parabola intendeva mostrare che i non credenti possono comportarsi meglio non solo dei credenti, ma anche dei sacerdoti: una constatazione che oggi, dopo duemila anni di storia del Cristianesimo, è diventata talmente banale che il motto di Gesù «fai come lo scriba dice, e non come lo scriba fa»[94] ormai si applica direttamente al prete. Da parte loro, invece, molti Stati laici hanno recepito il principio del Buon Samaritano in leggi che puniscono l'omissione di soccorso e richiedono che venga dato un ragionevole aiuto agli estranei che si trovano in difficoltà: dal chiamare il 113 al prestare loro il pronto soccorso, appunto.

Due altre parabole notissime sono quelle della Pecorella Smarrita e del Figliol Prodigo,[95] che intendono esaltare il ruolo del pentimento e del ritorno all'ovile o alla casa del padre. Ad esempio, nella prima:

Chi di voi se ha cento pecore e ne perde una non lascia le novantanove nel deserto e va dietro a quella perduta, finché non la ritrova? Ritrovatala, se la mette in spalla tutto contento, va a casa, chiama gli amici e i vicini dicendo: «Rallegratevi con me, perché ho trovato la mia pecora che era perduta». Così vi dico, ci sarà più gioia in cielo per un peccatore convertito che per novantanove giusti che non hanno bisogno di conversione.

Di storielle come queste nei Vangeli canonici ce ne sono tre o quattro dozzine, a seconda di quante se ne identificano tra loro, ed esse illustrano temi più o meno edificanti di natura teologica, morale o etica. Ciascuno dei Vangeli ha le sue, che non si trovano negli altri: in particolare, così è per le uniche due riportate da *Giovanni*. Tutte le altre si trovano in *Matteo*, *Marco* e *Luca*, ma solo tre stanno in tutti e tre i sinottici. Il che fa pensare che le parabole, più che essere registrazioni letterali di storie raccontate dal Gesù Profeta, siano prodotti di varie predicazioni più o meno ispirate ai suoi temi.

Quanto al motivo per usare l'artificio retorico delle parabole, sembra non essere affatto di far capire qualcosa di astratto e teorico in maniera concreta e pratica, bensì di nascondere la verità a chi non è chiamato a capirla. Gesù stesso dice infatti ai discepoli:[96] «A voi è dato conoscere i misteri del regno di Dio, ma agli altri solo in parabole, perché vedendo non vedano, e udendo non intendano».

Ora, come spesso, l'ultima frase è una citazione dei profeti. Più precisamente, di ciò che *Isaia* si fa dire da Jahvé:[97]

> Va' e riferisci a questo popolo: «Ascoltate pure, ma senza comprendere, osservate pure, ma senza conoscere». Rendi insensibile il cuore di questo popolo, fallo duro d'orecchio e acceca i suoi occhi: che non veda con gli occhi, né oda con gli orecchi, né comprenda con il cuore, né si converta, in modo da essere guarito.

Secondo la contorta logica di Jahvé, che abbiamo già visto all'opera più volte, la sua parola *non deve* dunque essere compresa, così che da un lato egli possa perversamente infuriarsi col suo popolo che non comprende, «finché non siano devastate le città senza abitanti, le case senza uomini e la campagna resa deserta e desolata»;[98] e dall'altro lato, egli possa poi magnanimamente perdonarlo e risanarlo.

Questa contorta logica viene dunque ereditata anche da suo Figlio, o chi per esso, che parla per parabole perché la gente *non possa* capirlo, affinché si compiano le profezie. Anche se questa sa molto di giustificazione *a posteriori*: probabilmente, dopo la mancata ricezione dell'insegnamento essoterico e il mancato adempimento della promessa seconda venuta «entro questa generazione»,[99] l'insegnamento fu riformulato in maniera esoterica e la seconda venuta fu posticipata indefinitamente « alla fine dei tempi ».

A questo proposito, bisogna notare che le dichiarazioni evangeliche sono inequivocabili. In una si legge, infatti: « In verità vi dico: vi sono alcuni qui presenti, che non morranno senza aver visto il Regno di Dio venire con potenza ».[100] E in un'altra: « In verità vi dico: non avrete finito di percorrere le città di Israele, prima che venga il Figlio dell'Uomo ».[101]

L'imbarazzo di fronte a queste false profezie è tale che l'edizione ufficiale CEI raggiunge il vertice dell'umorismo nei suoi commenti, dicendo che « la venuta del Figlio dell'Uomo e il Regno di Dio si riferiscono alla distruzione di Gerusalemme e del tempio nel 70 ». Hans Küng, più sensato e dunque più eretico, ammette invece che si tratta di « testi molto scomodi, secondo i quali anche Gesù avrebbe atteso l'avvento del Regno di Dio in un *tempo vicinissimo* ».[102] L'imbarazzo dei vescovi è comunque più che comprensibile: se Gesù credeva che la sua seconda venuta fosse imminente, non avrebbe certo fondato una Chiesa. E se non l'ha fatto, questa e quelli sono evidentemente soltanto un'associazione di usurpatori.

Il Mago

La tradizione rabbinica e alcuni scrittori romani come il Celso del *Discorso vero* notarono fin da subito che, oltre al profeta di saggezza più o meno profonda, nei Vangeli c'è anche un altro Gesù, molto più imbarazzante: il mago che effettua prodigi sempre di dubbia veridicità, e spesso di scarsa intelligenza o poca utilità, e che assomiglia più a un ciarlatano o un imbroglione che a un guru o un santone.

Prodigi che, tra parentesi, lo stesso Gesù Profeta negò di aver compiuto, quando disse: « Una generazione perversa e adultera pretende un segno! Ma nessun segno le sarà dato, se non il segno di Giona profeta ».[103] E prodigi che nemmeno il popolino riteneva convincenti, visto che *Giovanni*[104] si lamenta che « sebbene avesse compiuto tanti segni davanti a loro, non credevano in lui ». Non sorprendentemente, i più scettici erano coloro che lo conoscevano bene, e cioè i suoi concittadini di Nazareth, di fronte ai quali il Gesù Mago « non poté operare nessun prodigio » e « non fece molti miracoli a causa della loro incredulità »:[105] il che conferma che abboccano meglio i creduloni, e si abbindolano meglio gli sconosciuti.

Il primo miracolo delle tre dozzine registrate dai Vangeli canonici è, come è noto, la trasformazione dell'acqua in vino alle nozze di Cana, raccontata dal solo *Giovanni*.[106] Se fosse un fatto storico, si tratterebbe di un bell'esempio di « abuso di poteri (psichici) » o di « interesse privato in atto (soprannaturale) pubblico ». Ma sappiamo già che, invece, non è altro che un « segno »: precisamente, una metafora della prima piaga d'Egitto, inventata per suggerire un parallelo tra il Gesù del Nuovo Testamento e il Mosè dell'Antico.

Oltre a un paio di pesche miracolose,[107] evidentemente gradite a dei pescatori, rimangono sul culinario anche gli *exploit* delle moltiplicazioni dei pani e dei pesci, che una prima volta sfamano 5000 uomini, senza contare donne e bambini, con cinque pani e due pesci,[108] e una seconda volta 4000 uomini, sempre senza contare donne e bambini, con sette pani e « pochi pesciolini »:[109] dunque, apparentemente, con un miglior rapporto « qualità-prezzo » nel primo miracolo che nel secondo. Forse però la seconda volta Gesù era un po' scarico, avendo già dovuto guarire in quella stessa tornata « zoppi, storpi, ciechi, sordi e molti altri malati ».

Naturalmente, le guarigioni costituiscono il pezzo forte di chiunque voglia attirare le folle e i folli. Oltre alle varietà appena citate, tra i malati guariti da Gesù si annoverano anche lebbrosi, paralitici, emorroissi, idropici, epilettici e indemoniati: dal che, visto il loro numero, possiamo dedurre che la Palestina di allora non fosse un posto troppo salubre. Tra queste guarigioni, l'esempio forse più sconcertante è quello dei due indemoniati (o uno solo, a seconda delle versioni), in cui Gesù non trova di meglio che far entrare i demoni che li possedevano in una mandria di duemila porci, per poi farli precipitare e perire nel mare di Galilea.[110]

Questa storia è una vera antologia di sciocchezze: psicologiche, etiche e geografiche. Anzitutto, infatti, suppone che un indemoniato sia posseduto da letterali demoni, che possono entrare e uscire dal suo corpo. Inoltre, mostra una dubbia considerazione per i poveri animali, che avrebbero facilmente potuto essere risparmiati: non a caso, dopo il miracolo la gente del paese implora che Gesù se ne vada. Infine, rivela la scarsa conoscenza dei luoghi del supposto testimone oculare Matteo, visto che egli situa l'episodio nella città di Gadara, che la stessa edizione ufficiale CEI riconosce essere a 12 chilometri dal lago, invece che semplicemente « sull'altra riva »: per inciso, rivelando l'involontario umorismo di una mandria di porci costretta a correre come un branco di cavalli.

Naturalmente, è grazie a questa e altre simili guarigioni miracolose di Gesù che la Chiesa ancor oggi continua a credere alla possibilità di scacciare i demoni dagli indemoniati attraverso i riti dell'*esorcismo*, « scongiuro » (da *ex*, « via », e *horkizo*, « giuro »). I quali vengono praticati, a scanso di equivoci, non soltanto in film di dubbia qualità cinematografica da preti di dubbia sanità mentale, ma addirittura in Vaticano da Sua Santità: l'ultima volta, per ora, da Giovanni Paolo II il 6 settembre 2000, pare senza successo. E che sono definiti in questo bel modo dal *Catechismo*:[111]

> Si ha un esorcismo quando la Chiesa comanda con la sua autorità, in nome di Gesù, che una persona o un oggetto sia protetto contro l'influsso del Maligno e sottratto al suo dominio. Viene praticato in forma ordinaria nel rito del Battesimo [*sic*]. L'esorcismo solenne, chiamato il *grande esorcismo*, può essere effettuato solo da un presbitero autorizzato dal Vescovo.

Come se non bastasse, anche gli epilettici vengono curati da Gesù cacciandone i supposti demoni. Uno sordomuto, in particolare, dicendogli « spirito muto e sordo, io te l'ordino, esci da lui e non vi rientrare più »:[112] parole che fecero stranamente effetto, benché lo spirito fosse appunto sordo, visto che esso « gridando se ne uscì », benché fosse anche muto! Ma Gesù aveva altri mezzi per guarire i sordomuti: a uno, ad esempio, « mise le dita nelle orecchie e la saliva sulla lingua, e guardando il cielo disse *Effatà* ».[113] La sua saliva doveva comunque essere una vera panacea, visto che messa sugli occhi guariva invece i ciechi: a volte da sola,[114] e altre dopo aver fatto fango « sputando per terra ».[115]

Almeno, questi miracoli hanno il buon fine di sanare qualcuno che sta male, benché più alla maniera sospetta dei guaritori che in quella scientifica dei medici. Altri, invece, sono inutili esibizioni fini a se stesse: ad esempio, il sedare una tempesta « sgridando i venti e il mare »,[116] o il camminare sulle acque « come un fantasma »,[117] o il trasfigurarsi « il volto brillante come il sole e le vesti candide come la luce », tanto che « nessun lavandaio sulla terra potrebbe renderle così bianche ».[118]

A parte quest'ultima espressione, che nell'era della televisione suona più da annuncio pubblicitario di un detersivo che da descrizione di un miracolo, la trasfigurazione rientra nel novero dei racconti mitologici: non a caso, la voce che si sente dal cielo ripete esattamente le stesse parole già pronunciate al momento del battesimo di Gesù, che come abbiamo visto sono in realtà una citazione dai *Salmi* e dal profeta *Isaia*. L'intero episodio, comunque, è raccontato come se fosse un'allucinazione ipnotica: non appena i discepoli vengono toccati e alzano gli occhi, infatti, la visione scompare e non lascia tracce.

Qualcuno dei miracoli è poi semplicemente un controsenso, come il seccare un fico solo perché « colpevole » di non avere frutti fuori stagione, in uno scatto d'ira causato dal non aver ancora fatto colazione:[119]

> Una mattina, mentre uscivano da Betania, ebbe fame. E avendo visto di lontano un fico che aveva delle foglie, si avvicinò per vedere se mai vi trovasse qualche frutto; ma giuntovi sotto, non trovò altro che foglie. Non era infatti quella la stagione dei fichi. E gli disse: « Nessuno possa mai più mangiare i tuoi frutti ». E i discepoli l'udirono.

O il compiere un contorto prodigio per poter furbescamente pagare le tasse agli esattori:[120] « Va' al mare, getta l'amo e il primo pesce che viene prendilo, aprigli la bocca e vi troverai una moneta d'argento. Prendila e consegnala a loro per me e per te». Il motivo per cui uno in grado di far miracoli non potesse, più semplicemente e direttamente, materializzare la moneta necessaria fa evidentemente parte dei misteri della fede.

Anche se non è chiaro quanto controllo Gesù avesse sui suoi «poteri», visto che almeno una volta questi gli sono stati estorti a sua insaputa:[121]

> Una donna che soffriva di emorragia da dodici anni, e che nessuno era riuscito a guarire, gli si avvicinò alle spalle e gli toccò il lembo del mantello e subito il flusso di sangue si arrestò. Gesù disse: «Chi mi ha toccato?» Mentre tutti negavano, Pietro disse: «Maestro, la folla ti stringe da ogni parte e ti schiaccia». Ma Gesù disse: «Qualcuno mi ha toccato. Ho sentito che una forza è uscita da me».

Tra tutti i miracoli, naturalmente, i più spettacolari sono le resurrezioni dei morti. Quelle di Gesù non sono le prime della Bibbia: il primato spetta infatti a Elia, che resuscitò un bambino sdraiandosi sopra al cadavere tre volte,[122] seguito da Eliseo, che usò qualcosa di simile alla respirazione bocca a bocca.[123] Nei Vangeli si citano comunque tre resurrezioni procurate da Gesù, che dovrebbero essere i miracoli più degni di essere ricordati: e invece, uno è citato solo da *Luca*,[124] e un altro, il famoso episodio di Lazzaro, solo da *Giovanni*.[125]

Di quest'ultimo, sappiamo già anche perché: esso non è altro, infatti, che un «segno» metaforico della liberazione del popolo ebraico dall'Egitto. Ma, imperterrita, l'edizione ufficiale CEI[126] dichiara: «Giovanni racconta con grande cura il più grande miracolo di Gesù, preludio della Passione», senza chiedersi come mai proprio «il più grande miracolo» sia raccontato soltanto dal Vangelo più letterario e meno storico (o, se si preferisce, il più inventato e meno reale) dei quattro. Quanto poi alla «grande cura», la si può dedurre dal fatto che l'esposizione inizia dicendo: «Maria era quella che aveva cosparso di olio profumato il Signore e gli aveva asciugato i piedi con i capelli, e suo fratello Lazzaro era malato»,[127] riferendosi al passato a un episodio che invece avverrà nel futuro, a una cena a casa di «Lazzaro, che egli aveva risuscitato dai morti».[128]

Comunque, oltre a non essere le prime, le resurrezioni compiute da Gesù non sono nemmeno le ultime della Bibbia, visto che in seguito ne effettuano un paio sia Pietro che Paolo.[129] Ma il loro non è certamente un abuso di poteri, perché era stato lo stesso Gesù a dire agli apostoli: «Guarite gli infermi, risuscitate i morti, sanate i lebbrosi, cacciate i demoni», dando loro per buona misura «potere sugli spiriti immondi».[130] E ad annunciare più in generale:[131]

> Questi saranno i segni che accompagneranno quelli che credono: nel mio nome scacceranno i demoni, parleranno lingue nuove, prenderanno in mano i serpenti e se berranno qualche veleno, non recherà loro danno; imporranno le mani ai malati e questi guariranno.

Ed è proprio grazie a un'interpretazione letterale di questo incitamento che la Chiesa continua ancor oggi, in piena era tecnologica, a propagandare i «segni», le «meraviglie», i «poteri» e i «miracoli» che corrispondono agli originali greci *semeion*, *teras*, *dynamis* e alla loro traduzione collettiva latina *miraculum*, come prove di santità e di un rapporto privilegiato con il divino. E a fomentare e sponsorizzare una fiorente industria del sacro prodigioso, che differisce da quelle altrettanto fiorenti della magia, del paranormale o dell'occulto soltanto per la sua autoproclamata divinità, e da quelle altrettanto diffuse della miracolistica religiosa araba, indiana o cinese soltanto per la sua autodichiarata unicità e verità. Anche se non si vede cosa ci possa essere di divino, unico o vero in madonne che appaiono (da Lourdes a Fatima), lenzuola che si impressionano (da Torino a Oviedo), frati che stigmatizzano (da Francesco d'Assisi a Padre Pio), statue che piangono (da Carpi a Civitavecchia), e chi più ne ha più ne veneri o adori.

Di prodigioso, dietro a fenomeni di questo genere, c'è soltanto l'ignoranza delle loro cause e la credulità sui loro effetti. Un esempio sintomatico è fornito dal famoso miracolo raffigurato nel 1512 da Raffaello nella *Messa di Bolsena* per la Stanza di Eliodoro in Vaticano: nel 1263, mentre un prete che dubitava della transustanziazione diceva appunto messa a Bolsena, l'ostia avrebbe preso a sanguinare, con un prodigio ancor oggi ricordato nella festa del Corpus Domini, istituita l'anno dopo da Urbano IV per l'occasione. Ebbene, nel 1823 Bartolomeo Brizio identificò il batterio *Serratia Marcescens*, che in periodi di caldo e in luoghi umidi produce su pane, focacce e dolci un pigmento rosso e gelatinoso, appropriatamente chiamato *prodigiosina*, che gli ingenui possono scambiare per sangue.

Naturalmente, i prodigi del Gesù Mago e dei suoi imitatori costituiscono la versione essoterica dell'insegnamento della Chiesa, rivolta alle masse becere e credulone, così come i detti del Gesù Profeta e dei suoi esegeti ne costituiscono la complementare versione esoterica, riservata alle minoranze più colte e sofisticate: una divisione dei compiti che risale almeno a Pitagora, ed è diventata in seguito un modello di predicazione o di insegnamento, a seconda dei casi. E la Chiesa le cavalca ovviamente entrambe per avere « il calice pieno e la perpetua ubriaca », come direbbe il *Libro dei Proverbi*.

Il Messia

Oltre al Profeta e al Mago c'è anche un terzo Gesù evangelico, che corrisponde ai noti attributi di Cristo o Messia: due termini generici che in greco e in ebraico significano semplicemente « Unto », ma che ormai sono diventati sinonimi del suo nome. Letteralmente, dunque, i Cristiani sarebbero degli « Untuosi » e i preti degli « Untori ».

In origine gli Ebrei chiamavano Messia chiunque fosse stato ufficialmente unto in una funzione, fosse essa di profeta, sacerdote o re. Nelle profezie dell'Antico Testamento il termine passò poi a indicare il novello Mosè che Jahvé avrebbe mandato per liberare il Popolo Eletto dalla dominazione straniera, restaurare il regno di Israele e portare la pace e la giustizia:

Un germoglio spunterà dal tronco di Iesse, un virgulto germoglierà dalle sue radici. [...] In quel giorno si formerà una strada per il resto del popolo di Jahvé che sarà superstite dall'Assiria, come ci fu una via per Israele quando uscì dal paese d'Egitto. [...] Jahvé radunerà i dispersi di Giuda dai quattro angoli della terra. [...] La saggezza di Jahvé riempirà il paese come le acque ricoprono il mare.

Da questo brano di *Isaia*,[132] che l'edizione ufficiale CEI definisce un «grandioso e fondamentale oracolo messianico», si capisce chiaramente che il Messia doveva essere un *uomo* destinato a diventare *su questa terra* il re *degli Ebrei*: niente affatto un *dio* che avrebbe dovuto salvare *per l'aldilà* l'intera *umanità*. Naturalmente, il riferimento alla liberazione dal giogo assiro fu inteso in maniera letterale durante l'esilio babilonese, e in maniera metaforica sotto la dominazione romana.

Quanto al riferimento a Iesse, il *Primo libro di Samuele*[133] spiega che Davide era «figlio di Iesse di Betlemme»: dunque, il Messia doveva discendere da Davide come persona e da Betlemme come luogo. Puntualmente i miti della nascita di Gesù stabiliscono entrambe le connessioni: in particolare, *Matteo*[134] e *Luca*[135] costruiscono genealogie di Giuseppe che risalgono fino a Davide e oltre.

Ora, queste genealogie sono la prima delle tante assurdità neotestamentarie. Anzitutto, infatti, Gesù è collegato a Davide da 28 generazioni in *Matteo* e da 43 in *Luca*. Inoltre, le due genealogie non hanno letteralmente quasi nessun nome in comune: già il nonno di Gesù si chiama Giacobbe in una ed Eli nell'altra (l'edizione ufficiale CEI[136] concede generosamente che «le genealogie sono parzialmente [*sic*] diverse»). Infine, e soprattutto, questi sono comunque gli antenati di Giuseppe, che secondo il resto della storia non era il padre naturale di Gesù: dunque, non servono a stabilire nessuna connessione con Davide o chiunque altro (non parliamo poi di Abramo o Adamo, a cui addirittura risalgono *Matteo* e *Luca*).

A meno che, naturalmente, le genealogie non siano che vestigia antecedenti l'aggiunta nei Vangeli delle storie sulla nascita verginale. La precedente *Lettera ai Romani*,[137] ad esempio, dice infatti espressamente di Gesù che era « nato dalla stirpe di Davide secondo la carne ». Quanto a *Luca*, la sua genealogia non è piazzata agli inizi come quella di *Matteo*, ma dopo i miti della nascita: essa sembra un secondo inizio, dopo il quale la storia continua dalle tentazioni di Gesù come in *Marco*, e forse come nel perduto Vangelo accettato da Marcione.

Riuscito o no che sia, il tentativo di legare Gesù a Davide rivela comunque la volontà di considerarlo (anche) come il Messia ebraico, nel senso concreto e terreno che abbiamo detto. E vari indizi evangelici confermano che probabilmente anch'egli e i suoi apostoli venivano considerati (e, forse, si consideravano) come agitatori politici, oltre (o più) che come profeti di saggezza o maghi di destrezza.

Ad esempio, c'è l'epiteto di Iscariota attribuito a Giuda: nel caso esso indichi veramente un sicario, dimostrerebbe che nell'*entourage* di Gesù c'era almeno un « terrorista ». Anche se, naturalmente, il personaggio potrebbe essere stato inventato *ad hoc*: sembra infatti strano che ci fosse bisogno di qualcuno che indicasse alle guardie un personaggio noto come Gesù, che meno di una settimana prima era entrato in città acclamato dalla folla. A meno che gli apostoli costituissero una vera e propria guardia del corpo armata che si doveva aggirare con l'astuzia, nell'impossibilità di farlo con la forza.

Se poi l'invenzione fosse tarda, il nome e il personaggio starebbero semplicemente a indicare lo stereotipo del « Giudeo Assassino », addirittura « Deicida ». Uno stereotipo, questo, che i Cristiani hanno mantenuto per secoli, giustificandolo sulla base del versetto di *Matteo*: « Il suo sangue ricada su di noi e sui nostri figli ».[138] E uno stereotipo che Giovanni XXIII è stato il primo a intaccare, imponendo nel Venerdì Santo del 1959 l'abolizione dell'aggettivo nell'ossimorica invocazione liturgica « preghiamo per i perfidi giudei ». Ma uno stereotipo che soltanto il Concilio Vaticano II ha provveduto a cancellare, nella dichiarazione *Nostra Aetate* (« Nel Nostro Tempo »),[139] ammettendo finalmente:

E se autorità ebraiche con i propri seguaci si sono adoperate per la morte di Cristo, tuttavia quanto è stato commesso durante la sua passione non può essere imputato né indistintamente a tutti gli Ebrei allora viventi, né agli Ebrei del nostro tempo. E se è vero che la Chiesa è il nuovo popolo di Dio [*sic*], gli Ebrei tuttavia non devono essere presentati come rigettati da Dio, né come maledetti, quasi che ciò scaturisse dalla Sacra Scrittura.

Tornando agli apostoli di Gesù, oltre all'iscariota Giuda c'era anche lo zelota Simone:[140] dunque, un appartenente a un gruppo partigiano o rivoluzionario noto per la sua resistenza armata all'occupazione romana e la sua opposizione al pagamento del tributo. E nonostante il diplomatico pronunciamento di Gesù sul « dare a Cesare quel che è di Cesare »,[141] rimane il fatto che egli fu comunque accusato proprio di incitare a non pagare le tasse: « Abbiamo trovato costui che sobillava il nostro popolo e impediva di dare tributi a Cesare ».[142]

Altri due apostoli, Giacomo e Giovanni, sono chiamati più genericamente *Boanerghes*, « Figli del Tuono » o « Focosi ».[143] E non senza motivo, visto che un giorno, quando un villaggio di samaritani rifiuta di ricevere Gesù, i due gli chiedono: « Vuoi che invochiamo un fuoco dal cielo che li consumi? »[144] Il che sarà anche una dotta citazione di un analogo comportamento di Elia,[145] ma significa concretamente: « Vuoi che mettiamo a ferro e fuoco il villaggio? »

Infine, lo stesso Pietro viene chiamato da Gesù « Bariona »,[146] che in aramaico significava « partigiano » o « latitante »: il che può anche suggerire che Simon Pietro e Simone lo Zelota fossero la stessa persona, benché l'originale greco *barion* significhi semplicemente « pesante », e ben si accordi con il significato di « Roccioso » che ha appunto « Pietro ».

Naturalmente, gli attributi dei nomi degli apostoli possono essere fantasiosamente reinterpretati uno a uno, per scongiurare ogni loro possibile valenza politica: ad esempio, arrampicandosi sugli specchi per leggere « Iscariota » come « di Keriot », « Zelota » come « Zelante » e « Bariona » come « figlio di Giona ». Più difficile è far scomparire le armi che affiorano nel racconto evangelico della passione, e che sicuramente nemmeno allora erano strumenti da pescatore. Ad esempio, durante l'Ultima Cena Gesù ordina (metaforicamente?) che « chi non ha una spada ne compri una », e gli apostoli gliene mostrano subito orgogliosi due già bell'e pronte.[147]

Poco dopo, durante l'arresto nel Getsemani, i discepoli chiedono se devono « colpire con la spada » e Pietro in persona mozza un orecchio al servo del Sommo Sacerdote:[148] sorprendentemente, senza sollevare nessuna reazione da parte delle guardie, forse perché le spade in dotazione erano ben più di due.

Poco prima, invece, era successo il famoso episodio della cacciata dei mercanti dal tempio, che presenta un Gesù infuriato e violento. Nei sinottici egli scaccia « tutti quelli che trova a comprare e vendere » e rovescia tavoli e sedie,[149] mentre in *Giovanni* sferza la gente, « caccia pecore e buoi e getta a terra il denaro ».[150] Pensare che Gesù sia riuscito in una simile impresa solo contro tutti, per giunta potendo agire indisturbato nel luogo più sacro e presidiato della capitale, è romantico ma ingenuo: probabilmente, si trattò di un'azione « mordi e fuggi » da parte di un commando armato, appunto nello stile degli zeloti.

A meno che non sia una delle solite invenzioni metaforiche per permettere di far citare a Gesù e agli apostoli le Scritture. Al primo, in particolare, *Geremia*:[151] « È forse una spelonca di ladri ai vostri occhi, questo tempio che prende il nome da me? » E ai secondi, il *Salmo 68*:[152] « Poiché mi divora lo zelo per la tua casa, ricadono su di me gli oltraggi di chi ti insulta ».

Comunque sia, che i supposti prodigi di Gesù fossero presi come propaganda elettorale dai suoi seguaci è dimostrato dal fatto che coloro per i quali aveva moltiplicato pani e pesci « stavano per venire a prenderlo per farlo re ».[153] Quanto agli apostoli, a Pietro che gli chiedeva espressamente che cosa avrebbero ottenuto in cambio di aver lasciato tutto per seguirlo egli stesso aveva promesso: « Quando il Figlio dell'Uomo sarà seduto sul trono della sua gloria, siederete anche voi su dodici troni a giudicare le dodici tribù di Israele ».[154]

Che poi Gesù fosse percepito come una minaccia all'ordine pubblico è esplicito nelle accuse che gli vengono rivolte durante il processo, tra le quali c'è espressamente quella di essersi dichiarato il Messia. La risposta di Gesù alla relativa domanda del Sommo Sacerdote è formalmente diversa in ciascun Vangelo sinottico: «Tu l'hai detto» in *Matteo*,[155] «Io lo sono» in *Marco*,[156] «Lo dite voi stessi» in *Luca*.[157] Ma la risposta alla domanda di Pilato, se egli fosse il re dei Giudei, è sempre letteralmente la stessa: «Tu lo dici».[158]

Non a caso, quando sulla croce fu posto un cartello con la motivazione della condanna, questa diceva appunto: «Il re dei Giudei» (in quattro versioni diverse, nei quattro Vangeli).[159] Un cartello contestato dai sommi sacerdoti, che si lamentarono con il suo autore Pilato dicendogli: «Non scrivere: il re dei Giudei, ma che egli ha detto: Io sono il re dei Giudei». Ma un cartello che lui si rifiutò di cambiare, rispondendo: «Ciò che ho scritto, ho scritto».[160]

IL CRISTIANESIMO

Dopo i Vangeli, le ultime stazioni bibliche della nostra *via crucis* sono i libri che narrano le opere e i pensieri degli apostoli: precisamente, gli *Atti* di Luca e le ventuno *Lettere* canoniche di vari autori, in particolare le quattordici attribuite (per una metà erroneamente) a Paolo di Tarso.

Il Risorto

Per i Cristiani la fede in Gesù si basa, sostanzialmente, sulla sua resurrezione: come dice Paolo nella *Prima lettera ai Corinzi*,[1] infatti, « se Cristo non è risuscitato, allora è vana la nostra predicazione ed è vana anche la vostra fede », e « se abbiamo avuto speranza in Cristo soltanto in questa vita, siamo da compiangere più di tutti gli uomini ». E il *Catechismo*[2] gli fa eco: « La resurrezione di Gesù è la verità culminante della nostra fede in Cristo ».

Ora, nella versione originale del più antico Vangelo canonico, e cioè in *Marco*, la resurrezione... non c'è! Semplicemente, il racconto dice che tre pie donne si recarono al sepolcro la domenica mattina presto e « videro un giovane, seduto sulla destra, vestito d'una veste bianca, ed ebbero paura ». Il giovane disse loro che Gesù era risorto ed esse « fuggirono via dal sepolcro perché erano piene di timore e spavento, e non dissero niente a nessuno perché avevano paura ».[3]

Secondo la stessa edizione ufficiale CEI[4] i dodici versetti successivi, che raccontano frettolosamente le apparizioni del risorto e la sua assunzione in cielo, « sono un supplemento aggiunto in seguito » (di cui esistono addirittura almeno nove versioni): il che, tradotto, significa che l'unico « fatto » che in origine veniva riportato era che il sepolcro era vuoto. Ammesso naturalmente che non lo fosse sempre stato, perché quando Giuseppe d'Arimatea andò a chiedere di poter portare via il corpo di Gesù, « Pilato si meravigliò che fosse già morto »,[5] e l'unica conferma gli venne da un testimone sospetto: cioè da un centurione che, essendosi appena convertito, fungeva da quinta colonna cristiana nella prefettura romana.[6]

Quanto all'interpretazione che la gente dava del fatto che il sepolcro fosse vuoto, così come l'interpretazione che i Cristiani diedero di questa interpretazione, esse sono entrambe riportate da *Matteo*:[7]

> Alcuni della guardia giunsero in città e annunziarono ai sommi sacerdoti quanto era accaduto. Questi si riunirono allora con gli anziani e deliberarono di dare una buona somma di denaro ai soldati dicendo: « Dichiarate: i suoi discepoli sono venuti di notte e l'hanno rubato, mentre noi dormivamo. E se mai la cosa verrà all'orecchio del governatore noi lo persuaderemo e vi libereremo da ogni noia ». Quelli, preso il denaro, fecero secondo le istruzioni ricevute. Così questa diceria si è divulgata fra i Giudei fino ad oggi.

In altre parole, la gente pensava che se un sepolcro era vuoto, qualcuno doveva aver portato via il corpo. Una voce confermata dal martire Giustino nel *Dialogo con Trifone*,[8] che precisa che gli Ebrei pensavano che la crocifissione di Gesù fosse stata la giusta esecuzione di un imbroglione, e la sua resurrezione un'invenzione dei suoi discepoli dopo il trafugamento della salma.

I Cristiani credevano invece che quest'ovvia e sensata interpretazione dovesse per forza essere il risultato di un'opera di *disinformazione* prezzolata: come se di norma i cadaveri si alzassero e lasciassero il loro sepolcro da soli, e non ci volesse semmai un'opera di *informazione* fattuale e circostanziata per convincere qualcuno al proposito. E invece, su questo evento non solo straordinario, ma cruciale per il Cristianesimo, l'informazione evangelica è estremamente fantasiosa e confusa.

Anzitutto, Gesù aveva infatti annunciato che « come Giona rimase tre giorni e tre notti nel ventre del pesce, così il Figlio dell'uomo resterà tre giorni e *tre notti* nel cuore della terra».[9] E invece i racconti evangelici sono concordi nel dire che egli morì il venerdì e risorse la domenica: dunque, rimase nella tomba soltanto un giorno intero e *due notti*. Evidentemente, è più facile far miracoli e risorgere che essere in grado di contare correttamente.

Inoltre, non ci sono nei Vangeli testimoni oculari della resurrezione, né ci sono resoconti storici del «gran terremoto» che secondo *Matteo*[10] avrebbe accompagnato l'apertura della tomba: tra l'altro, nel suo racconto le tre donne di *Marco* diventano due, che invece di scappare impaurite e senza dire niente a nessuno «corsero con gioia grande a dare l'annunzio ai discepoli». In *Luca*[11] il loro numero è cresciuto in maniera imprecisata, ma certo pari almeno a cinque (tre individuate per nome, più «altre» al plurale), e pure l'angelo si è sdoppiato. Ad aumentare la confusione, *Giovanni*[12] dice invece che la donna era sola, e che poi corse a chiamare Pietro e «il discepolo che Gesù amava»: cioè, modestamente, lui stesso, che essendo più giovane corse anche più veloce, e dunque arrivò prima dell'altro al sepolcro.

Sulle apparizioni del Risorto la confusione è, se possibile, ancora più grande. Per *Matteo*[13] si tratta di una sola: alle due donne e agli apostoli, tutti in gruppo. Per *Luca*[14] di due: a due apostoli «in cammino per un villaggio», che neppure lo riconoscono, e poi a tutti gli undici. Per *Marco*[15] di tre: a una sola delle tre donne, poi a due seguaci «mentre erano in cammino verso la campagna», e poi agli apostoli in gruppo. Per *Giovanni*[16] di quattro: a una delle donne vicino al sepolcro, e tre volte agli apostoli, che nell'ultima non lo riconoscono, benché l'avessero già rivisto due volte e «toccato con mano». Per gli *Atti*[17] di un numero imprecisato di apparizioni agli apostoli, «per quaranta giorni».

Ed è ancora Paolo a dare un'ulteriore versione dei fatti, dicendo nella *Prima lettera ai Corinzi*[18] che Gesù apparve in successione a Pietro, ai *dodici* apostoli (forse anche Giuda era risorto?), a più di cinquecento fedeli in una sola volta, a Giacomo, di nuovo agli apostoli, e infine persino a lui stesso: evidentemente, Giovanni non era l'unico egocentrico della compagnia.

È superfluo aggiungere che, sulla base di testimonianze del genere, nessun processo andrebbe lontano: che ci sia andato il Cristianesimo è una prova del fatto che evidentemente non è su quelle che si basa. Anche se il *Catechismo*[19] dichiara che, « oltre al segno essenziale costituito dalla tomba vuota », che invece i contemporanei non considerarono affatto tale, « gli apostoli non hanno potuto inventare la resurrezione, poiché questa appariva loro impossibile »: un argomento balzano dal quale discende, allo stesso tempo, che allora le storie fantascientifiche e le fiabe fantastiche devono apparire possibili agli scrittori che le inventano!

Naturalmente, volendo parlare seriamente della resurrezione di Gesù, bisognerebbe capire cosa effettivamente essa significhi. Purtroppo in questo il *Catechismo*[20] è di poco aiuto, perché assume esso stesso i toni del *fantasy* e dichiara paradossalmente che « la resurrezione non è stata un ritorno alla vita terrena ». Più precisamente:

> Il corpo risuscitato è quello che è stato crocifisso e porta i segni della Passione, ma è ormai partecipe della vita divina con le proprietà del corpo glorioso. Per questa ragione Gesù risorto è sovranamente libero di apparire ai suoi discepoli come e dove vuole e sotto aspetti diversi.

Ma « ritornare alla vita terrena » è precisamente ciò che la resurrezione significa non solo nel dizionario, ma anche nei precedenti racconti biblici prima citati! Se ora la definizione cambia, è evidentemente perché un conto è far risorgere qualcuno dall'esterno, e un altro far risorgere se stessi dall'interno: anche perché, se si è veramente morti, non si capisce chi sarebbe l'autore del prodigio. E infatti il *Catechismo*[21] continua a impantanarsi nelle sue stesse sabbie mobili, dicendo che vi fu coinvolta in maniera trascendente l'intera Trinità, in un'opera in cui « il Padre manifesta la sua potenza, il Figlio 'riprende'[22] la vita che ha liberamente offerto riunendo la sua anima e il suo corpo, che lo Spirito vivifica e glorifica».

Questo è ciò che succede quando si pretende di leggere in maniera letterale e storica ciò che è letterario e metaforico, e che comunque appartiene alla mitologia di molte culture. In quella ebraica, ad esempio, c'era già stata l'ascensione di Elia al cielo in un turbine, su un carro di fuoco: tra l'altro, senza nemmeno che egli avesse dovuto morire.[23] In quella egizia la resurrezione di Osiride dopo il suo assassinio e lo smembramento del suo corpo da parte di Seth, e la sua ricostruzione da parte di Iside. In quella greca le analoghe vicende di Dioniso, che Erodoto e Plutarco identificavano con Osiride. E ancora oggi, nella cultura del *voodoo* si parla di morti resuscitati con mezzi soprannaturali: se Gesù fosse risorto ad Haiti, non sarebbe altro che un letterale *zombie*.

Lo Spirito Santo

Dopo il primo atto della resurrezione e il secondo delle apparizioni, la soprannaturale trilogia del Gesù Risorto si conclude con l'ultimo atto della sua ascensione al cielo *motu proprio*: un altro episodio cruciale che, a parte un accenno nel posticcio supplemento di *Marco*, è raccontato soltanto in *Luca*[24] e negli *Atti*.[25] Cioè, da una sola persona (Luca), che non era un testimone oculare e veniva imbeccato da un'altra (Paolo) che non lo era neppure lui, ma che abbiamo già individuato come l'inventore dell'intera vicenda *post mortem* di Gesù. Benché unico autore delle due testimonianze, Luca riesce comunque a contraddirsi: egli situa infatti l'ascensione lo stesso giorno della resurrezione nel suo Vangelo,[26] ma quaranta giorni dopo negli *Atti*.[27]

In questi ultimi,[28] all'ascesa *bottom up* (dal basso in alto) del Figlio segue immediatamente una simmetrica discesa *top down* (dall'alto in basso) dello Spirito Santo:

> Venne all'improvviso dal cielo un rombo, come di vento che si abbatte gagliardo, e riempì tutta la casa dove si trovavano. Appar-

> vero loro lingue come di fuoco che si dividevano e si posarono su ciascuno di loro; ed essi furono tutti pieni di Spirito Santo e cominciarono a parlare in altre lingue come lo Spirito dava loro il potere di esprimersi.

Prima di passare ad analizzare la causa, e cioè lo « Spirito Santo », vale la pena soffermarsi un momento sui suoi stupefacenti effetti, che anche nel seguito[29] verranno identificati con la *glossolalia*, « parlare le lingue ». La quale, come sempre in queste cose, potrebbe semplicemente essere presentata come una metaforica riunione delle lingue che erano state altrettanto metaforicamente divise nell'episodio postdiluviano della Torre di Babele, ispirato agli Ebrei deportativi da una Babilonia turrita di *zigurat* e poliglotta.[30] E invece, viene descritta come una letterale acquisizione di abilità linguistica:[31]

> La folla si radunò e rimase sbigottita perché ciascuno li sentiva parlare la propria lingua. Erano stupefatti e fuori di sé per lo stupore dicevano: « [...] Siamo Parti, Medi, Elamiti e abitanti della Mesopotamia, della Giudea, della Cappadocia, del Ponto e dell'Asia, della Frigia e della Panfilia, dell'Egitto e delle parti della Libia vicino a Cirene, stranieri di Roma. Ebrei e proseliti, Cretesi e Arabi e li udiamo annunziare nelle nostre lingue le grandi opere di Dio ».

Non tutti, naturalmente, si lasciarono abbindolare. Secondo gli stessi *Atti*,[32] infatti, « altri invece li deridevano e dicevano: Si sono ubriacati di mosto », e il povero Pietro non trovò di meglio che ribattere pateticamente: « Questi uomini non sono ubriachi come voi sospettate, essendo appena le nove del mattino »!

Nella *Prima lettera ai Corinzi*[33] Paolo ammette, comunque, che « chi parla con il dono delle lingue non parla agli uomini, ma a Dio, giacché nessuno comprende, mentre egli dice per ispirazione cose misteriose [...] Perciò, chi parla con il dono delle lingue preghi di poterle interpretare. Quando infatti io prego con il dono delle lingue, il mio spirito prega, ma la mia intelligenza rimane senza frutto ».

Oggi il fenomeno della glossolalia è ben noto e compreso: si tratta, cioè, di un'emissione di suoni priva di significato che assomiglia a un vero linguaggio, fatta consciamente o inconsciamente. Un esempio di uso conscio è il *gramelot* dei giullari medioevali, ripreso ai nostri giorni da Dario Fo: una lingua basata su suoni onomatopeici inventati che richiamano le sonorità di una o più lingue o dialetti realmente esistenti, e che unita alla mimica permette una rudimentale ed emotiva comunicazione universale.

Un uso inconscio è invece normale nei bambini che stanno imparando a parlare, e anormale in adulti con problemi di comunicazione, dagli schizofrenici ai mistici. L'edizione ufficiale CEI[34] sembra propendere per questa seconda interpretazione, dicendo a proposito del fenomeno che «potrebbe anche trattarsi di un linguaggio estatico»: per i vescovi, loro successori, gli apostoli sarebbero dunque stati più in buona che in cattiva fede, cioè più degli schizofrenici che dei giullari.

Contrariamente alla profezia fatta da Paolo nella *Prima lettera ai Corinzi*,[35] che «il dono delle lingue cesserà», esso continua invece anche ai nostri giorni: soprattutto nelle Chiese Pentecostali che, ovviamente, prendono il nome dalla festa di *Pentecoste*, «Cinquantesimo», celebrata dagli Ebrei il cinquantesimo giorno dopo la Pasqua a conclusione delle sette settimane di mietitura del grano, durante la quale gli *Atti*[36] situano simbolicamente la discesa dello Spirito Santo sugli apostoli.

I Pentecostali credono infatti che la conversione e la salvezza avvengano attraverso il battesimo adulto, e che a esso debba seguire il dono della glossolalia, come da copione neotestamentario. E poiché sui temi evangelici c'è spazio per ogni possibile recita, i Cristiani Carismatici sono d'accordo sulla prima parte, ma non sulla seconda: cioè, conversione e salvezza sì, ma glossolalia no.

Tra parentesi, non si devono confondere i Pentecostali coi Battisti. Anche questi ultimi, come dice il nome, assegnano un ruolo preminente al battesimo, ma si tratta nel loro caso di un rito che certifica una conversione già avvenuta, invece che da provocare. Esso viene somministrato mediante immersione («battesimo» deriva appunto da *baptizein*, «immergere») dopo il raggiungimento dell'età della ragione, e segue la professione di fede (*credobattesimo*): una specie di combinazione dei due riti del battesimo per infusione dei neonati (*pedobattesimo*) e della cresima degli adolescenti, adottati dai Cattolici.

Inoltre, e per quanto queste cose possano avere un senso, nel caso dei Cattolici e dei Battisti, così come di varie altre sette, si parla di Battesimo Trinitario, triplicemente somministrato «nel nome del Padre, del Figlio e dello Spirito Santo» secondo una formula che si trova un'unica volta nel Nuovo Testamento, in *Matteo*.[37] Per i Pentecostali si parla invece di Battesimo Unitario, somministrato soltanto «nel nome di Gesù», secondo la formula più volte ripetuta negli *Atti*:[38] è appunto a questo battesimo che Pietro si riferisce nel suo primo discorso pubblico, dopo la Pentecoste, quando dice che dopo di esso si riceverà «il dono dello Spirito Santo».[39]

Ma veniamo, dunque, a quest'ultimo: il quale, per la stessa natura del sostantivo che lo definisce, è quanto mai evanescente e impalpabile. L'indice dell'edizione ufficiale CEI della Bibbia, alla voce «Spirito Santo», fa una mezza dozzina di improbabili riferimenti all'Antico Testamento: il primo di essi addirittura all'inizio del *Genesi*,[40] secondo il quale in principio «lo spirito di Elohim aleggiava sulle acque».

Ora, il termine ebraico usato per «spirito» è *ruach*: un sostantivo che compare circa 400 volte nell'Antico Testamento, coi significati intercambiabili di «spirito», «vento», «alito» e «respiro». Ciò che aleggiava sulle acque non era dunque altro che il vento o l'aria, chiamati entrambi *anemos* in greco: un termine da cui è derivata la nostra «anima», ma il cui significato originario si è mantenuto nella parola *anemometro*, «misuratore del vento», o nell'espressione «anima di uno pneumatico» per la camera d'aria di una gomma.

In latino *animus* era sinonimo di *spiritus*, e indicava la respirazione: anche questo significato si è conservato in *animale*, inteso come essere «animato», cioè che respira. In sanscrito i due movimenti di inspirazione ed espirazione di cui si compone la respirazione si chiamano *brahman* e *atman*, e indicano anche il soffio e l'espansione il primo, e il respiro e la contrazione il secondo. In greco i due termini corrispondenti erano *pneuma* e *psyche*, e sono entrambi confluiti nello *spiritus* latino.

Insomma, l'anima non è altro che un'ipostatizzazione del respiro: non a caso, per infondere divinamente la vita Jahvé soffia semplicemente il suo alito nelle narici di Adamo,[41] in una specie di animazione (appunto) bocca a bocca. Allo stesso modo, lo Spirito Santo non è altro che un'ipostatizzazione del vento o dell'aria, cioè di una tipica causa invisibile che produce effetti visibili: di nuovo non a caso, e come abbiamo già visto, la sua discesa pentecostale viene descritta come un « vento che si abbatte gagliardo » accompagnato da « un rombo dal cielo », cioè da un tuono come nei temporali o nelle tempeste, e lo stesso Gesù dice che « il vento soffia dove vuole e ne senti la voce, ma non sai di dove viene e dove va: così è di chiunque è nato dallo Spirito ».[42]

A proposito di linguistica teologica, o di teologia linguistica, è interessante notare che nel passaggio dall'ebraico *ruach* al greco *pneuma* e al latino *spiritus* si ha un duplice cambiamento di genere: da femminile a neutro a maschile. Per i linguisti la cosa finisce lì. Per i teologi, invece, di lì incomincia una delle solite diatribe metafisiche: in questo caso, sul genere dello Spirito Santo. E naturalmente ci sono coloro che, come gli Avventisti Davidici del Settimo Giorno, ritengono che esso debba essere femminile come nell'originale ebraico: un ritorno, questo, all'antico uso orientale di chiamare lo Spirito Santo *Hagia Sophia*, « Santa Sapienza », come nell'omonima basilica bizantina inaugurata nel 537 dall'imperatore Giustiniano a Costantinopoli, o nell'omonima chiesa nella quale si tenne il Secondo Concilio di Nicea nel 787.

Una volta ipostatizzato, al maschile o al femminile che sia, lo Spirito Santo subisce nel Nuovo Testamento una lenta e progressiva elaborazione, a partire dai primi vaghi accenni abbozzati da Paolo. Ad esempio, nella *Lettera ai Romani*:[43] « L'amore di Dio è stato riversato nei nostri cuori per mezzo dello Spirito Santo che ci è stato dato », « tutti quelli che sono guidati dallo Spirito di Dio sono figli di Dio », e « lo Spirito stesso intercede con insistenza per noi, con gemiti inesprimibili». O nella *Lettera agli Efesini*:[44] «Avete ricevuto il suggello dello Spirito Santo che era stato promesso, il quale è caparra della nostra eredità».

In seguito, i posticci miti della nascita di Gesù affidano allo Spirito Santo il concepimento verginale del nascituro. Secondo *Matteo*,[45] infatti, Maria «si trovò incinta per opera dello Spirito Santo», e Giuseppe sognò che non doveva preoccuparsi «perché quel che è generato in lei viene dallo Spirito Santo». Secondo *Luca*,[46] invece, è a Maria che un angelo disse: «Lo Spirito Santo scenderà su di te».

Nel racconto del battesimo di Gesù viene introdotto il simbolismo che, più delle lingue di fuoco della Pentecoste e dell'imposizione delle mani degli apostoli,[47] verrà in seguito associato allo Spirito Santo: la discesa di una colomba dal cielo squarciato,[48] rappresentata con tanto di nuvole, raggi e contorno d'angeli dal Bernini nel complesso della *Cattedra di San Pietro*, posta al fondo della navata centrale della basilica Vaticana.

A parte questi interventi relativi alla Madonna e a Gesù, nei Vangeli lo Spirito Santo viene soltanto annunciato: in particolare in *Giovanni*,[49] dove Gesù lo presenta come *Paraclito*, che significa letteralmente «Avvocato» (da *para*, «presso», e *kaleo*, «chiamo»), e metaforicamente «Intercessore» o «Consolatore». Egli lo definisce «Spirito di verità che procede dal Padre» e promette che pregherà il Padre perché lo mandi dopo di lui. Oggi queste espressioni letterarie non ci fanno naturalmente più né caldo né freddo, ma nei primi secoli dell'era Volgare esse surriscaldarono gli animi dei Cristiani e provocarono lo scisma tra le Chiese d'Occidente e Oriente.

Il Credo promulgato nel 325 dal Primo Concilio di Nicea, infatti, finiva semplicemente dicendo: «Credo nello Spirito Santo». Il Credo modificato nel 381 dal Primo Concilio di Costantinopoli recava, tra altre cose, l'aggiunta che lo Spirito Santo «procede dal Padre, e con il Padre e il Figlio è adorato e glorificato»: questa versione è ancor oggi usata dagli Ortodossi (Greci e Russi) e dai Cattolici Orientali (Copti, Maroniti, Caldei, Rumeni, Armeni, Ucraini e compagnia bella).

Nel 431 il Concilio di Efeso stabilì che il Credo di Costantinopoli era completo e non ulteriormente modificabile, ma nel 447 il Sinodo di Toledo lo ritoccò su suggerimento di papa Leone I, decidendo che lo Spirito Santo « procede dal Padre e dal Figlio »: l'aggiunta in latino suonava *Filioque* e fu in origine introdotta per contrastare un rigurgito di arianesimo, che riteneva il Figlio inferiore al Padre (in particolare, solo umano e non divino). Nell'809 il Concilio di Aachen e papa Leone III la proibirono, ma essa fu adottata nel 1014 da papa Benedetto VIII per l'incoronazione dell'imperatore Enrico II. Nel 1054 papa Leone IX e il patriarca Michele I si scomunicarono a vicenda a questo proposito, dando inizio allo scisma.

Nonostante verticistiche riconciliazioni nel 1274 e nel 1439, in occasione del Secondo Concilio di Lione e del Concilio di Basilea, subito sconfessate dalla base, le Chiese d'Occidente (Cattolici Romani e Protestanti) e d'Oriente (Ortodossi e Cattolici Orientali) continuano a essere separate anche oggi. Ironicamente, ciascuna professa se stessa « la Chiesa una santa cattolica e apostolica », come recitano concordemente i loro Credi, e continua a ritenere l'altra scismatica, benché le rispettive scomuniche siano state ritirate nel 1965 da papa Paolo VI e dal patriarca Atenagora I.

Il 6 agosto 2000, poi, nell'evidente tentativo di superare un problema ormai considerato anacronistico persino dal Vaticano, la Congregazione per la Dottrina della Fede ha pubblicato una Dichiarazione ufficiale firmata dall'allora cardinale Joseph Ratzinger e intitolata *Dominus Iesus* (« Il Signore Gesù »), che riportava il testo latino del Credo in cui mancava la clausola del *Filioque*, rimossa come se niente fosse e senza commenti di sorta. Ovvero, parafrasando il Thomas S. Eliot di *The Hollow Men* (« Gli uomini vuoti »), così finisce la vuota teologia: non con un botto, ma con un silenzio.

Procedente *ex Filioque* o no che fosse (naturalmente, non nei fatti della realtà, ma nelle fantasie dell'invenzione), lo Spirito Santo è comunque diventato nel tempo una letterale *panacea*, « cura universale » (da *pan*, « tutto », e *akos*, « cura »), cioè una versione smaterializzata dell'omonima dea greca della guarigione. A esso sono stati infatti associati da Paolo un numero imprecisato di *carismi*,[50] che oggi suonano talmente balzani da far dire persino all'edizione ufficiale CEI che « non è facile caratterizzarli singolarmente »:

> A ciascuno viene data una manifestazione particolare dello Spirito per l'utilità comune. A uno viene concesso dallo Spirito il linguaggio della sapienza. A un altro invece, per mezzo dello stesso Spirito, il linguaggio di scienza. A uno la fede per mezzo dello stesso Spirito. A un altro il dono di far guarigioni per mezzo dell'unico Spirito. A uno il potere dei miracoli. A un altro il dono della profezia. A un altro il dono di distinguere gli spiriti. A un altro la varietà delle lingue. A un altro, infine, l'interpretazione delle lingue.

Più sobriamente, il *Catechismo*[51] associa allo Spirito Santo sette *doni* (sapienza, intelletto, consiglio, fortezza, scienza, pietà e timor di Dio) e dodici *frutti* (amore, gioia, pace, pazienza, longanimità, bontà, benevolenza, mitezza, fedeltà, modestia, continenza e, come c'era da scommettere, castità): i primi sono mutuati da *Isaia*,[52] che ne assegna sei al Messia, e i secondi dalla *Lettera ai Galati*,[53] che ne descrive nove in contrapposizione alle opere della carne.

Ora, si può perfettamente intendere Paolo in maniera metaforica, quando dice: « La carne ha desideri contrari allo Spirito, e lo Spirito ha desideri contrari alla carne, e queste cose si oppongono a vicenda ».[54] E quando continua dichiarando che « le opere della carne sono ben note: fornicazione, impurità, libertinaggio, idolatria, stregonerie, inimicizie, discordia, gelosia, dissensi, divisioni, fazioni, invidie, ubriachezze, orge e cose del genere ».[55]

Ma dal contrapporre metaforicamente le opere dello spirito a quelle della carne, come d'altronde aveva già fatto Gesù con la sua famosa massima « lo spirito è forte ma la carne è debole »,[56] al passare alle maiuscole e assegnare allo Spirito la letterale natura di « terza persona della Santissima Trinità », dichiarando che esso « edifica, anima e santifica la Chiesa », come fa il *Catechismo*,[57] naturalmente ci corre parecchio.

E infatti, non tutti riescono a star dietro a questa fuga in avanti. Gli Unitari, ad esempio, che come dice il loro nome riconoscono soltanto un unico Dio, identificato col Padre o col Creatore. O i Mormoni, che ritengono lo Spirito Santo un puro spirito, in accordo con la lettera del racconto evangelico del battesimo di Gesù. O i Testimoni di Geova, che lo considerano non come una persona, ma come un'invisibile forza attiva che Dio impiega per attuare i suoi propositi.

E questi ultimi hanno probabilmente ragione, visto che quando gli undici apostoli decidono di riempire il posto lasciato vacante dal dodicesimo, suicida (tra parentesi, per impiccagione secondo *Matteo*,[58] e per squarciamento delle viscere secondo gli *Atti*[59]), si affidano semplicemente all'estrazione a sorte per conoscere la scelta del Signore:[60] ovvero, anche i fenomeni casuali vengono interpretati causalmente dalla Bibbia, col semplice trucco di dire che tutto ciò che accade, casualmente o no, è in realtà causato da Dio.

Questa pratica di attribuire divinamente allo Spirito Santo la responsabilità di scelte « umane, troppo umane », poi adottata sistematicamente dalla Chiesa per convalidare le sue decisioni più varie, dall'elezione del papa ai pronunciamenti dottrinali, non è altro che una versione della « spiritualità da cani » di cui parla Charles Darwin nell'*Origine dell'uomo*:[61]

> La tendenza nei selvaggi di immaginare che gli oggetti e gli eventi naturali siano animati da essenze spirituali viventi, è forse illustrata da un piccolo fatto che ho notato: il mio cane, un animale ben sviluppato e molto sensibile, un giorno afoso e calmo giaceva sul prato, ma a poca distanza una leggera brezza occasionalmente agitava un parasole aperto, che il cane avrebbe completamente ignorato se qualcuno gli fosse stato vicino. E invece, ogni volta che il parasole sventolava leggermente, il cane ringhiava ferocemente e abbaiava. Doveva, credo, ragionare, automaticamente e inconsciamente, che un movimento senza apparente causa indicava la presenza di qualche strano agente vivente.

Ed è proprio per cercare di evitare almeno l'assonanza linguistica con lo spiritismo che la traduzione inglese della Bibbia di re Giacomo, che dal 1611 assegnava allo Spirito Santo il nome di

Holy Ghost, « Spettro Santo », è stata aggiornata nel Novecento al più neutro *Holy Spirit*. Ma poiché i fondamentalisti continuano a usare la vecchia espressione, l'edizione del 2005 del *Sillabo Concordato di Norfolk* incita gli insegnanti delle scuole a « non usare l'espressione Spettro Santo, che suggerisce una connotazione banale e sinistra della terza persona della Trinità » (e, per buona misura, anche a « non usare espressioni come 'il corpo di Gesù' o 'il sangue di Gesù' per l'Eucarestia, che suggeriscono un consumo cannibalistico di carne umana »).

L'Apostolo degli Ebrei

Come ogni buona (tele)novella, il Cristianesimo non avrebbe potuto raggiungere la *hit parade* delle religioni soltanto grazie ai suoi protagonisti, e cioè la Trinità (Padre, Figlio e Spirito Santo) e la Sacra Famiglia (Gesù, Giuseppe e Maria). Per diventare cattolica, cioè letteralmente da « mondovisione », una sceneggiata richiede infatti anche degli ottimi sceneggiatori che sappiano inscenarla e degli ottimi contastorie che sappiano raccontarla: compiti, questi, che nel Cristianesimo furono assunti dai « santissimi » Simone e Saulo, in arte Pietro e Paolo.

Simone significa « Ascoltatore » (dall'ebraico *shama*, « ascoltare »), e Pietro significa « Roccioso » (dal greco *petra*, « roccia », e *petros*, « sasso »): due nomi che sembrano scelti apposta per illustrare le due storie cruciali della vita del primo apostolo. La prima è la sua cooptazione fra i seguaci di Gesù:[62]

> Mentre camminava lungo il mare di Galilea vide due fratelli, Simone, chiamato Pietro, e Andrea suo fratello, che gettavano la rete in mare, perché erano pescatori. E disse loro: « Seguitemi, vi farò pescatori di uomini ». Ed essi subito, lasciate le reti, lo seguirono.

Così raccontato, l'episodio di due pescatori che abboccano all'amo del primo che passa e offre loro un *upgrade* dai pesci agli uomini è talmente ridicolo, che l'edizione ufficiale CEI si affretta a precisare: « Matteo schematizza il racconto delle vocazioni degli apostoli », anche se *Marco*[63] schematizza nello stesso identico modo.

Luca,[64] invece, la racconta dicendo che dopo essere salito sulla barca dello sconosciuto Simone per predicare, Gesù lo ripagò facendogli fare una pesca miracolosa: un argomento al quale, naturalmente, un pescatore sarebbe stato sensibile. Questa volta il commento dell'edizione ufficiale CEI è che « Luca è il solo a riferire questo fatto, del quale Pietro, capo degli apostoli, è significativamente protagonista », ammettendo così che la storia è sospettosamente riferita soltanto da un testimone di terza mano.

Giovanni,[65] invece, lascia capire di essere stato un testimone di prima mano, quando narra:

> Uno dei due che avevano udito le parole di Giovanni e avevano seguito Gesù era Andrea, fratello di Simon Pietro. Egli incontrò per primo suo fratello Simone e gli disse: « Abbiamo trovato il Messia », e lo condusse da Gesù. Gesù, fissando lo sguardo su di lui, disse: « Tu sei Simone, il figlio di Giovanni; ti chiamerai Cefa ».

L'edizione ufficiale CEI precisa che « l'altro discepolo era l'evangelista stesso ». E Giovanni doveva essere gravemente malato di protagonismo, se oltre a presentarsi nel proprio Vangelo come il discepolo prediletto di Gesù, pretende anche di essere stato il primo ad aver accolto la sua chiamata, e il primo a essere arrivato al suo sepolcro vuoto: precedendo appunto in entrambi i casi, e senza che nessun altro se ne accorgesse, il roccioso Simone.

A proposito del quale, i Vangeli sono concordi nell'affermare che aveva il suo soprannome Pietro già *prima* di incontrare Gesù: compreso *Giovanni*, anche se poi lo fa immediatamente ribattezzare Cefa, che non è altro che la traduzione aramaica di Pietro. E come « Simone » rimanda all'ascolto che egli diede a Gesù fin dagli inizi, così « Pietro » permette il famoso gioco di parole riportato da *Matteo*:[66]

> Disse loro: « Chi voi dite che io sia? » Rispose Simon Pietro: « Tu sei il Cristo, il Figlio del Dio vivente ». E Gesù: « Beato te, Simone

Bariona, perché né la carne né il sangue te l'hanno rivelato, ma il Padre mio che sta nei cieli. E io ti dico: tu sei Pietro, e su questa pietra edificherò la mia Chiesa e le porte degli Inferi non prevarranno su di essa. A te darò le chiavi del Regno dei Cieli, e tutto ciò che legherai sulla terra sarà legato nei cieli, e tutto ciò che scioglierai sulla terra sarà sciolto nei cieli».

Questo brano è considerato dalla Chiesa l'atto ufficiale della propria fondazione da un lato, e l'investitura ufficiale di Pietro a suo capo dall'altro, ma si tratta di una fondazione più sulle sabbie mobili che sulla roccia. Anzitutto, infatti, e come anche l'edizione ufficiale CEI ammette, il termine «chiesa» compare nei Vangeli soltanto in questo brano e in un altro poco successivo,[67] in cui però ha solo un significato generico di «assemblea», e così viene tradotto. Inoltre, la ribattuta di Gesù e il gioco di parole «Pietro-pietra» (nell'originale greco *petros-petra*, «pietra-roccia») non ci sono in nessun altro Vangelo, nonostante negli altri due sinottici vi sia il precedente scambio di battute tra Gesù e Pietro.[68] Infine, la faccenda del «legare e slegare», riportata appunto dal solo *Matteo*, viene poco dopo da lui estesa a tutti gli apostoli, e il potere di intercessione presso Dio addirittura a ogni comunità di «due o tre riuniti nel mio nome»,[69] abolendo di fatto ogni posizione privilegiata sia della Chiesa che di Pietro.

Come se non bastasse, e questa volta non solo in *Matteo*[70] ma anche in *Marco*,[71] immediatamente dopo il brano precedente Pietro si ribella all'idea che Gesù possa essere ucciso, e questi gli si rivolta contro inveendo: «Lungi da me, Satana! Tu mi sei di scandalo, perché non pensi secondo Dio, ma secondo gli uomini!» Un'altra bella investitura questa, non c'è che dire, in cui il primo papa viene paragonato al Diavolo direttamente dal Principale...

Ora, demonio è forse eccessivo, ma che Pietro fosse un tipino non lo si può certo negare. Abbiamo infatti già visto che fu lui a mozzare con la spada l'orecchio al servo del Sommo Sacerdote. Così come fu lui a rinnegare Gesù tre volte prima che il gallo cantasse,[72] com'era stato previsto con suo grande scandalo durante l'Ultima Cena.[73] E fu sempre lui a far cadere stecchiti i due coniugi Anania e Saffira, rei di non aver versato alla comunità l'intero ricavato della vendita di un loro podere, così che « un grande timore si diffuse in tutta la Chiesa e in quanti venivano a sapere queste cose ».[74]

Un edificante episodio, quest'ultimo, a proposito del quale l'edizione ufficiale CEI ha da dire soltanto che « per la prima volta la comunità cristiana è chiamata Chiesa ». E non, invece, che esso rivela come fin dai primordi quella « comunità chiamata Chiesa » avesse incominciato a incamerare con la forza i beni dei Cristiani, inaugurando un *business* le cui modalità erano che « quanti possedevano campi o case li vendevano, portavano l'importo di ciò che era stato venduto, e lo deponevano ai piedi degli apostoli ».[75]

E così, goccia a goccia, o meglio, campo a campo e casa a casa, in duemila anni la Chiesa ha potuto accumulare un patrimonio immenso, che nel passato era amministrato dal cosiddetto Obolo di San Pietro, e oggi lo è invece dal pio Istituto per le Opere di Religione (IOR). Tra il 1971 e il 1989 il suo presidente fu l'abile e ineffabile arcivescovo Paul Marcinkus, noto per aver dichiarato che « non si può governare la Chiesa con le Ave Maria »[76] e per aver ispirato il film di Francis Coppola *Il Padrino III*. Sotto la sua direzione la banca divenne nota per il riciclaggio dei soldi sporchi degli industriali cattolici, orchestrato da devoti consiglieri finanziari quali Roberto Calvi e Michele Sindona, morti assassinati nel 1982 e nel 1986.

Nel 1978 il nuovo papa Giovanni Paolo I decise di fare pulizia tra i « banchieri di Dio », ma morì improvvisamente un mese dopo la sua elezione. Benché Marcinkus fosse addirittura sospettato del suo assassinio, oltre che di affari con la mafia e la massoneria, e in particolare con la loggia neofascista P2 di Licio Gelli a cui appartenevano sia Calvi che Sindona, Giovanni Paolo II lo lasciò comunque al suo posto non solo allora, ma anche nei sette anni successivi alla sua incriminazione nel 1982 per il fallimento da tre miliardi e mezzo di dollari del Banco Ambrosiano presieduto da Calvi, di cui lo IOR era il maggior azionista.

Il Vaticano si stracciò farisaicamente le vesti, ma fu costretto a pagare 241 milioni di dollari in risarcimenti ai creditori. E in seguito il figlio di Calvi rese pubblica una lettera[77] scritta dal corrotto padre al Santo Padre due settimane prima di essere assassinato, nella quale si lamentava:

> Santità, sono stato io ad addossarmi il pesante fardello degli errori nonché delle colpe commesse dagli attuali e precedenti rappresentanti dello IOR, comprese le malefatte di Sindona. [...] Sono stato io che, su preciso incarico dei Suoi autorevoli rappresentanti, ho disposto cospicui finanziamenti in favore di molti paesi e associazioni politico-religiose dell'Est e dell'Ovest. [...] Sono stato io in tutto il Centroamerica che ho coordinato la creazione di numerose entità bancarie, soprattutto allo scopo di contrastare la penetrazione e l'espandersi di ideologie filomarxiste. E sono io, infine, che oggi vengo tradito e abbandonato.

L'allusione alle « associazioni politico-religiose dell'Est e dell'Ovest » è, in particolare, a Solidarność in Polonia e ai Contras in Nicaragua: la « caduta del comunismo » è stata aiutata, infatti, non da ipotetici interventi celesti della madonna di Fatima, ma da reali finanziamenti terrestri di papa Wojtyla e del presidente Reagan, e la banca vaticana fu in particolare accusata di aver maneggiato i fondi segreti scoperti dallo scandalo Iran-Contras.

Un altro scandalo investì lo IOR nel 1997, quando fu reso pubblico un rapporto del dipartimento del Tesoro americano del 1946, poi confermato da un rapporto del dipartimento di Stato del 1998, in cui si svelava che alla fine della seconda guerra mondiale i nazisti croati avevano depositato un tesoro nella banca Vaticana: questa volta la Santa Sede si limitò a smentire, negando però il permesso di visionare i suoi archivi al proposito.

Nel 1999, infine (almeno per ora), lo IOR è stato citato in tribunale a San Francisco, insieme ad altre banche e associazioni religiose cattoliche, da un'organizzazione che rappresenta 300.000 vittime, oltre ai sopravvissuti, dei campi di concentramento iugoslavi allestiti dagli ustascia clerico-fascisti controllati dalle gerarchie cattoliche. Oltre alle accuse di genocidio per vari sacerdoti, ci sono per lo IOR quelle di gestione dei bottini di guerra e del finanziamento di reti quali la famigerata Odessa (*Organization Der Ehemaligen SS-Angehörigen*, « Organizzazione degli ex membri delle SS »), che aiutarono criminali nazisti come Adolf Eichmann, Joseph Mengele ed Erich Priebke a fuggire in Sud America.

Se il buon giorno si vede dal mattino, era dunque ottimo quello che si era visto nel primo scandalo finanziario della Chiesa, completo di duplice assassinio (forse un profetico riferimento alle morti di Calvi e Sindona?), che ci ha condotti alla divagazione sullo IOR. Per tornare all'assassino, e cioè Pietro, gli *Atti*[78] narrano anche con grande enfasi il suo primo miracolo: la guarigione di uno storpio, che viene percepita come talmente sorprendente da far accorrere « il popolo fuor di sé », convertire cinquemila uomini, convocare il Sinedrio in pompa magna e « glorificare Dio per l'accaduto ».

Ma altrettanto sorprendente è questa duplice reazione, del popolo entusiasta e del Sinedrio preoccupato: entrambi appaiono ora tanto impressionati da un unico petardo di seconda categoria lanciato dall'apostolo Pietro, quanto poche settimane prima erano rimasti indifferenti di fronte ai fuochi d'artificio di prima categoria dispiegati dal Gesù Mago, in vita e *post mortem*. Forse allora non avevano visto niente, perché niente era successo. O forse ormai i discepoli avevano superato il maestro, visto che gli *Atti*[79] continuano dicendo:

> Intanto andava aumentando il numero degli uomini e delle donne che credevano nel Signore fino al punto che portavano gli ammalati nelle piazze, ponendoli su lettucci e giacigli, perché, quando Pietro passava, anche solo la sua ombra coprisse qualcuno di loro. Anche la folla delle città vicine a Gerusalemme accorreva, portando malati e persone tormentati da spiriti immondi e tutti venivano guariti.

Fino a questo punto i Cristiani erano però tutti ebrei convertiti. Ma un giorno[80] Pietro salì in terrazza a mezzogiorno per pregare, venne rapito in estasi (o, più probabilmente, ebbe un'insolazione) e una voce gli disse per tre volte di mangiare carne immonda. Egli interpretò l'accaduto come un permesso a far visita a un centurione romano che, da parte sua, aveva ricevuto da un angelo l'ordine di invitarlo. E durante l'incontro tra questi visionari avvenne la «Pentecoste dei Pagani»:[81]

> Lo Spirito Santo scese sopra tutti loro. E i fedeli circoncisi, che erano venuti con Pietro, si meravigliavano che anche sopra i pagani si effondesse il dono dello Spirito Santo; li sentivano infatti parlare lingue e glorificare Dio. Allora Pietro disse: «Forse che si può proibire che siano battezzati con l'acqua questi che hanno ricevuto lo Spirito Santo al pari di noi?»

Senza questo episodio non saremmo forse qui a parlare di Cristianesimo, perché l'epidemia sarebbe stata circoscritta al popolo ebraico. E invece, da allora si ruppero le difese e il mondo intero fu contaminato. Naturalmente, non senza resistenze dei puristi, i quali dapprima si ribellarono all'idea che potessero convertirsi anche i non circoncisi,[82] in accordo con le parole di Gesù stesso: «Non andate fra i pagani» e «Non sono stato inviato che alle pecore perdute della casa d'Israele».[83] E in seguito pretesero che i convertiti venissero comunque circoncisi e rispettassero anche la legge ebraica, oltre a quella cristiana, ancora una volta secondo le precise istruzioni di Gesù: «Non pensate che io sia venuto ad abolire la Legge o i Profeti; non sono venuto per abolire, ma per dare compimento».[84]

Al Concilio di Gerusalemme del 49 o 50 quest'ultima posizione si scontrò con quella contraria, sostenuta da Paolo e dalla comunità di Antiochia. Secondo gli *Atti*[85] Pietro si schierò con loro, sostenendo che non si doveva «imporre sul collo dei discepoli un giogo che né i nostri padri, né noi siamo stati in grado di portare».[86] Fu allora redatto quello che l'edizione ufficiale CEI definisce «il primo documento disciplinare della Chiesa»:[87]

> Abbiamo deciso, lo Spirito Santo e noi [*sic*], di non imporvi nessun altro obbligo al di fuori di queste cose necessarie: astenetevi

dalle carni offerte agli idoli, dal sangue, dagli animali soffocati e dalla impudicizia.

Ma evidentemente in seguito Pietro cambiò idea, se nella *Lettera ai Galati*[88] Paolo racconta gongolante:

Quando Cefa venne ad Antiochia, mi opposi a lui a viso aperto perché evidentemente aveva torto. Infatti, prima che giungessero alcuni da parte di Giacomo, egli prendeva cibo insieme ai pagani; ma dopo la loro venuta, cominciò a evitarli e a tenersi in disparte, per timore dei circoncisi. E anche gli altri Giudei lo imitarono nella simulazione.

Appena maggiorenne, la Chiesa conobbe così il primo dei suoi innumerevoli scismi: da un lato la comunità di Gerusalemme guidata da Pietro, Apostolo degli Ebrei, che riteneva il Cristianesimo un fatto di derivazione e pertinenza giudaiche; e dall'altro lato la comunità di Antiochia guidata da Paolo, Apostolo dei Gentili, che lo considerava invece un evento aperto al mondo intero.

E la vittoria di Paolo su Pietro fu talmente netta che da questo momento il secondo scompare dalla storia degli *Atti degli Apostoli*. In particolare, è solo una leggenda tratta da apocrifi *Atti di Pietro* il fatto che, fuggendo da Roma per evitare l'esecuzione, gli sia apparso Gesù a domandargli *Quo vadis?* (« Dove vai? ») E che, tornato indietro, abbia voluto essere crocifisso a testa in giù, perché non si riteneva degno di subire lo stesso supplizio di Cristo: un soggetto ritenuto comunque interessante dai vari pittori della *Crocifissione di San Pietro*, da Michelangelo nella Cappella Paolina del Vaticano (1550) a Caravaggio in Santa Maria del Popolo (1601).

Ma forse è una leggenda didascalica l'intera storia di Pietro, visto che anche per lui, come già per Gesù, non esistono testimonianze storiche al di fuori di quelle neotestamentarie. In particolare, non ci sono prove di una sua permanenza e morte a Roma, ed è probabilmente soltanto un pio desiderio il ritrovamento della sua tomba qualche metro sotto l'altar maggiore di San Pietro, in seguito agli scavi ordinati da Pio XII nel 1939 e culminati con il suo trionfale Radiomessaggio Natalizio del 23 dicembre 1950:

> È stata davvero ritrovata la tomba di San Pietro? A tale domanda la conclusione finale dei lavori e degli studi risponde con un chiarissimo « sì ». La tomba del Principe degli Apostoli è stata ritrovata.
>
> Una seconda questione, subordinata alla prima, riguarda le reliquie del Santo. Sono state esse rinvenute? Al margine del sepolcro furono trovati resti di ossa umane, dei quali però non è possibile provare con certezza che appartenessero alla spoglia mortale dell'Apostolo.

Pio desiderio perché, anzitutto, in quello che in teoria doveva essere un cimitero cristiano erano state ritrovate anche ossa di capra, pecora, vacca, scrofa, pollo e topo.[89] E poi perché fu provato con certezza che le ossa umane che il papa stesso aveva custodito in un'urna per quattordici anni nella cappella dei suoi appartamenti privati appartenevano non a un solo uomo, ma a una trinità composta da due uomini e una donna anziana.[90]

Grazie al ritrovamento nel 1950 dei due frammenti di graffiti PETI ed ENI, fantasiosamente completati nell'espressione PETROS EN ESTIN, « Pietro sta qui »,[91] ma che potrebbero altrettanto bene significare PETROS ENDEI, « Pietro manca », cioè « *non* sta qui », oggi la tomba di san Pietro è stata localizzata in un luogo *diverso* da quello identificato con un chiarissimo « sì » da Pio XII. E alcune ossa dimenticate per dieci anni in un magazzino, e fortunosamente riaffiorate nel 1953,[92] sono state certificate come quelle di Pietro da Paolo VI nell'Udienza Generale del 26 giugno 1968:

> Tanto più solleciti ed esultanti noi dobbiamo essere, quando abbiamo ragione di ritenere che sono stati rintracciati i pochi ma sacrosanti resti mortali del Principe degli Apostoli, di Simone figlio di Giona, del pescatore chiamato Pietro da Cristo, di colui che fu eletto dal Signore a fondamento della Sua Chiesa, e a cui il Signore affidò le somme chiavi del suo regno.

Contenti loro, contenti tutti. Anche se abbiamo già visto che i nomi di Pietro ricordati dal suo successore sembrano essere stati scelti ad arte dai Vangeli, così come sembrano artefatti gli episodi del suo triplice rinnegamento durante la passione, e della simmetrica triplice profferta d'amore al Gesù risorto, narrata dal solo *Giovanni*[93] nel posticcio capitolo finale del suo Vangelo.

La scena pare aggiunta a bella posta per affermare il primato pastorale di Pietro, al quale Gesù dice per tre volte: « pasci i miei agnelli e le mie pecorelle ». Un primato che, però, si basa soltanto su questo testo e sull'altrettanto traballante fondazione del « tu sei Pietro, e su questa pietra fonderò la mia Chiesa », oltre che sulla leggenda che Pietro sia stato il primo vescovo di Roma.

Leggenda, perché non solo non vi sono testimonianze di nessun genere (neppure bibliche) a suo favore, ma ce ne sono di contrarie. Ad esempio, la *Lettera ai Romani*[94] del 57 o 58 e.V. saluta per nome una trentina di esponenti della comunità cristiana romana, ma non Pietro. La lista dei primi vescovi di Roma compilata da Ireneo verso il 200 elenca i primi dodici, ma parte da Lino e non da Pietro. E una Costituzione Apostolica del 270 precisa che Lino fu nominato direttamente da Paolo, senza menzionare Pietro.

Oggi anche i biblisti ecumenici, cattolici e protestanti, sono dunque costretti ad ammettere:[95]

> Non c'è alcuna testimonianza sicura del fatto che Pietro abbia mai diretto come capo supremo o vescovo la locale chiesa di Roma. Stando al Nuovo Testamento, non sappiamo nulla di una successione di Pietro a Roma.

L'Apostolo dei Gentili

L'*alter ego* ufficiale di Simon Pietro è Saulo Paolo, i cui due nomi non sembrano però avere nessuna particolare valenza metaforica: il primo, ebreo, è semplicemente un omaggio al re Saul, appartenente come la sua famiglia alla tribù di Beniamino; il secondo, romano, è una versione latinizzata del primo.

Paolo fa la sua prima comparsa negli *Atti*,[96] come spettatore del martirio del protomartire Stefano e custode dei mantelli dei suoi esecutori. Di lui si dice infatti che « era fra coloro che approvarono la sua uccisione », e che « infuriava contro la Chiesa ed entrando nelle case prendeva uomini e donne e li faceva mettere in prigione ». E lui stesso conferma, nella *Lettera ai Galati*:[97]

> Voi avete certamente sentito parlare della mia condotta di un tempo nel giudaismo, come io perseguitassi fieramente la Chiesa di Dio e la devastassi, superando nel giudaismo la maggior parte dei miei coetanei e connazionali, accanito com'ero nel sostenere le tradizioni dei padri.

Cosa poi successe è noto, anche perché gli *Atti*[98] lo ripetono per ben tre volte. E cioè, mentre era sulla via di Damasco all'improvviso Paolo vide una luce dal cielo, e cadendo a terra udì una voce che gli diceva: « Saulo, Saulo, perché mi perseguiti? » E lui immediatamente si convertì, si fece battezzare, si ritirò per un po' nel deserto e poi iniziò a predicare un vangelo che non conosceva: il che richiese alcune lezioni direttamente impartite da Gesù stesso, che benché ormai asceso al cielo gli apparve comunque più di una volta su questa terra.[99]

Naturalmente, l'intera storia è sospetta. Non a caso, benché l'odierna edizione ufficiale CEI ne deduca festosa che « l'insegnamento di Paolo non è di origine umana »,[100] il suo contemporaneo Festo gli urlò invece seccato: « Sei pazzo, Paolo; la troppa scienza ti ha dato al cervello! »[101] Il che dimostra che non c'è bisogno di essere moderni per sapere che l'esperienza del soprannaturale è solo uno dei nomi della malattia mentale, così come non è necessario essere antichi per credere che nell'estasi gli squilibrati comunichino con Dio.

L'esempio più tipico è quello in cui l'ipersensibilità e l'autoesaltazione di una giovane le fanno scambiare una fantasia autoerotica, sensuale o sessuale, per l'incontro con un vero essere, angelico o divino. È probabilmente successo nell'annunciazione di Maria, ed è certamente successo nella famosa *Estasi di Santa Teresa*, raffigurata dal Bernini nel 1652 in Santa Maria della Vittoria a Roma, sulla base del vivido racconto della stessa protagonista nella sua *Autobiografia*:[102]

> Gli vedevo nelle mani un lungo dardo d'oro, che sulla punta di ferro mi sembrava avere un po' di fuoco. Pareva che me lo configgesse a più riprese nel cuore, così profondamente che mi giungeva fino alle viscere, e quando lo estraeva sembrava portarselo via, lasciandomi tutta infiammata di grande amore di Dio. Il dolore della ferita era così vivo che mi faceva emettere dei gemiti, ma era così grande la dolcezza che mi infondeva questo enorme dolore, che non c'era da desiderarne la fine, né l'anima poteva appagarsi che di Dio. Non è un dolore fisico, ma spirituale, anche se il corpo non tralascia di parteciparvi un po', anzi molto. È un idillio così soave quello che si svolge tra l'anima e Dio, che io supplico la divina bontà di farlo provare a chi pensasse che io mento.

L'abbiamo provato, Teresa, l'abbiamo provato. Solo che lo chiamiamo con un nome un po' più prosaico di *trasverberazione*, « esperienza indicibile », e lo celebriamo un po' più spesso di una sola volta l'anno, il 26 agosto, « con messa solenne e ufficio speciale ». E se l'avesse provato anche Paolo, sia pure solo nello squilibrio della mistica erotica, per non parlare dell'equilibrio di una sana vita sessuale, forse il Cristianesimo avrebbe percorso una strada meno perversa di quella su cui l'hanno condotto le sue già citate posizioni sulla donna e sul sesso.

E invece Paolo fu un mistico della peggior specie, che nelle sue supposte visioni divine trovò soltanto la giustificazione per passare da una furiosa persecuzione del Cristianesimo a un'altrettanto furiosa predicazione di un suo personale vangelo, oltre alla certificazione che questo fosse l'unico « vero »:[103]

> Se anche noi stessi o un angelo dal cielo vi predicasse un vangelo diverso da quello che vi abbiamo predicato, sia anatema! [...] Il vangelo da me annunziato non è modellato sull'uomo; infatti io non l'ho ricevuto né l'ho imparato da uomini, ma per rivelazione di Gesù Cristo, [...] perché lo annunziassi in mezzo ai pagani, sen-

za consultare nessun uomo, senza andare a Gerusalemme da coloro che erano apostoli prima di me.

Naturalmente questa predicazione da battitore libero a un certo punto richiese una « consultazione » con i testimoni oculari, che a dire di Paolo[104] avvenne soltanto dopo tre anni di insegnamento indipendente, in un incontro di quindici giorni con Pietro e Giacomo, che erano i capi della comunità di Gerusalemme: il primo per motivi ovvi, e il secondo in quanto « fratello di Gesù ».[105] Dopo di che Paolo riandò per la sua strada per altri quattordici anni, fin quando non tornò a Gerusalemme una seconda volta per il Concilio, « in seguito a una rivelazione »: il che, se non fosse chiaro, significa secondo l'edizione ufficiale CEI che « la visita alla Chiesa Madre fu ispirata da Dio ».[106]

Ma noi poveri mortali non sappiamo ciò che veramente successe, nell'un caso come nell'altro, visto che le notizie sulle faccende dei primi anni del Cristianesimo ci vengono quasi unicamente da Paolo stesso: o direttamente, attraverso le sue lettere, o indirettamente, attraverso gli *Atti* del suo discepolo Luca. Si può dunque presumere che, come sempre avviene, la storia sia stata scritta dal vincitore: cioè da lui, appunto, che riuscì a far prevalere la sua idea di una predicazione aperta ai Gentili e non ristretta agli Ebrei. Anche se poi egli concesse l'onore delle armi all'avversario, dicendo: « A me era stato affidato il vangelo per i non circoncisi, come a Pietro quello per i circoncisi ».[107]

In realtà, già *Isaia*,[108] parlando dell'estensione del nuovo regno di Israele, aveva fatto dire a Jahvé:

> Gli stranieri, che hanno aderito al Signore per servirlo e per amare il nome del Signore, e per essere suoi servi, quanti si guardano dal profanare il sabato e restano fermi nella mia alleanza, li condurrò sul monte santo e li colmerò di gioia nella mia casa di preghiere. I loro olocausti e i loro sacrifici saliranno graditi sul mio altare, perché il mio tempio si chiamerà casa di preghiera per tutti i popoli.

C'era dunque un'idea di missione universale già nell'Ebraismo, che permetteva di non considerare il battesimo dei Gentili inaugurato da Pietro come una discontinuità. Lo era invece il proselitismo missionario che divenne caratteristico del Cristianesimo dapprima, e dell'Islam poi, e che si basava sulle parole del Gesù Risorto: « Andate in tutto il mondo e predicate il vangelo a ogni creatura ».[109]

Ma lo era, soprattutto, la vera novità introdotta da Paolo: uno svincolamento dall'Ebraismo, che andava completamente contro il Cristianesimo originario. Quest'ultimo sopravvisse per qualche tempo nella costellazione di comunità giudeo-cristiane che coniugarono la legge mosaica e la dottrina cristiana ispirandosi all'insegnamento di Pietro e Giacomo, contrapposto a quello di Paolo: una contrapposizione sottolineata dalla *Lettera di Giacomo*,[110] in cui si afferma che « l'uomo viene giustificato in base alle opere e non soltanto in base alla fede », mentre la *Lettera ai Galati*[111] diceva l'esatto contrario, che « l'uomo non è giustificato dalle opere della legge ma soltanto per mezzo della fede ».

A proposito di Giacomo, che era uno dei quattro fratelli carnali di Gesù,[112] egli divenne la guida della comunità di Gerusalemme: dapprima in coppia con Pietro, e poi da solo. Ciò nonostante, mentre Pietro e Paolo sono menzionati circa 190 e 170 volte nel Nuovo Testamento, Giacomo lo è soltanto 11, di cui solo 3 negli *Atti*. Il che suggerisce una rimozione della corrente giudeo-cristiana ortodossa che faceva capo a lui, come consanguineo di Gesù: una corrente che, secondo Giustino,[113] riteneva che Gesù fosse soltanto « un uomo generato da un uomo », divenuto in seguito il Messia per « elezione ».

Dopo la conquista romana di Gerusalemme nel 70 e la diaspora ebraica nel 135 questa corrente si spense gradualmente, in parte frantumandosi in varie sette ormai « eretiche ». Ad esempio, gli *ebioniti*, « poverelli », il cui Vangelo non parlava di nascite miracolose o resurrezioni, e si limitava a presentare Gesù come un profeta eccezionale ma non divino. O gli *elcasaiti*, che prendevano il nome dal loro fondatore Elchasai, e credevano che l'umanità e la sofferenza di Gesù fossero state solo apparenti. O i *nazareni*, che praticavano castità e astinenza, tenevano i capelli lunghi e probabilmente diedero il loro soprannome a Gesù e ai suoi discepoli: da un lato, infatti, non ci sono testimonianze storiche dell'esistenza di una città di Nazareth ai suoi tempi; dall'altro, i primi Cristiani vengono appunto chiamati Nazareni negli *Atti*.[114]

Quanto alla predicazione di Paolo, secondo quegli stessi *Atti* essa avvenne in tre ondate. Un primo viaggio,[115] tra il 47 e il 49, lo portò da Cipro all'Asia Minore, con alterne fortune: «I pagani si rallegravano e glorificavano la parola di Dio», ma «i Giudei furono pieni di gelosia e contraddicevano le affermazioni di Paolo, bestemmiando».[116] Una volta, addirittura, questi ultimi «lo presero a sassate e quindi lo trascinarono fuori della città, credendolo morto».[117]

Dopo aver partecipato al Concilio di Gerusalemme nel 49 o 50, per dirimere la questione della predicazione agli Ebrei o ai Gentili, Paolo intraprese un secondo viaggio[118] di un paio d'anni fino in Macedonia, dove l'aveva chiamato in sogno un ignoto macedone e guidato da sveglio il noto Spirito Santo. A Filippi fu bastonato e arrestato, ma durante la notte «d'improvviso venne un terremoto così forte che furono scosse le fondamenta della prigione; subito tutte le porte si aprirono e si sciolsero le catene di tutti»: ciò nonostante Paolo non fuggì, preferendo aspettare di essere regolarmente liberato il giorno dopo in quanto era, stranamente, cittadino romano. Ma il prodigio non andò comunque perduto, perché fruttò al carceriere una conversione e a Paolo una cena «piena di gioia».[119]

Passato ad Atene, egli tenne all'Areopago un famoso discorso,[120] che segnò l'inizio della commistione tra la fede mediorientale e la ragione occidentale o, come preferisce dire l'edizione ufficiale CEI, «tra la dottrina cristiana e la cultura pagana». Paolo partì bene, volando alto: annunciò, cioè, che il Dio Ignoto al quale era dedicata un'ara *in loco*, e che i Greci adoravano senza conoscere, altri non era che «il Dio che ha fatto il mondo e tutto ciò che contiene, che è signore del cielo e della terra», e citò addirittura un verso dell'*Inno a Zeus* di Cleante: «Noi siamo stirpe di Dio». Ma finì malissimo, schiantandosi a terra: infatti, «quando sentirono parlare di risurrezione di morti, alcuni lo deridevano, altri dissero: Ti sentiremo su questo un'altra volta».

Andato a Corinto, ci rimase un anno e mezzo e da lì scrisse le due *Lettere ai Tessalonicesi*, che costituiscono i primi documenti pervenutici del Cristianesimo. Significativamente, esse affrontano il tema della seconda venuta di Gesù, che Paolo credeva imminente:[121]

> Questo vi diciamo sulla parola del Signore: noi che viviamo e saremo ancora in vita per la venuta del Signore, non avremo alcun vantaggio su quelli che sono morti. [...] E prima risorgeranno i morti in Cristo; quindi noi, i vivi, i superstiti, saremo rapiti insieme con loro tra le nubi, per andare incontro al Signore nell'aria, e così saremo sempre con il Signore.

Si potrebbe evitare di infierire, notando che evidentemente almeno uno tra il Signore e Paolo si è sbagliato di grosso, se non fosse che l'edizione ufficiale CEI commenta imperterrita: «La parola del Signore è forse una rivelazione speciale. Paolo fa l'ipotesi di una venuta prossima di Cristo alla quale anch'egli è presente, ma sa benissimo che nessuno sa quando verrà». E invece, la *Seconda lettera* conferma l'infelice profezia, pur specificando:[122]

> Prima dovrà avvenire l'apostasia e dovrà esser rivelato l'uomo iniquo, il figlio della perdizione, colui che si contrappone e s'innalza sopra ogni essere che viene detto Dio o è oggetto di culto, fino a sedere nel tempio di Dio, additando se stesso come Dio.

Vedremo in seguito che questo Anticristo è stato identificato da Lutero nel papa, e dal papa in Lutero. Altri, da Thomas Jefferson a Friedrich Nietzsche, ne hanno invece visto l'incarnazione già in Paolo stesso, considerandolo come un *disangelista*, «annunciatore della Cattiva Novella». Poiché però Cristo non è venuto comunque, qualcosa dev'essere andato storto da qualche parte, anche se non saremo certo noi a preoccuparcene. E non se ne preoccupò neppure Paolo, visto che appena tornato ad Antiochia ripartì per un terzo viaggio, iniziato nel 53 e terminato nel 57.[123]

Questa volta si fermò a Efeso per tre anni, dove compì « prodigi non comuni, al punto che si mettevano sopra i malati fazzoletti o grembiuli che erano stati a contatto con lui e le malattie cessavano e gli spiriti cattivi fuggivano ». E quando « alcuni esorcisti ambulanti giudei si provarono a invocare anch'essi il nome del Signore Gesù sopra quanti avevano spiriti cattivi », successe che uno di questi spiriti cattivi « rispose loro: Conosco Gesù e so chi è Paolo, ma voi chi siete? »[124] Evidentemente, già allora gli affari erano questione di conoscenze...

Da Efeso Paolo scrisse le due famose *Lettere ai Corinzi*, che abbiamo citate più volte. La prima, in particolare, stabilisce l'opposizione del Cristianesimo al pensiero razionale: « Mentre i Greci cercano la sapienza, noi predichiamo Cristo crocifisso, scandalo per i Giudei e stoltezza per i pagani ».[125] Dunque, « se qualcuno di voi si crede sapiente in questo mondo, si faccia stolto per diventare sapiente; perché la sapienza di questo mondo è stoltezza davanti a Dio ».[126]

Quanto alla sapienza di Dio, essa insegna che « capo della donna è l'uomo », perché « l'uomo è immagine e gloria di Dio; la donna invece è gloria dell'uomo. E infatti non l'uomo deriva dalla donna, ma la donna dall'uomo; né l'uomo fu creato per la donna, ma la donna per l'uomo ». In particolare, « l'uomo non deve coprirsi il capo », ma « la donna deve portare sul capo un segno della sua dipendenza ».[127] Di conseguenza, « le donne nelle assemblee tacciano » e « stiano sottomesse »: « Se vogliono imparare qualcosa, interroghino a casa i loro mariti ».[128]

Nella seconda lettera, oltre a batter a lungo cassa perché gli venga fatta « una vera offerta e non una spilorceria »,[129] Paolo rivela in terza persona un'esperienza paranormale avuta nel 43, diversa dalla visione sulla strada di Damasco del 37: « Conosco un uomo in Cristo che quattordici anni fa – se con il corpo o fuori dal corpo non lo so, lo sa Dio – fu rapito fino al terzo cielo. E so che quest'uomo – se con il corpo o senza corpo non lo so, lo sa Dio – fu rapito in paradiso e udì parole indicibili che non è lecito ad alcuno pronunziare ».[130]

Passando da Corinto, questa volta seguendo percorsi rasoterra, scrisse la *Lettera ai Romani*, che l'edizione ufficiale CEI definisce « incontestabilmente il capolavoro del genio di Paolo e un documento d'importanza eccezionale per il Cristianesimo di tutti i tempi ». Non sorprendentemente, visto che vi si leggono affermazioni che alla Chiesa e allo Stato fanno molto comodo, quali: « Ciascuno stia sottomesso alle autorità costituite; perché non c'è autorità se non da Dio e quelle che esistono sono stabilite da Dio. Quindi, chi si oppone all'autorità, si oppone all'ordine stabilito da Dio ».[131]

Tornato finalmente a Gerusalemme nel 57, Paolo magnificò il lavoro che aveva compiuto fra i Gentili, ma si sentì riproporre per l'ennesima volta da Giacomo l'antico e mai risolto problema:[132]

> Tu vedi, o fratello, quante migliaia di Giudei sono venuti alla fede e tutti sono gelosamente attaccati alla legge. Ora hanno sentito dire di te che vai insegnando a tutti i Giudei sparsi tra i pagani che abbandonino Mosè, dicendo di non circoncidere più i loro figli e di non seguire più le nostre consuetudini. Che facciamo?

Come gesto dimostrativo, per far vedere che anche lui osservava i precetti ebraici, Paolo si recò il giorno seguente al tempio, ma la sua visita sortì invece l'effetto opposto di far infuriare i fedeli. Poco dopo, secondo gli *Atti*,[133] « tutta Gerusalemme era in rivolta » e lui fu arrestato dal tribuno della coorte, flagellato e trasferito a Cesarea, dove rimase per due anni in prigione.

Essendo cittadino romano, si appellò a Cesare e fu spedito a Roma, dove arrivò dopo un viaggio di vari mesi pieno di avventure e, naturalmente, di prodigi. Di questi, il più gravido di conseguenze folcloristiche fu certamente il morso di una vipera a Malta, da cui egli risultò immune:[134] su questa leggenda si basa il suo culto come protettore dai serpenti, praticato in Sicilia, Calabria e Puglia.[135] In particolare, nella chiesa di San Paolo a Galatina si svolge ogni anno il 29 giugno, festa di Pietro e Paolo, la cerimonia di esorcismo delle tarantolate: donne morse dalla taranta (*Lycosa tarantula* o Ragno Lupo), un ragno che prende il nome dalla città di Taranto, e che si credeva provocasse un impulso, di natura invece isterica, a una danza epilettica che ispirò la tarantella.[136]

Tornando al tarantolato Paolo, dopo due anni di arresti domiciliari a Roma[137] fu infine assolto,[138] e da questo momento si perdono le sue tracce. È infatti solo una leggenda che egli sia stato arrestato di nuovo sotto Nerone e sia morto nel 67 di spada, com'era privilegio dei cittadini romani. Ma, in un modo o nell'altro, si concluse in quegli anni la vita di colui che Antonio Gramsci chiamò « il Lenin del Cristianesimo », visti i metodi di lotta che lui stesso ammise di usare:[139]

> Pur essendo libero da tutti, mi son fatto servo di tutti per guadagnarne il maggior numero: mi son fatto Giudeo con i Giudei, per guadagnare i Giudei; con coloro che sono sotto la legge sono diventato come uno che è sotto la legge, allo scopo di guadagnare coloro che sono sotto la legge. Con coloro che non hanno legge sono diventato come uno che è senza legge, [...] per guadagnare coloro che sono senza legge. Mi sono fatto debole con i deboli, per guadagnare i deboli; mi sono fatto tutto a tutti, per salvare ad ogni costo qualcuno.

Questi mezzi non gli attirarono ovviamente troppe simpatie, ma contribuirono a fargli vivere una vita spericolata e interessante, di cui egli stesso stilò questo bilancio:[140]

> Cinque volte dai Giudei ho ricevuto i trentanove colpi; tre volte sono stato battuto con le verghe, una volta sono stato lapidato, tre volte ho fatto naufragio, ho trascorso un giorno e una notte in balìa delle onde. Viaggi innumerevoli, pericoli di fiumi, pericoli di briganti, pericoli dai miei connazionali, pericoli dai pagani, pericoli nella città, pericoli nel deserto, pericoli sul mare, pericoli da parte di falsi fratelli; fatica e travaglio, veglie senza numero, fame e sete, frequenti digiuni, freddo e nudità.

Naturalmente, nonostante il suo furioso attivismo, Paolo non catechizzò comunque il mondo da solo. Tra i discepoli storici di Gesù che adottarono il suo programma di predicazione ai Gentili il più noto è l'incredulo Tommaso, chiamato l'Apostolo d'Oriente perché sembra si sia spinto fino in India. Così narrano infatti i romanzeschi *Atti di Tommaso*, che citano una sua visita al re Gondophares: un monarca le cui tracce si erano ormai perse quando l'opera fu scritta, verso il 200, e furono ritrovate solo nel 1854 con la scoperta in Afghanistan di monete del suo regno, iniziato nel 21 e.V. e durato almeno fino al 47.

Il che significa che, benché leggendarie, le gesta di Tommaso sono almeno state inquadrate in un'appropriata cornice di fatti storici. È comunque certo che, quando i Portoghesi sbarcarono nel 1498 sulla costa del Malabar, nell'odierno Kerala, vi trovarono due milioni di Cristiani delle origini, che vantavano un collegamento storico con l'apostolo e facevano tutti capo a un unico vescovo. Ma, naturalmente, non li trovarono per niente consoni alla tradizione cattolica, anche perché coniugavano la fede cristiana con una ritualità ebraica e un sistema di caste indiano: essi cercarono dunque di «riconvertirli» con l'aiuto dell'Inquisizione di Goa, riuscendo a mettere loro in testa una gran confusione. Come risultato, oggi i cosiddetti *Mar Thoma Khristianis*, «Cristiani di San Tommaso», del Kerala sono divisi in sette chiese che professano, a seconda dei casi, riti cattolici, ortodossi, assiri o protestanti.

Da Dio a Cesare

A parte il delirio dell'*Apocalisse* di Giovanni, di pertinenza più della psicanalisi che della teologia, con le vicende di Pietro e Paolo termina la storia evangelica del Cristianesimo: se anche si volesse considerare il Nuovo Testamento opera di Dio, gli eventi che ne seguirono sono certamente opera dell'uomo.

In particolare, lo è quello che costituisce l'elemento più importante per la sopravvivenza di una religione: la sua connivenza col potere politico, che la trasforma da fenomeno spirituale a fattore istituzionale e le permette di integrarsi, spesso forzatamente, nel tessuto sociale di un popolo. Così è stato, nella storia delle grandi religioni, per i culti di:

- Marduk, il dio di Babilonia che Hammurabi elevò, nel XVIII secolo p.e.V., al rango di divinità protettrice dell'intero regno.
- Aton, il Disco Solare che sotto Akhenaton rimpiazzò, nel XIV secolo p.e.V., tutti gli dèi d'Egitto nel primo monoteismo della storia.
- Jahvé, il cui culto Mosè impose agli Ebrei nel XIII secolo p.e.V., e che rimane ancor oggi il Dio di Israele.
- Zarathustra, che divenne il Dio di Persia sotto Ciro il Grande nel 558 p.e.V. e tale rimase fino alla conquista araba nel 651 e.V.
- Buddha, la cui religione fu adottata dall'imperatore Ashoka nel 250 p.e.V., restò dominante in India per più di un millennio, e ispira ancora alcuni degli Stati confessionali dell'Indocina (Thailandia) e dell'Himalaya (Bhutan e, fino al 1959, Tibet).
- Confucio, il cui insegnamento costituì l'ortodossia ufficiale in Cina dal regno dell'imperatore Wu degli Han nel 136 p.e.V. fino alla rivoluzione del 1911.
- Allah, la cui fede Maometto diffuse nel mondo arabo a partire dal 622, e che tuttora domina molti Stati secolari e alcuni integralisti, dal Nord Africa (Algeria e Libia) all'Asia (Iran e Pakistan).

Il Cristianesimo ha ricevuto favori analoghi nel IV secolo, grazie a una progressiva apertura degli imperatori romani. Dopo una mezza dozzina di persecuzioni contro gli eretici del culto pagano, dalla prima di Nerone nel 64-68 all'ultima di Diocleziano nel 303-304, passando per quelle di Traiano, Settimio Severo, Decio e Valeriano, il tetrarca orientale Galerio concesse infatti nel 311 un'indulgenza a coloro che, « assecondando un tale capriccio ed essendo stati presi da tale follia », non obbedivano più alle antiche usanze:

> In nome di tale indulgenza, che essi preghino il loro Dio per la nostra salvezza, per quella della società e per la loro, affinché la società possa mantenersi ovunque integra e loro possano vivere tranquilli nelle loro case.

Il 28 ottobre 312 Costantino sconfisse Massenzio nella battaglia di Ponte Milvio, presso Saxa Rubra. È una leggenda che, prima o durante la battaglia, egli abbia avuto una visione della Croce col simbolo XP, iniziale di *Christos* in greco, e della scritta *En touto nika*, «Con questo vinci», tradotta in latino *In hoc signo vinces*, «Con questo segno vincerai». È invece un fatto che l'anno dopo Costantino e Licinio, rimasti unici diarchi dell'Impero, si incontrarono a Milano e decisero di concedere libertà di culto a qualunque religione, in disposizioni che furono in seguito codificate in un apocrifo documento che divenne noto come *Editto di Milano* o *Editto di Tolleranza*:

> Noi, Costantino Augusto e Licinio Augusto, felicemente riuniti in Milano, e trattando di ciò che riguarda la sicurezza e utilità pubblica, abbiamo creduto che uno dei nostri primi doveri fosse di regolare ciò che interessa il culto della divinità e di accordare ai Cristiani, come a tutti gli altri nostri sudditi, la libertà di seguire la loro religione, onde richiamare il favore del Cielo sopra di noi e sopra tutto l'Impero.

Dopo aver sconfitto e fatto uccidere Licinio, nel 324 Costantino divenne imperatore unico e nel 330 inaugurò Costantinopoli, l'antica Bisanzio e la moderna Istanbul, come nuova capitale dell'Impero: forse per questo motivo la Chiesa Ortodossa lo venera come santo, nonostante egli avesse sulla coscienza, tra le altre cose, l'assassinio del figlio primogenito Crispo, della moglie Fausta e del nipote Liciniano, figlio della sorella Costanza e di Licinio.

La Chiesa Cattolica sulla sua santità non concorda, ma su quella della bigotta madre Elena sì, benché la festeggi il 18 agosto invece del 21 maggio. Secondo la leggenda, la signora si sarebbe convertita al Cristianesimo e, recatasi ottantenne in Terra Santa, avrebbe ritrovato i tre chiodi e i resti della croce di Cristo sul Golgota: naturalmente, grazie a un miracolo, e cioè alla resurrezione di un cadavere che era stato posto nel luogo. Oggi la santa donna è la protettrice degli archeologi e viene ricordata, su uno dei quattro piloni che sorreggono la cupola della basilica di San Pietro in Vaticano, da una colossale statua di Andrea Bolgi del 1639 che la raffigura con in mano la croce (intera, per buona misura).

Nonostante la fede della madre, Costantino non si convertì per tutta la vita: sembra che sia stato battezzato, se mai lo fu, soltanto in punto di morte. Ma dopo il suo editto prese parte attiva alle faccende della Chiesa come *vescovo*, « supervisore » (in greco *episcopos*, da *epi*, « sopra », e *skopeo*, « guardo »). Anzitutto, indicendo nel 325 il Primo Concilio Ecumenico a Nicea, sulle cui decisioni teologiche torneremo, e costruendo basiliche ovunque: la Natività a Betlemme, il Santo Sepolcro a Gerusalemme, Santa Sofia a Costantinopoli, San Pietro a Roma...

Ma, soprattutto, conferendo alla Chiesa il diritto di ereditare i beni dei fedeli, donandole varie proprietà e attribuendo al suo clero privilegi e poteri. Il tutto, naturalmente, non per fede ma per convenienza politica: esattamente come i politici di oggi e di sempre, che pur di accaparrarsi i voti dei credenti sono disposti a baciare le pile di qualunque chiesa (cappella, parrocchia, cattedrale o basilica) e a genuflettersi di fronte alle talari di qualunque colore (nero, rosso, porpora o bianco).

Ciò che invece Costantino *non* fece fu la famosa *Donazione* a papa Silvestro I del 324, come supposta ricompensa per il battesimo dell'imperatore e una sua miracolosa guarigione dalla lebbra:

> Noi decretiamo che si debba venerare e onorare la nostra santissima Chiesa Romana e che il Sacro Vescovado del santo Pietro debba essere gloriosamente esaltato sopra il nostro Impero e trono terreno. Il vescovo di Roma deve regnare sopra le quattro principali sedi di Antiochia, Alessandria, Costantinopoli e Gerusalemme, e sopra tutte le chiese di Dio nel mondo. [...] Infine, noi diamo a Silvestro, Papa universale, il nostro palazzo e tutte le province, palazzi e distretti della città di Roma e dell'Italia e delle regioni occidentali.

Questo documento è in realtà un falso risalente all'VIII secolo, e pare che sia stato utilizzato la prima volta da papa Stefano III nel 753 per richiedere l'aiuto di Pipino il Breve contro i Longobardi. Ma in seguito fu usato per rivendicare diritti di ogni genere in Occidente: ad esempio, lo invocò nel 1493 Alessandro VI nella bolla *Inter Caetera* («Tra le altre cose»), per accampare il possesso papale dei territori del Nuovo Mondo in quanto «regioni occidentali».

Benché già l'imperatore Ottone III ne avesse denunciato verso il 1000 la falsità, ovviamente per avere a sua volta le mani libere nel fare e disfare i papi, l'imbroglio fu scientificamente smascherato soltanto nel 1440 da Lorenzo Valla, mediante un'analisi linguistica e storiografica che dimostrava, tra l'altro, come il latino utilizzato nel documento non potesse essere quello del III secolo. Ma il suo libro *La Donazione di Costantino contraffatta e falsamente ritenuta vera* fu pubblicato soltanto nel 1517, e soltanto nei paesi protestanti, mentre in quelli cattolici la Chiesa continuò a lungo a sostenere l'autenticità del documento.

In ogni caso, con o senza *Donazione*, dopo l'Editto di Costantino e Licinio del 313 i Cristiani incominciarono ad alzare la cresta e a fare agli altri ciò che gli altri avevano fatto a loro, e anche peggio. L'imperatore cristiano Teodosio I fornì loro un supporto giuridico con una serie di disposizioni che poi confluirono nel cosiddetto Codice Teodosiano: nel 381 il Cristianesimo fu dichiarato religione di Stato, nel 389 le feste pagane che non erano state trasformate in feste cristiane vennero abolite, nel 391 i riti pagani furono proibiti e i templi vennero chiusi, nel 393 persino le Olimpiadi furono cancellate. L'ispiratore di queste misure fu Ambrogio, vescovo di Milano, che pronunciò poi l'orazione funebre al funerale di Teodosio nel 395.

Come gli Ebrei di oggi, i Cristiani di allora passarono presto dalla parte dei perseguitati a quella dei persecutori, e iniziarono a radere al suolo i templi per costruirci al loro posto le chiese. Nel 385 il vescovo spagnolo Priscilliano e sei suoi seguaci divennero i primi cristiani condannati a morte e giustiziati per eresia. Nel 392 una *gang* di fondamentalisti cristiani distrusse la famosa Biblioteca di Alessandria, con la connivenza di Teodosio. Nel 415 il vescovo Cirillo, patriarca della stessa città, commissionò l'omicidio della protomartire laica Ipazia, la prima matematica della storia, inventrice dell'astrolabio e del planisfero: il suo corpo fu scarnificato con conchiglie affilate, smembrato e bruciato, in un episodio che, come disse nel 1788 Edward Gibbon in *Declino e caduta dell'Impero Romano*, «impresse una macchia indelebile» sul Cristianesimo.

Nel frattempo il papato incominciò ad accumulare possedimenti: già nel VII secolo esso era diventato il massimo proprietario terriero italiano e controllava l'intera area attorno a Roma. Il nucleo del futuro Stato Pontificio si formò con la donazione di Sutri nel 728 da parte del re Liutprando, e della costa adriatica nel 756 da parte di Pipino il Breve. Nel 781 Carlo Magno formalizzò i confini dell'ossimorico Stato della Chiesa, che arrivò a comprendere quasi tutta l'Italia centrale e parte di quella settentrionale: in cambio Leone III lo incoronò nell'800 imperatore dell'altrettanto ossimorico Sacro Romano Impero, inaugurando una pratica che durò fino al 1452, quando Niccolò V incoronò Federico III.

Il voltafaccia rispetto ai supposti valori evangelici di carità e povertà innescato dall'Editto di Costantino, e proseguito con la sempre maggiore identificazione fra gli interessi spirituali e temporali della Chiesa, fu talmente profondo da essere poi variamente chiamato *svolta costantiniana*, *cesaropapismo*, *grande apostasia* e, più apertamente da Dante, *puttaneggiar coi regi*:[141]

Fatto v'avete Dio d'oro e d'argento:
e che altro è da voi a l'idolatre,
se non ch'elli uno, e voi ne orate cento?

Ahi, Costantin, di quanto mal fu matre,
non la tua conversion, ma quella dote
che da te prese il primo ricco patre!

L'equilibrio tra il papa e l'imperatore risultò però instabile, perché la divisione tra potere spirituale e temporale non era ovviamente altro che una finzione. I nodi vennero al pettine nel 1075 con la *lotta per le investiture*: Enrico IV rivendicò per sé il diritto di nominare i vescovi, visto che questi dovevano amministrare un feudo imperiale, e Gregorio VII glielo negò, visto che essi dovevano amministrare una diocesi papale. Il risultato fu un'*impasse*: i vescovi fedeli all'imperatore deposero il papa e questi scomunicò l'imperatore, che fu poi costretto nel 1077 a recarsi a Canossa e inginocchiarsi di fronte a lui. Tornato a casa, Enrico IV elesse comunque un antipapa e fu di nuovo scomunicato.

La contesa si protrasse per mezzo secolo e si concluse con un accordo tra Enrico V e Callisto II, che separava i poteri di Stato e Chiesa: all'imperatore spettava l'investitura feudale, e al papa quella episcopale. La spartizione dei ruoli fu sancita dal Concordato di Worms del 1122, ratificato l'anno dopo dal Primo Concilio Lateranense, che divenne il primo dei tanti concordati che la Chiesa in seguito stipulò coi potenti della terra: ad esempio, nel 1801 con Napoleone in Francia, nel 1855 con Francesco Giuseppe in Austria, nel 1929 con Benito Mussolini in Italia, nel 1933 con Adolf Hitler in Germania, nel 1940 con Antonio Salazar in Portogallo, e nel 1953 con Francisco Franco in Spagna.

Da tutta questa bella gente la Chiesa ha ottenuto diritti e favori, in cambio di un sostegno più o meno tacito o espresso ai loro regimi. Tanto per fare l'esempio che ci tocca più da vicino, i Patti Lateranensi dell'11 febbraio 1929 fruttarono alla Chiesa un Trattato, una Convenzione finanziaria e un Concordato. Il Trattato riconobbe la sovranità della Santa Sede e l'indipendenza dello Stato della Città del Vaticano, e la Convenzione finanziaria elargì una ricompensa per i « danni ingenti » subìti dopo la conquista di Roma nel 1870 da parte dello Stato italiano.

Prima del 1929, infatti, i rapporti con la Santa Sede erano regolati dalla cosiddetta Legge delle Guarentigie del 1871, che non le concedeva alcun diritto territoriale: soltanto la disponibilità dei palazzi del Vaticano e del Laterano, e della residenza estiva di Castel Gandolfo. La legge istituì comunque unilateralmente una serie di privilegi per il papa e il clero, tra i quali una donazione annuale di 3.225.000 lire dell'epoca (pari a una decina di milioni di euro di oggi).[142]

La Santa Sede non rinunciò formalmente alla somma, ma

non la incassò mai per non accettare informalmente lo *status quo* stabilito dalla legge. Nel 1929 il debito dello Stato italiano ammontava dunque, con gli interessi, a 3.160.501.113 lire (oggi circa dieci miliardi di euro). La Convenzione finanziaria, « apprezzando i paterni sentimenti del Sommo Pontefice », acconsentì a pagarne più o meno la metà: « 750 milioni in contanti e un miliardo in consolidato 5 per cento al portatore ».

Il Concordato vero e proprio, infine, stabilì che le candidature vescovili dovevano essere sottoposte all'approvazione del governo italiano, e che i vescovi nominati dovevano giurare fedeltà al regime: l'unica eccezione era il Cardinale Vicario di Roma, come rappresentante del papa. Quanto ai preti, essi non potevano far politica, ma venivano esentati dal servizio militare e ricevevano una prebenda statale chiamata « congrua ».

Da parte sua, lo Stato acconsentì a rendere le leggi matrimoniali conformi ai pregiudizi della Chiesa Cattolica: in particolare, a proibire il divorzio, con disposizioni che rimasero anacronisticamente in vigore fino al 1970. Quanto al Cattolicesimo, esso diventava religione di Stato e doveva essere insegnato in tutte le scuole: un insegnamento che rimane in vigore anche oggi, benché il Cattolicesimo abbia cessato di essere religione di Stato nel 1984.

Il soddisfatto Pio XI iniziò fin da subito a pagare il suo debito nei confronti del fascismo e già il 14 febbraio 1929, in un discorso all'Università del Sacro Cuore, rilasciò a Mussolini la famosa patente di « uomo della Provvidenza »:

> Forse ci voleva anche un uomo come quello che la Provvidenza ci ha fatto incontrare; un uomo che non avesse le preoccupazioni della scuola liberale, per gli uomini della quale tutte quelle leggi, diciamo, e tutti quei regolamenti erano altrettanti feticci e, proprio come i feticci, tanto più intangibili e venerandi quanto più brutti e deformi.

Quanto a Mussolini, nel suo discorso alla Camera del 5 maggio 1929 spiegò candidamente i motivi per cui un politico si allea col papa, ieri come oggi:

Le idee religiose hanno ancora molto impero, più di quanto non si creda da taluni filosofi. Esse possono rendere grande servizio all'umanità. Essendo d'accordo col papa si domina ancora la coscienza di 100 milioni [oggi un miliardo] di uomini.

Nel 1947 i Patti Lateranensi, lungi dall'essere abrogati dopo la caduta del fascismo, furono annessi alla Costituzione repubblicana tramite il famigerato articolo 7, grazie al tradimento di Palmiro Togliatti. I comunisti votarono infatti a favore, insieme a democristiani e qualunquisti, mentre socialisti, repubblicani e azionisti votarono contro, e i liberali si divisero fra i due schieramenti: fu il primo caso, anche se purtroppo non l'ultimo, degli sciagurati compromessi antistorici che una sinistra «sinistra» ha più volte regalato ai clericali, per il loro interesse e la sua vergogna. Come degno ringraziamento a Togliatti, un decreto del Sant'Uffizio del 1° luglio 1949 vietava ai cattolici, pena la scomunica, di aderire a (o anche solo collaborare con) partiti o movimenti di ispirazione comunista.

L'assurda situazione venutasi a creare con l'inserimento di un patto catto-fascista, stipulato «in nome della Santissima Trinità» e aperto da un richiamo allo Statuto Albertino del 1848, in una Costituzione repubblicana che all'articolo 9 proclama l'uguaglianza di tutte le confessioni di fronte alla legge, è stata oggetto di esame nel 1971 da parte della Corte costituzionale. Essa ha stabilito che i Patti Lateranensi sono fonti atipiche dell'Ordinamento italiano, nel senso che hanno meno forza delle disposizioni costituzionali, ma più forza delle leggi ordinarie: sono infatti modificabili col mutuo consenso di Stato e Chiesa, ma non sono sottoponibili al sindacato di costituzionalità e non sono abrogabili per volontà popolare, né in maniera referendaria, né attraverso una proposta di legge.

Dopo sette tentativi falliti, tra il 1967 e il 1983, il Concordato del 1929 è stato finalmente riveduto nel 1984 dal governo Craxi. È ovviamente caduto l'obbligo per i vescovi di giurare fedeltà allo Stato, e anche quello di far politica per i preti. Il matrimonio civile è stato svincolato da quello religioso, benché quest'ultimo continui a mantenere validità civile anche senza una doppia cerimonia. Il Cattolicesimo ha cessato di essere religione di Stato, ma ciò nonostante l'articolo 9 stabilisce:

> La Repubblica italiana, riconoscendo il valore della cultura religiosa e tenendo conto che i princìpi del Cattolicesimo fanno parte del patrimonio storico del popolo italiano, continuerà ad assicurare, nel quadro delle finalità della scuola, l'insegnamento della religione cattolica nelle scuole pubbliche non universitarie di ogni ordine e grado.

Agli insegnanti di religione delle proprie scuole lo Stato richiede un certificato di idoneità da parte dell'ordinario diocesano, ma non una laurea: basta anche un diploma di magistero in scienze religiose rilasciato da un istituto approvato dalla Santa Sede.[143] Ciò nonostante, il governo Berlusconi ha creato nel 2003 un organico di 15.507 posti che li immette in massa in ruolo, e permette loro un successivo passaggio ad altre cattedre:[144] 9222 sono stati assunti nel 2005 e 3077 nel 2006, mentre gli altri precari (regolarmente laureati) della scuola attendono da anni l'assunzione a tempo indeterminato.

Per quanto riguarda il clero, la revisione del Concordato sostituisce la congrua di sostentamento col finanziamento «volontario» dell'8 per mille sul gettito totale dell'IRPEF. L'ammontare della cifra intascata annualmente dal Vaticano è di circa *un miliardo di euro* (2000 miliardi di vecchie lire): una somma che non è affatto destinata a opere di carità, come la pubblicità clericale cerca di far credere ogni primavera, nel periodo della dichiarazione dei redditi. Piuttosto, come ammettono le cifre ufficiali della CEI relative al triennio 2002-2004, in media i fondi vengono destinati a interventi caritativi soltanto per il 20 per cento, mentre al sostentamento del clero va il 34 per cento e alle «esigenze di culto» il 46 per cento.

Tra l'altro, il meccanismo del finanziamento è furbescamente truffaldino. Solo un terzo degli italiani sceglie infatti a chi devolvere l'8 per mille del proprio reddito: se allo Stato, alla Chiesa Cattolica o ad altre confessioni religiose (non sono contemplate organizzazioni umanitarie o scientifiche). Ma l'articolo 37 della legge di attuazione[145] recita: «In caso di scelte non espresse da parte dei contribuenti, la destinazione si stabilisce in proporzione alle scelte espresse». E poiché, nella minoranza che sceglie, la maggioranza opta a favore della Chiesa Cattolica, questa ottiene la maggioranza (circa l'85 per cento) dell'intero gettito.

Al miliardo di euro dell'8 per mille dei contribuenti, va aggiunta ogni anno una cifra dello stesso ordine di grandezza sborsata dal solo Stato (senza contare regioni, province e comuni) nei modi più disparati: nel 2004,[146] ad esempio, sono stati elargiti 478 milioni di euro per gli stipendi degli insegnanti di religione, 258 milioni per i finanziamenti alle scuole cattoliche, 44 milioni per le cinque università cattoliche, 25 milioni per la fornitura dei servizi idrici alla Città del Vaticano [*sic*], 20 milioni per l'Università Campus Biomedico dell'Opus Dei, 19 milioni per l'assunzione in ruolo degli insegnanti di religione, 18 milioni per i buoni scuola degli studenti delle scuole cattoliche, 9 milioni per il fondo di sicurezza sociale dei dipendenti vaticani e dei loro familiari, 9 milioni per la ristrutturazione di edifici religiosi, 8 milioni per gli stipendi dei cappellani militari, 7 milioni per il fondo di previdenza del clero, 5 milioni per l'Ospedale di Padre Pio a San Giovanni Rotondo, 2 milioni e mezzo per il finanziamento degli oratori, 2 milioni per la costruzione di edifici di culto, e così via.

Aggiungendo a tutto ciò una buona fetta del miliardo e mezzo di finanziamenti pubblici alla sanità, molta della quale è gestita da istituzioni cattoliche, si arriva facilmente a una cifra complessiva annua di almeno *tre miliardi di euro*, cioè 6000 miliardi di vecchie lire. Ma non è finita, perché a queste riuscite uscite vanno naturalmente aggiunte le mancate entrate per lo Stato dovute a esenzioni fiscali di ogni genere alla Chiesa, valutate attorno ad altri *sei miliardi di euro*, cioè 12.000 miliardi di vecchie lire.[147]

Gli enti ecclesiastici sono infatti circa 59.000 e posseggono circa 90.000 immobili, adibiti agli scopi più vari: parrocchie, oratori, conventi, seminari, case generalizie, missioni, scuole, collegi, istituti, case di cura, ospedali, ospizi, e così sia. Il loro valore ammonta ad almeno 30 miliardi di euro, ma essi sono esenti dalle imposte sui fabbricati, sui terreni, sul reddito delle persone giuridiche, sulle compravendite e sul valore aggiunto (IVA).

Per capire l'entità di questa enorme cifra complessiva di *nove miliardi di euro*, cioè 18.000 miliardi di vecchie lire, basta notare che si tratta del 45 per cento della manovra economica per la Finanziaria del 2006, che è stata di 20 miliardi: ovvero, senza la Chiesa, o almeno senza i suoi privilegi economici, lo Stato potrebbe praticamente dimezzare le tasse a tutti i suoi cittadini!

Come se non bastasse, alle esenzioni fiscali statali si aggiungono anche quelle comunali: ad esempio dall'ICI («Imposta Comunale sugli Immobili»), in quanto gli enti ecclesiastici si autocertificano come «non commerciali». Una sentenza della Corte di Cassazione, depositata l'8 marzo 2004, ha però stabilito che un centro di assistenza per bambini e anziani gestito dalle suore del Sacro Cuore dell'Aquila non poteva essere esentato dall'imposta, avendo fatto pagare rette regolari ai suoi ospiti: le suore dovevano dunque al Comune 70.000 euro di imposte arretrate. Poiché il precedente esponeva la Chiesa a simili rischi dovunque, i governi Berlusconi e Prodi sono corsi ai ripari: il primo allegando un temporaneo provvedimento alla Finanziaria per il 2006, e il secondo approvando un definitivo provvedimento[148] che garantisce furbescamente l'esenzione dall'ICI agli enti «non *esclusivamente* commerciali». Ovvero, a tutte le imprese commerciali che siano dotate di una cappella, nella quale pregare Dio per l'animaccia balorda dei Cattolici e dei loro fiancheggiatori laici che siedono in parlamento, a destra o a «sinistra».

In tal modo i comuni italiani perdono un gettito valutato intorno ai *2 miliardi e 250 milioni di euro annui*. La Santa Sede possiede infatti un enorme patrimonio immobiliare anche fuori della Città del Vaticano, in parte specificato dal Trattato del 1929: dal palazzo del Sant'Uffizio a piazza San Pietro a quello di Propaganda Fide a piazza di Spagna, dall'Università Gregoriana al Collegio Lombardo, dalla basilica di San Francesco ad Assisi a quella di Sant'Antonio a Padova, da Villa Barberini a

Castel Gandolfo, all'area di Santa Maria di Galeria che ospita la Radio Vaticana, e che da sola è più estesa del territorio dell'intero Stato (44 ettari).

Ma questi non sono che i gioielli della corona di una multinazionale che, secondo una stima recente,[149] nel 2003 disponeva nella sola Italia di 504 seminari e 8779 scuole, suddivise in 6228 materne, 1280 elementari, 1136 secondarie e 135 universitarie o parauniversitarie. Oltre a 6105 centri di assistenza, suddivisi in 1853 case di cura, 1669 centri di « difesa della vita e della famiglia », 729 orfanotrofi, 534 consultori familiari, 399 nidi d'infanzia, 136 ambulatori e dispensari e 111 ospedali, più 674 di altro genere.

È naturalmente ironico, oltre che illustrativo della citata « svolta costantiniana », che a possedere un tale tesoro, che si può globalmente valutare ad *alcune centinaia di miliardi di euro*, e a non pagarci neppure sopra le tasse, siano proprio coloro che dicono di ispirarsi agli insegnamenti di qualcuno che predicava: « Beati i poveri » e « Date a Cesare quel che è di Cesare », facendo letterali miracoli pur di permettere ai suoi apostoli di pagare anche una sola moneta di tributo.[150]

IL CATTOLICESIMO

Benché essa abbia ormai esaurito i testi canonici della Bibbia, la nostra *via crucis* deve ancora fermarsi alle stazioni dei pronunciamenti dottrinali enunciati dai concili ecumenici e dai sommi pontefici: in particolare, delle formulazioni codificate e riassunte nel *Catechismo.*

La Trinità

Poiché il Cristianesimo è anche, se non principalmente, una *fede*, a definirlo sono le sue credenze fondamentali, che naturalmente variano a seconda delle sue sette. Nel corso dei secoli queste credenze sono state sistematizzate e codificate in varie *professioni di fede*, chiamate più semplicemente « credi », il primo e più semplice dei quali è probabilmente quello di Paolo nella *Lettera ai Romani*:[1]

> Se confesserai con la tua bocca che Gesù è il Signore, e crederai con il tuo cuore che Dio lo ha risuscitato dai morti, sarai salvo.

Come si vede, Paolo distingue tra « Dio » e « Signore », cioè tra Creatore e Salvatore: come ripeterà nella *Prima lettera a Timoteo*,[2] « uno solo, infatti, è Dio e uno solo il mediatore fra Dio e gli uomini, l'uomo Cristo Gesù ». Inoltre, il Credo paolino riduce l'essenza del Cristianesimo alla fede nella resurrezione dell'uomo Gesù, che non afferma affatto essere Dio: anzi, nella *Lettera ai Colossesi*[3] dice che il primo è assiso alla destra del secondo, cosa che nemmeno un contorsionista potrebbe fare con se stesso.

Anche i Vangeli sinottici non affermano la divinità di Gesù.

Anzi, la fanno negare a lui stesso, quando reagisce a chi l'aveva chiamato buono esclamando: « Perché mi chiami buono? Nessuno è buono, se non Dio solo ».[4] O quando, durante la passione, dapprima si rivolge al Padre dicendogli: « Sia fatta non la mia, ma la tua volontà »,[5] e poi gli chiede perché l'ha abbandonato.[6]

Persino *Giovanni*, che pure inizia con un prologo in cui Gesù viene identificato con l'incarnazione del *Logos* greco, cioè con la « Parola » o col « Verbo », e che dice che « in principio era il Verbo, e il Verbo era presso Dio, e il Verbo era Dio »,[7] quando passa dalla poesia metaforica alla prosa realistica fa dichiarare a Gesù nell'Ultima Cena che « il Padre è più grande di me »,[8] e prima dell'ascensione che « io salgo al Padre mio e Padre vostro, Dio mio e Dio vostro ».[9]

Ma con la progressiva elaborazione della mitologia relativa alla vita terrena di Gesù e alle sue caratteristiche divine, il Credo passò a delimitare il confine fra l'ortodossia e le cosiddette *eresie* (da *hairesis*, « scelta »): cioè fra le cervellotiche opinioni imposte dalla gerarchia, religiosa e politica, e quelle scelte indipendentemente (che erano anche, sistematicamente, le meno insensate sulla piazza).

Una delle prime formulazioni del Credo fu il cosiddetto *Simbolo degli Apostoli*, metaforicamente attribuito ai dodici, un versetto ciascuno:

> Credo in Dio, Padre onnipotente, Creatore del cielo e della terra.
>
> E in Gesù Cristo, suo unico Figlio, nostro Signore, il quale fu concepito di Spirito Santo, nacque da Maria Vergine, patì sotto Ponzio Pilato, fu crocifisso, morì e fu sepolto; discese agli inferi; il terzo giorno risuscitò da morte; salì al cielo, siede alla destra di Dio, Padre onnipotente: di là verrà a giudicare i vivi e i morti.
>
> Credo nello Spirito Santo, la santa Chiesa cattolica, la comunione dei santi, la remissione dei peccati, la risurrezione della carne, la vita eterna.

Nonostante la sua fittizia attribuzione, il Simbolo degli Apostoli è stato in realtà composto tra il II e il IV secolo, per contrastare una delle prime eresie: quella di origine gnostica e manichea secondo la quale, essendo la materia impura, Gesù non aveva avuto un corpo fisico ed era stato un puro spirito. Un'eresia che durò un migliaio di anni, fino ai Catari (da *katharoi*, «puri») o Albigesi (dalla città francese di Albi), e che fu estirpata solo con l'istituzione della prima Inquisizione nel 1184, la crociata degli Albigesi tra il 1209 e il 1229, e il massacro di Montségur nel 1244.

Il Simbolo degli Apostoli è ancor oggi usato dalle Chiese occidentali, in particolare da quella Cattolica, per la cerimonia del battesimo e per le messe dei bambini. Poiché non prende posizione sull'eresia di Ario, secondo la quale i figli vengono dopo i padri, e dunque Gesù non era né eterno né pari al Padre, questo Credo era accettabile per alcuni Ariani e continua a esserlo per alcuni Unitari, che riconoscono l'autorità morale di Gesù ma ne rifiutano la divinità.

La citata eresia di Ario, che fiorì nel III e IV secolo tra ecclesiastici e laici, non negava la divinità del Figlio, ma lo riteneva *creato* dal Padre. Quest'ultimo, in particolare, veniva ritenuto l'unico vero Dio, in accordo con la *Prima lettera ai Corinzi*:[10]

> In realtà, anche se ci sono cosiddetti dèi sia nel cielo sia sulla terra, e difatti ci sono molti dèi e molti signori, per noi c'è un solo Dio, il Padre, dal quale tutto proviene e noi siamo per lui; e un solo Signore Gesù Cristo, in virtù del quale esistono tutte le cose e noi esistiamo per lui.

L'arianesimo fu affrontato ufficialmente dal Primo Concilio Ecumenico della Chiesa, convocato nel 325 dall'imperatore Costantino a Nicea, l'odierna Iznik turca, nel quale vennero prese anche epocali ed elevate decisioni quali... la proibizione dell'autocastrazione: questa era infatti praticata da pervertiti come Origene, che prendevano letteralmente il detto di Gesù che «ci sono eunuchi nati così dal ventre della madre, ce ne sono alcuni che sono stati resi eunuchi dagli uomini, e ce ne sono altri che si sono fatti eunuchi per il regno dei cieli».[11]

Ma, naturalmente, il Primo Concilio passò alla storia perché, dopo aver sentito l'autodifesa dello stesso Ario, esso dichiarò la sua dottrina eretica, lo scomunicò, condannò i suoi libri al rogo e formulò la dottrina ufficiale della Chiesa nel cosiddetto *Credo di Nicea*:

> Crediamo in un solo Dio, Padre onnipotente, Creatore di tutte le cose visibili e invisibili.
>
> E in un solo Signore, Gesù Cristo, Figlio di Dio, [solo generato dal Padre, cioè della sostanza del Padre]: Dio da Dio, Luce da Luce, Dio vero da Dio vero, generato, non creato, della stessa sostanza del Padre; per mezzo di Lui tutte le cose sono state create [nel cielo e nella terra]. Per noi uomini e per la nostra salvezza discese dal cielo, si è incarnato, si è fatto uomo, morì, il terzo giorno è risuscitato, è salito al cielo e di nuovo verrà per giudicare i vivi e i morti.
>
> Crediamo nello Spirito Santo.

In particolare, il Credo di Nicea decreta che il Figlio è *generato, non creato* dal Padre: cioè che sta al Padre non come una creatura al suo creatore, ad esempio un vaso al vasaio, ma come un generato al suo generatore, ad esempio un frutto all'albero. E aggiunge che i due sono *della stessa sostanza*, un'espressione che traduce il termine greco di origine gnostica *homoousion*, « consustanziale » (da *homo*, « stessa », e *ousia*, « sostanza »), che era invece stato condannato dal Sinodo di Antiochia del 264-268: a dimostrazione del fatto che l'ispirazione dello Spirito Santo non è un'assicurazione contro la confusione delle idee che alberga in certe teste.

Poiché la formulazione eretica di Ario era *homoiousion* (da *homoi*, « simile », e *ousia*, « sostanza »), che aveva soltanto uno iota in più di quella adottata ufficialmente, la disputa generò o creò l'espressione « differire per uno iota ». Ma gli equilibrismi verbali adottati dal Concilio non furono sufficienti a contrastare né l'arianesimo né l'unitarismo. Anzitutto, infatti, essere « generati, non creati » non impedisce di seguire temporalmente il generatore: anzi, così accade per tutti gli usi sensati del verbo « generare », in particolare per i figli nei confronti dei genitori (visto che di questo si sta appunto parlando). E poi, essere «della stessa sostanza» non impedisce di essere la stessa persona: eventualmente suddivisa(si) in più parti, come appunto proponeva Paolo di Samosata, vescovo di Antiochia, che a causa di ciò fu deposto nel 269.

Per questo motivo il Credo di Nicea terminava con una scomunica, oggi caduta, che diceva: «E coloro che dicono che c'è stato un tempo in cui il Figlio non era, o che non era prima di essere generato, o che è stato fatto dal nulla, o che è un'altra ipostasi o sostanza, o che è creato, mutabile o alterabile, sono condannati dalla Chiesa santa, cattolica e apostolica».

Per rimediare a questi e altri problemi, in particolare l'eresia binitaria che negava la divinità dello Spirito Santo, un Secondo Concilio Ecumenico fu convocato dall'imperatore Teodosio I nel 381 a Costantinopoli. Esso ritoccò sostanzialmente il Credo di Nicea, eliminandovi alcune espressioni (indicate sopra in parentesi quadre) e la scomunica finale, aggiungendovi un sostanzioso numero di affermazioni (indicate sotto in corsivo) e passando dal plurale al singolare:

> Credo in un solo Dio, Padre onnipotente, Creatore *del cielo e della terra,* di tutte le cose visibili e invisibili.
>
> Credo in un solo Signore, Gesù Cristo, *Unigenito* Figlio di Dio, *nato dal Padre prima di tutti i secoli*: Dio da Dio, Luce da Luce, Dio vero da Dio vero, generato, non creato, della stessa sostanza del Padre; per mezzo di Lui tutte le cose sono state create. Per noi uomini e per la nostra salvezza discese dal cielo, *e per opera dello Spirito Santo* si è incarnato *nel seno della Vergine Maria* e si è fatto uomo. *Fu crocifisso per noi sotto Ponzio Pilato,* morì *e fu sepolto.* Il terzo giorno è risuscitato, *secondo le Scritture,* è salito al cielo, *siede alla destra del Padre.* E di nuovo verrà, *nella gloria,* per giudicare i vivi e i morti, *e il suo regno non avrà fine.*
>
> Credo nello Spirito Santo, *che è Signore e dà la vita, e procede dal Padre. Con il Padre e il Figlio è adorato e glorificato, e ha parlato per mezzo dei profeti.*
>
> *Credo la Chiesa, una santa cattolica e apostolica.*
>
> *Professo un solo Battesimo per il perdono dei peccati. Aspetto la risurrezione dei morti e la vita del mondo che verrà.*

Come si vede, la nuova formulazione combina ed estende sia il Credo di Nicea che il Simbolo degli Apostoli, stabilendo una nutrita e contraddittoria mitologia sia per il Figlio che per lo Spirito Santo: in particolare, asserendo che il Figlio è stato generato dal Padre prima di tutti i secoli, ma si è anche incarnato nella Vergine Maria in un preciso periodo storico; che lo Spirito Santo procede dal Padre senza esserne generato, e dunque è un suo discendente diretto ma non un secondo Figlio; e che nonostante i relativi rapporti di dipendenza generazionale e processionale, i tre sono comunque uno solo.

Con il dogma trinitario delle tre persone in un'unica sostanza, formulato per la prima volta nel III secolo da Tertulliano[12] (al quale, non a caso, è attribuito il motto *credo quia absurdum*, « credo perché è assurdo »), la teologia cristiana abbandona così definitivamente il terreno della logica e del buon senso, incamminandosi su un percorso che la porterà nel corso dei secoli a impelagarsi in un crescendo pirotecnico di associazioni libere sempre più surreali e imbarazzanti, per non diventare altro, come dirà Jorge Luis Borges, che « un ramo della letteratura fantastica ».

Naturalmente, il modo più sensato di considerare la Trinità sarebbe stato quello di vedere le sue tre persone come tre diverse modalità di un unico Dio: una concezione chiamata *modalismo* o *sabellianesimo*, dal nome del suo proponente Sabellio, naturalmente dichiarata eretica da papa Callisto I nel 220. Altrettanto sensato sarebbe stato considerare la Trinità un insieme di tre elementi, uno dal punto di vista dell'insieme e trino dal punto di vista degli elementi: questa tesi fu sostenuta da Gilbert de la Porrée e anch'essa, naturalmente, fu condannata sia dal Concilio di Parigi del 1147 che da quello di Reims dell'anno seguente.

Evidentemente, per la Chiesa l'ossimorico monoteismo trinitario doveva rimanere una vuota formula linguistica, nella migliore tradizione metafisica, così da permettere al *Catechismo*[13] di pontificare soddisfatto che la Trinità è « il mistero centrale della fede e della vita cristiana », oltre che « un mistero inaccessibile alla sola ragione umana ». Il che significa però soltanto che esso è un'irrazionalità letteralmente incredibile, perché per definizione *non si può credere ciò che non si capisce*: per gli uomini di buona razionalità, dunque, il delirio finisce qui.

Per i poveri di spirito, invece, ovviamente no. Il Credo di Nicea-Costantinopoli è stato infatti confermato in più occasioni: dal Concilio di Efeso del 431, che ha stabilito che esso è completo e non ulteriormente modificabile, e che coloro che lo rifiutano sono scomunicati, all'Alleanza di Losanna del 1977, un manifesto adottato da 2300 Chiese Evangeliche di tutto il mondo, che lo contiene come parte integrante. Il che non ha naturalmente impedito alla Chiesa d'Occidente (Cattolici Romani e Protestanti) di modificarlo, con la clausola del *Filioque*, e ad altre Chiese di rifiutarlo: ad esempio, agli Unitari, che credono al solo Padre come a un Dio uno ma non trino; o ai Testimoni di Geova, che credono a un Dio bino ma non uno, e negano la divinità dello Spirito Santo; o ai Mormoni, che credono a un Dio trino ma non uno, mantenendo distinte le tre persone; e così via, in ogni possibile combinazione.

Naturalmente, i poveri di spirito sono solo le teste calde che credevano allora, e credono oggi, di credere alla Trinità. Non certo coloro che, a sangue freddo, hanno inventato l'intera faccenda per annettere alla nascente fede cristiana popolari credenze pagane da un lato, e altrettanto popolari concetti filosofici dall'altro, che vanno dalla teologia egizia di Alessandria alla metafisica greca di Platone. Non a caso, il Credo di Nicea e Costantinopoli viene considerato dai puristi l'atto di nascita della Grande Apostasia: cioè l'abbandono della fede evangelica di Cristo e degli apostoli e il passaggio alla teologia dottrinale della Chiesa e dei teologi, dominata da concetti di filosofia greca (ipostasi, sostanza, essenza e compagnia bella) che Gesù e i primi Cristiani avrebbero trovato completamente incomprensibili.

La Madonna

Il Credo di Costantinopoli, oltre a sistemare una volta per tutte la faccenda della Trinità, aveva anche aggiunto al Credo di Nicea la clausola dell'incarnazione di Gesù « per opera dello Spirito Santo, nel seno della Vergine Maria »: questo era tutto ciò che si poteva fare sulla base delle « testimonianze » evangeliche, cioè dei tardi e posticci miti presenti soltanto in *Matteo* e *Luca*. I quali, anche se non fossero inventati, riposerebbero comunque soltanto sull'unica testimonianza della madre: cioè, letteralmente, di una signorina rimasta incinta di qualcuno che non era il suo fidanzato.

Tra le tante spiegazioni razionali possibili, la più sensata è che l'attribuzione della paternità a « un angelo » non fosse altro che un'ingenua giustificazione di una scappatella: una spiegazione condivisa da Giuseppe stesso nell'apocrifo *Vangelo dello Pseudo-Matteo*,[14] oltre che da Celso nel *Discorso vero* e dall'intera tradizione rabbinica. Sia quest'ultima, in particolare le *Toledot Jeshu* (« Genealogie di Gesù »), sia Celso precisano che a inguaiare la giovane era stato un soldato romano di nome Panthera (un adattamento anagrammatico di *parthenos*, « vergine »):[15]

> Non è forse vero, mio buon signore, che avete voi stesso fabbricato la storia della vostra nascita da una vergine, per mettere a tacere le maldicenze intorno alle vere e sgradevoli circostanze delle vostre origini? Non sarà che, lungi dall'essere nato a Betlemme, regale città di Davide, avete visto la luce in un povero paese di campagna, da una donna che si guadagnava da vivere tessendo e filando? Non sarà che quando la sua disonestà fu scoperta, vale a dire quando si seppe che era incinta di un soldato romano di nome Panthera, suo marito – il falegname – la ripudiò e lei fu accusata di adulterio? E infatti, non è vero che nella sua disgrazia, vagando lontano da casa, partorì un figlio maschio nel silenzio e nell'umiliazione?

Se fosse vero, la Chiesa non sarebbe altro che la surreale agenzia di copertura di un colossale equivoco. Non stupisce, dunque, che essa sia costretta a credere invece alla spiegazione più irrazionale, per quanto implausibile: il fatto singolare, cioè, che Maria abbia concepito il figlio senza intervento umano. Singolare, ma non singolo, essendo una procreazione divinamente assistita già stata anticipata nel concepimento di Isacco, anche se in quel caso nessun concilio si è premurato di specificare nei dettagli le particolari circostanze dell'insolito evento.

Certo nel caso di Gesù non si è trattato di nascita verginale nel senso letterale della partenogenesi (da *parthenos*, « vergine », e *genesis*, « nascita »), perché essa non richiede alcuna fecondazione. E neppure può essersi trattato della fecondazione eterologa da parte dello Spirito Santo di un ovulo di Maria, perché altrimenti Gesù sarebbe soltanto un *semi*dio: come Ercole, figlio di Zeus e Alcmena, che spesso è comunque stato considerato una sua prefigurazione. Il concepimento di Gesù dev'essere allora avvenuto per impianto di un ovulo già fecondato: dunque, non solo Giuseppe è un padre putativo, ma Maria è una madre surrogata che si è limitata a dare l'utero in affitto. Da dove poi provenga il materiale genetico di Gesù non si sa, ma certo non è stato prodotto in maniera naturale: più che un Organismo Geneticamente Modificato, egli è allora un esempio di Vita Artificiale.

Questi sono i dilemmi in cui ci si invischia quando si concepisce un vero Dio che si fa vero uomo e viene partorito da una vera donna, essendo per giunta già « nato dal Padre prima di tutti i secoli »: dilemmi che, però, non si ponevano ai primordi del Cristianesimo. Ad esempio, nella *Lettera ai Galati*[16] Paolo si limita a dire che « Dio mandò il suo Figlio, nato da donna », senza accennare a nessuna nascita prodigiosa: probabilmente perché, come abbiamo visto, egli considerava Gesù non Dio ma un mediatore umano, e dunque non doveva spiegare in nessun modo particolare la sua nascita. Analogamente, nella *Lettera ai Romani*[17] egli dice che Gesù era « nato dalla stirpe di Davide secondo la carne e fu costituito Figlio di Dio con potenza secondo lo Spirito di santificazione mediante la risurrezione dai morti »: tradotto, Gesù era solo un uomo che Dio aveva fatto risorgere.

Sia come sia, a un certo punto il problema si pose e bisognò decidere se Maria era solo *Christotokos*, « Cristipara » o « Madre di Cristo », oppure anche *Theotokos*, « Deipara » o « Madre di Dio » (da *theos*, « dio », e *tokos*, « partorire »): cioè, se aveva partorito soltanto il Gesù Uomo o anche il Gesù Dio. Nestorio, patriarca di Costantinopoli, favoriva la prima opzione, implicando che i due aspetti potevano essere separati. Ma il Concilio di Efeso del 431 lo dichiarò eretico, lo scomunicò e stabilì che la dottrina corretta era l'altra: cioè la divinità e l'umanità di Gesù erano inscindibili e dunque la donna aveva partorito anche il Dio, attraverso l'uomo.

Naturalmente, questo era un altro « mistero della fede », visto che non si poteva capire cosa significasse. La Chiesa se la cavò escogitando un *mantra* da far cantare ai fedeli, per addormentare la mente di chi l'aveva ancora sveglia: « O Deipara, il tuo ventre ha contenuto colui che l'intero universo non poteva contenere ». Dante metterà il tutto in versi nell'ultimo canto del *Paradiso*:[18]

Vergine Madre, figlia del tuo figlio,
umile e alta più che creatura,
termine fisso d'etterno consiglio,

tu se' colei che l'umana natura
nobilitasti sì, che 'l suo fattore
non disdegnò di farsi sua fattura.

La Chiesa Assira, invece, fu meno ispirata e decise che ne aveva abbastanza: non riconobbe né il Concilio di Efeso né i seguenti e se ne andò per la sua strada, stabilendo una tradizione nestoriana che esiste ancor oggi in Iraq, Iran e India. Ciò nonostante, vent'anni dopo Efeso il problema delle nature di Gesù era di nuovo sul tappeto: questa volta tramite la teoria *monofisita* (da *monos*, « una », e *physis*, « natura ») proposta da Eutiche, archimandrita a Costantinopoli, secondo la quale Gesù aveva un'unica natura, allo stesso tempo umana e divina, e dunque un corpo non puramente umano.

Il Sinodo di Costantinopoli del 448 dichiarò il monofisismo eretico, e scomunicò Eutiche. Il Sinodo di Efeso del 449 ribaltò il verdetto, e depose invece gli oppositori di Eutiche. Il Concilio di Calcedonia del 451, il quarto ecumenico, ribaltò il ribaltamento e proclamò che in Gesù, « vero Dio e vero uomo », le due nature umana e divina erano unite ma distinte: una soluzione contraddittoria, analoga a quella già adottata per la Trinità. Questa volta fu la Chiesa Ortodossa Orientale ad averne abbastanza e ad andarsene per la sua strada, stabilendo la tradizione monofisita dei Cristiani di Armenia, Georgia, Siria, Etiopia e dei Copti d'Egitto, sopravvissuta fino a oggi.

In un tentativo di contenere lo scisma coi monofisiti, il patriarca Sergio I di Costantinopoli propose la teoria *monotelita* (da *monos*, «una», e *thelos*, «volontà»), secondo cui Gesù aveva sì due nature, ma una sola volontà: anche perché, come diremmo oggi, solo gli schizofrenici possono avere due volontà distinte. Il papa Onorio si espresse a favore del monotelismo nel 634, ma nel Terzo Concilio di Costantinopoli del 680-681 egli fu scomunicato *post mortem* e dichiarato eretico. Per inciso, proprio questa condanna conciliare a un pronunciamento papale, poi confermata dai pontefici successivi, fu (invano) portata come prova della non infallibilità nel dibattito al Concilio Vaticano I che ne precedette la proclamazione come dogma.

Per tornare al Concilio di Costantinopoli, però, anche questa volta ci fu chi ne ebbe abbastanza: i Maroniti del Libano, che prendono il nome dal loro fondatore Marone, e che qualche anno fa sono stati alla ribalta della cronaca come una delle tre fazioni della guerra civile nel paese.

In tal modo, dopo sette secoli di dispute e le successive scomuniche di arianesimo, nestorianesimo, monofisismo e monotelismo, risultava dunque completamente definita la Cristologia Cattolica, i cui tratti essenziali sono così riassunti dal *Catechismo*:[19] «Gesù è inscindibilmente vero Dio e vero uomo», «perfetto nella sua divinità e perfetto nella sua umanità», «generato dal Padre secondo la divinità e nato da Maria Vergine secondo l'umanità», «con due nature, la divina e l'umana, non confuse ma unite», «con una volontà divina e una volontà umana» e «con un vero corpo umano».

Rimaneva invece ancora da completare la Mariologia, finora limitata al concepimento verginale di Maria da parte dello Spirito Santo e alla sua qualifica di Deipara, secondo la formula «Vergine e Madre di Dio». Ma poiché i Vangeli canonici sono estremamente parchi di notizie su Maria, si può prevedere un uso della fantasia ancora più sfrenato che nel caso di Gesù.

Anzitutto, in mancanza di informazioni ufficiali la Chiesa non ha disdegnato di attingere a quelle ufficiose degli apocrifi: in particolare, al *Vangelo dello Pseudo-Matteo*, che enuncia esplicitamente il mito della verginità perpetua dicendo che Maria « vergine ha concepito, vergine ha partorito, vergine è rimasta », e che alla levatrice incredula che volle « toccare con mano » il prodigio si seccò l'arto.[20] È questo mito che costringe coloro che ci credono a rimuovere l'espressione « fratelli e sorelle di Gesù », usata tranquillamente dai Vangeli canonici,[21] interpretandola con imbarazzo come « fratellastri e sorellastre » (da parte di padre) o « cugini ».

Naturalmente non tutti, agli inizi, accettarono la verginità perpetua di Maria. Per Marcione, ella l'aveva perduta al momento del concepimento di Gesù, avvenuto in maniera umanamente sessuale. Per Gioviniano, la perdita era avvenuta al momento del parto, svoltosi secondo le normali e prosaiche modalità. Per Tertulliano, dopo la parentesi divina del primogenito la Madonna aveva avuto nel modo canonico altri figli e figlie: quelli, appunto, che i Vangeli chiamano i suoi fratelli e le sue sorelle.

Quest'ultima opinione, fra l'altro, è basata su un passo di *Matteo*,[22] che dice che Giuseppe « non la conobbe fino a che [*heos*] ella partorì il primogenito [*prototokon*] »: il che naturalmente è molto diverso dal dire « ella partorì un figlio senza che egli la conoscesse », come invece tradisce in mala fede l'edizione ufficiale CEI (fingendo di dimenticare che la Vulgata traduceva fedelmente in latino, con *donec* e *primogenitum*).

Per evitare fraintendimenti anche della propria versione censurata, i vescovi si affrettano comunque a commentare: « Matteo non si occupa della condizione successiva di Maria, della sua perpetua verginità, che è dogma di fede cattolica ». E invece, benché la versione non censurata non implichi necessariamente rapporti sessuali o figli successivi, non solo non li esclude, ma li suggerisce entrambi: non a caso, il Credo di Costantinopoli parla di « Unigenito Figlio di Dio », non certo di « primogenito ». Un'espressione, quest'ultima, che è invece usata anche da *Luca*,[23] in un versetto che i soliti vescovi commentano dicendo: « Primogenito non vuol dire che Maria abbia avuto altri figli ». Il che è vero, ma vuol dire ancor meno che *non* li abbia avuti.

In ogni caso, il Sinodo Lateranense del 649 stabilì che Maria rimase vergine « prima, durante e dopo il parto ». I sessuofobici Padri della Chiesa specificarono che essa concepì Gesù senza piacere e lo partorì senza dolore, lasciandolo passare attraverso l'imene come una luce attraverso un vetro, e aprendo e richiudendo l'utero come una conchiglia che fa fuoriuscire la perla. Anche se, per dare a Cesare quel che è di Cesare, un'accurata fecondazione assistita sarebbe stata sufficiente per preservare la verginità al concepimento, un taglio cesareo (appunto) per mantenerla durante il parto, e un'astinenza dai rapporti « secondo natura » per confermarla in seguito.

Le spiegazioni teologiche della verginità perpetua di Maria fanno invece ridere gli agnelli, perché si basano unicamente su profezie tirate per i capelli. Precisamente, la verginità durante il parto su « la vergine concepirà e partorirà un figlio » di *Isaia*:[24] tra l'altro, un brano in cui l'originale ebraico parla soltanto di *almah*, « ragazza », e non di *betulah*, « vergine ». E la verginità dopo il parto su « questa porta rimarrà chiusa, non sarà aperta e nessuno vi passerà, perché c'è passato Jahvé » di *Ezechiele*:[25] un brano, questo, in cui si sta parlando di una porta del santuario, e non certo della vagina di Maria!

Imperterrito, il Concilio di Trento ribadì la dottrina nel 1555, con la Costituzione Ecclesiastica *Cum Quorundam* (« Dal momento che »). E il *Catechismo*[26] conferma: « Maria è rimasta Vergine nel concepimento del Figlio suo, Vergine nel parto, Vergine incinta, Vergine madre, Vergine perpetua ». Entrambi, naturalmente, incuranti dell'osservazione di Lutero che « le Scritture non cavillano né parlano della verginità di Maria dopo la nascita di Cristo: una faccenda di cui gli ipocriti si preoccupano molto, come se fosse qualcosa della massima importanza, dalla quale dipendesse l'intera salvezza ».[27]

Dopo il 649 la mitografia di Maria, ormai chiamata Madonna (dal latino *Mea Domina*, « Mia Signora », analogo all'inglese *Milady*, « My Lady »), venne criocongelata per più di un millennio, per riprendere inaspettatamente negli ultimi due secoli con la proclamazione di due nuovi dogmi mariani: l'Immacolata Concezione da parte di Pio IX nel 1854 e l'Assunzione in Cielo da parte di Pio XII nel 1950. Secondo le formule delle loro proclamazioni ufficiali, il primo significa che « Maria è stata preservata intatta da ogni macchia di peccato originale », e il secondo che essa « fu assunta alla gloria celeste in anima e corpo ».

Come si può immaginare dal fatto che questi dogmi sono stati formulati quasi due millenni dopo la supposta esistenza dell'interessata, essi non sono altro che puri castelli in aria. Il primo, ad esempio, rovescia la contraria tradizione scolastica, da Bernardo a Tommaso, e si limita ad arrampicarsi sugli specchi della formula usata dall'angelo all'annunciazione: « Ti saluto, o piena di grazia ».[28] E, addirittura, sul versetto del *Genesi*[29] in cui Jahvé dice al serpente, dopo la caduta: « Io porrò inimicizia fra te e la donna, tra la sua stirpe e la tua stirpe: questa ti schiaccerà la testa e tu le insidierai il calcagno ».

In realtà l'Immacolata Concezione nacque come una semplice credenza popolare, appoggiata dagli ingenui Francescani e avversata dai colti Domenicani, a partire da Tommaso d'Aquino. Nel 1483 il papa francescano (e nepotista) Sisto IV stabilì l'8 dicembre come sua festa, e l'8 dicembre 1854 Pio IX proclamò il suo dogma nella Costituzione Apostolica *Ineffabilis Deus* (« Dio Ineffabile ») sulla base di un *referendum* tra i vescovi tenuto nel 1849, nel quale 570 prelati su 665 risposero positivamente al dilemma « se vi siano nella Sacra Scrittura testimonianze che provino solidamente l'immacolato concepimento di Maria ». Ovvero, come direbbe Nietzsche, « in teologia non ci sono fatti, solo opinioni », e la verità è determinata da un accordo non con le cose, ma tra le persone.

Evidentemente però anche il Cielo si adegua alle decisioni del Vaticano, visto che nel 1858, quattro soli anni dopo la proclamazione del dogma, la Madonna apparve diciotto volte a Lourdes a una quattordicenne analfabeta di nome Bernadette Soubirous. Il 25 marzo, giorno dell'annunciazione, dopo aver rifiutato per tre volte di rispondere alla richiesta di dire il suo nome, forse perché sapeva che la piccola era stata imbeccata dal parroco, alla quarta l'apparizione rivelò in dialetto: *Que soy era Immaculada Conceptiou*, « Mi sun l'Imaculada Cuncesiun ».

Gli ingenui come noi si limiterebbero a commentare: « Ma varda la combinasiun! » Un papa come Pio XII scrisse invece nel 1957 un'intera enciclica intitolata *Le Pèlerinage de Lourdes* (« Il Pellegrinaggio di Lourdes »),[30] nella quale si legge:

> Certamente la parola infallibile del romano pontefice, interprete autentico della verità rivelata, non aveva bisogno di alcuna conferma celeste [*sic*] per avvalorare la fede dei credenti. Ma con quale commozione e gratitudine il popolo cristiano e i suoi pastori appresero dalle labbra di Bernardette la risposta venuta dal cielo: « Io sono l'Immacolata Concezione »!

Oggi, nella basilica doverosamente elevata per commemorare l'evento, e visitata ogni anno da cinque milioni di persone, campeggiano una lapide con la certificazione da parte del vescovo che « la Madonna è veramente apparsa a Bernadette », e due medaglioni coi ritratti di Pio IX, per ovvi motivi, e di Pio X, che nel 1907 stabilì la festa dell'Apparizione di Nostra Signora di Lourdes. Pio XI, per non esser da meno, canonizzò Bernadette l'8 dicembre 1933, giorno dell'Immacolata Concezione.

Naturalmente, quelle di Lourdes non sono state né le prime, né le ultime apparizioni della Madonna. In fondo, già la basilica di Santa Maria Maggiore a Roma era stata costruita a seguito di una supposta apparizione di Maria al papa e a un patrizio romano la notte tra il 4 e il 5 agosto 352, e la sua pianta sarebbe stata disegnata da una miracolosa e circoscritta nevicata avvenuta quella stessa notte.

Fra le numerosissime apparizioni della cronaca, che sono state valutate a circa 21.000 nel secondo millennio, le più interessanti sono quelle che lasciano trasparire una natura goliardica o pervertita, a seconda dei punti di vista, in coloro che le testimoniarono. Ad esempio, Bernardo di Chiaravalle avrebbe addirittura bevuto il latte dal seno della Vergine e abbracciato sensualmente Gesù in croce, in episodi che divennero i soggetti di varie *Lactatio Bernardi* e *Amplexus Bernardi*, per l'edificazione dei fedeli e il divertimento degli psicanalisti.

Come già per la glossolalia, comunque, anche il fenomeno delle apparizioni è ben noto e compreso: si chiama *pareidolia*, « falsa apparenza » (da *para*, « oltre », ed *eidolon*, « immagine ») e si tratta di una percezione di forme reali che vengono falsamente interpretate come immagini fantastiche, in genere di natura antropomorfa, in maniera conscia o inconscia. Un esempio di interpretazione conscia è quello proposto da Leonardo come allenamento creativo: cercare di vedere, cioè, figure nelle macchie di umidità o nelle nuvole. Un altro sono i test psicologici di Rorschach, in cui un soggetto deve dire che cosa gli fanno venire in mente semplici macchie d'inchiostro.

Un uso inconscio è invece la normale abitudine a completare cognitivamente stimoli percettivamente sottodeterminati: ad esempio, vedendo nelle ombre del disco lunare i tratti di una faccia, come nel film *Viaggio nella Luna* di Georges Méliès, del 1902. Se unito alla *apofenia* (da *apo*, « via » o « da », e *phaino*, « mostro »), che è una tendenza psicotica a vedere connessioni immotivate ed eccezionali fra eventi sconnessi e banali, essa provoca invece l'anormale fenomeno delle apparizioni: soprattutto in soggetti di intelligenza e cultura sotto la media, come quelli che di solito le raccontano.

Ma non solo, visto che anche papi recenti le hanno sperimentate. Primo fra tutti Pio XII, secondo la testimonianza di prima mano del cardinale Federico Tedeschini,[31] che illustra perfettamente entrambi i fenomeni della pareidolia e dell'apofenia:

> Era il 30 ottobre 1950 – mi narrò –, l'antivigilia del giorno che l'intero mondo cattolico attendeva con impazienza, quello della solenne definizione dell'Assunzione in Cielo della Santissima Vergine Maria. Verso le quattro del pomeriggio, stavo facendo la mia abituale passeggiata nei giardini del Vaticano, leggendo e studiando, come mio solito, alcune carte d'ufficio. [...] Ad un certo pun-

> to, come alzai gli occhi dai fogli che avevo in mano, fui colpito da un fenomeno che appariva come un globo opaco, giallo pallido, completamente attorniato da un cerchio luminoso, che tuttavia non impediva affatto di fissare l'astro con attenzione, senza provocare il minimo fastidio. Una nuvoletta, leggerissima, vi si trovava davanti come un diaframma. Il globo opaco si muoveva verso l'esterno, leggermente, ruotando e contemporaneamente spostandosi da destra verso sinistra e viceversa. Ma, all'interno del globo, v'erano, chiarissimi ed ininterrotti, dei moti molto forti. Lo stesso fenomeno si ripeté il giorno dopo, 31 ottobre, e il primo novembre, giorno della definizione; poi l'8 novembre, ottavo di questa solennità. Poi, più nulla.

Il fenomeno del « sole rotante » appartiene alla mitologia di Fatima, dove sarebbe avvenuto pubblicamente il 13 ottobre 1917: esso viene ingenuamente interpretato come un'apparizione della Madonna, benché sia probabilmente soltanto una manifestazione dei fulmini globulari studiati nel 1955 dal Premio Nobel per la fisica Piotr Kapitza. Il riferimento all'Assunzione riguarda invece il dogma che lo stesso Pio XII proclamò nell'anno mariano 1950, con la Costituzione Apostolica *Munificientissimus Deus* (« Il Munificientissimo Dio »).

Questa Costituzione proclama anche la morte e la resurrezione di Maria, avvenute prima dell'Assunzione, ma (bontà sua) non infallibilmente: in certe cose, infatti, bisogna andare coi piedi di piombo, per evitare di sbagliare... Per ora il papa e con esso i fedeli hanno già la certezza che la Madonna è stata assunta in cielo « terminato il corso della vita terrena », ma devono ancora pazientemente aspettare futuri pronunciamenti per avere ulteriori dettagli sulle fasi finali di questo corso.

Come questa certezza sia stata raggiunta nel caso dell'Assunzione ormai lo possiamo intuire, anche perché stavolta di riferimenti evangelici proprio non se ne potevano trovare: ovviamente ci fu un sondaggio dei vescovi, commissionato nel 1946 con l'enciclica *Deiparae Virginis Mariae* (« Della Deipara Vergine Maria »), nella quale il papa dichiarava di « desiderare ardentemente di sapere se voi, venerabili fratelli, nella vostra dottrina e prudenza, riteniate che si possa proporre e definire come dogma di fede l'assunzione corporea della beatissima Vergine, e se ciò sia desiderato anche dal vostro clero e dal vostro popolo». Ovvero, *vox populi, vox Dei.*

Anche se, naturalmente, popoli differenti parlano con voci differenti. Così, mentre i Cattolici festeggiano l'Assunta il 15 agosto, lo stesso giorno gli Ortodossi festeggiano invece la *Dormizione della Theotokos*: cioè la morte di Maria, rappresentata in innumerevoli omonime icone. Ovviamente, anche questa costellata di eventi miracolosi: primo fra tutti il teletrasporto al suo capezzale degli apostoli, che erano ormai sparsi per il mondo a disseminare il Verbo. Solo Tommaso arrivò in ritardo di tre giorni e quando si recò con gli altri al sepolcro lo trovò vuoto, secondo le abitudini di famiglia.

I Protestanti rifiutano invece non soltanto gli scandalosi dogmi mariani, ma anche e soprattutto l'adorazione di Maria che questi solennemente sanciscono, e che essi chiamano *marianismo* o *mariolatria*. Nonostante gli scandalizzati dinieghi ufficiali, che dal Secondo Concilio di Nicea del 787 si illudono di esorcizzare il fenomeno semplicemente chiamandolo *iperdulia*, «supervenerazione» (da *hyper*, «sopra», e *doylia*, «culto»), la Madonna ha infatti ormai preso nel Cattolicesimo il ruolo di un'ufficiosa «quarta persona» divina, per colmare l'evidente bisogno di femminile dolcezza, o di dolce femminilità, entrambe assenti nella maschile mitologia della Trinità e nella truculenta iconografia di Gesù. Oltre che, naturalmente, per fornire un'occasione di sublimazione amorosa alla sessualità repressa di un clero forzatamente celibe.

Le preghiere rivolte alla Madonna, ancora sconosciute ad Agostino ma già popolari nel VI secolo, vanno dalle *Ave Maria* singole a quelle iterate del *Rosario*, dal *Salve Regina* al *Magnificat*, e le sue festività costellano l'intero anno liturgico. E gli ultimi papi hanno fatto a gara per presentarsi come suoi paladini: Paolo VI, ad esempio, ha sistematizzato nel 1974 la sua venerazione nell'Esortazione Apostolica *Marialis Cultus* («Il Culto Mariano»). Quanto a Giovanni Paolo II, ha addirittura scelto di unire Maria a Gesù nel suo stemma pontificio, in cui la « M » della prima campeggia sotto la croce del secondo, e di dedicarsi a lei col motto *Totus Tuus*, « Tutto Tuo ».

Benché egli non abbia accolto le petizioni, firmate tra gli altri da Madre Teresa di Calcutta, di proclamare come quinto dogma mariano la Corredenzione, cioè il ruolo cooperativo di Maria nella redenzione dal peccato originale effettuata da Gesù, la sua devozione per la Madonna sconfinò spesso nel ridicolo. Ad esempio, quand'egli pretese di vedere una « connessione significativa » tra l'attentato in piazza San Pietro del 13 maggio 1981 e la prima apparizione a Fatima del 13 maggio 1917, dichiarando che « fu una mano materna a guidare la traiettoria della pallottola e il Papa agonizzante si fermò sulla soglia della morte »,[32] e facendo incastonare la pallottola nella corona della statua della Madonna a Fatima.

D'altronde, la sua creduloneria a proposito di Fatima era persino superiore a quella della stessa veggente Lucia, che almeno a volte dimostrò qualche barlume di lucidità mentale o di rimorso etico. Ad esempio, in una lettera del 5 giugno 1936 indirizzata a padre José Bernardo Gonçalves, suo consigliere spirituale:

> Vengo a dirle, reverendissimo padre, che ora più che mai mi viene il timore di essermi lasciata illudere dalla mia immaginazione e che può darsi che io parli con me stessa, quando interiormente penso di parlare con Dio. O che io sia vittima di un'illusione diabolica, e che così io stia ingannando lei, reverendo padre, e la santa Chiesa.

Anche se un'altra sua lettera, questa volta a Pio XII del 2 dicembre 1940, lascia sospettare che essa fosse piuttosto vittima di circonvenzione di incapace:

> Santissimo Padre, non ho mai pensato di scrivere alla Santità Vostra, conoscendo la mia incapacità e insufficienza. Ma siccome *le persone che mi parlano a nome del nostro buon Dio* (una delle quali è Sua Eccellenza Reverendissima il vescovo di Gurza, che la Santità Vostra conosce personalmente) *mi dicono che questa è la divina volontà*,[33] vengo a rinnovare una richiesta che varie volte è già stata

portata ai piedi della Santità Vostra e, prima, a sua Santità Pio XI: la Consacrazione della Russia.

Da chiunque venisse questa balzana richiesta, rimane il fatto che essa fu ripetutamente soddisfatta: da Pio XII nel 1942 e 1952, da Paolo VI nel 1964, e da Giovanni Paolo II nel 1981, 1983 e 1984. Il primo aveva pure lui notato coincidenze significative tra i fatti suoi a Roma e quelli della Madonna a Fatima: oltre alla già citata visione del sole rotante in occasione della proclamazione del dogma dell'Assunzione, anche la puntualità con cui lei era apparsa, la prima volta, nello stesso giorno in cui lui veniva consacrato vescovo da Benedetto XV nella Cappella Sistina. Quanto al secondo, si era recato in pellegrinaggio a Fatima il 13 maggio 1967, così come avrebbe poi fatto il terzo il 13 maggio 1982, 1992 e 2000.

In quest'ultima occasione si raggiunse l'apice del delirio mariano, quando all'augusta e silenziosa presenza del novello Isacco, il segretario di Stato dichiarò solennemente che il papa polacco era l'oggetto del cosiddetto « terzo segreto », che il documento *Il Segreto di Fatima* emanato il 26 giugno 2000 dalla Congregazione per la Dottrina della Fede, firmato dall'allora cardinale Ratzinger, provvide a rendere finalmente pubblico:

> E vedemmo, in una luce immensa che è Dio « qualcosa di simile a come si vedono le persone in uno specchio quando vi passano davanti » un Vescovo vestito di Bianco « abbiamo avuto il presentimento che fosse il Santo Padre ».[34] Vari altri Vescovi, Sacerdoti, religiosi e religiose salire una montagna ripida, in cima alla quale c'era una grande Croce di tronchi grezzi come se fosse di sughero con la corteccia; il Santo Padre, prima di arrivarvi, attraversò una grande città mezza in rovina e mezzo tremulo con passo vacillante, afflitto di dolore e di pena, pregava per le anime dei cadaveri che incontrava nel suo cammino; giunto alla cima del monte, prostrato in ginocchio ai piedi della grande Croce venne ucciso da un gruppo di soldati che gli spararono vari colpi di arma da fuoco e frecce [*sic*], e allo stesso modo morirono gli uni dopo gli altri i Vescovi Sacerdoti, religiosi e religiose e varie persone secolari, uomini e donne di varie classi e posizioni.

Che questo copione surreale sia stato visto non come una stesura alternativa dell'episodio della fucilazione del papa nella *Via Lattea* di Luis Buñuel, bensì come la profezia di un attentato avvenuto su una piazza spianata, in mezzo alla quale c'è un grande obelisco egizio in pietra, in una città moderna e viva, a un papa che procedeva ritto su un'auto scoperta, festoso e benedicente, e in cui non morì assolutamente nessuno, è un vero miracolo della Madonna di Fatima: da sola, infatti, la Natura non riesce a ottenebrare tanto la mente dei fedeli.

L'Eucarestia e il Sacerdozio

Dopo le celesti definizioni della Cristologia e della Mariologia, che avevano impegnato una buona parte del primo millennio e dei suoi primi otto concili ecumenici, la Chiesa si dedicò nel Medioevo a questioni più terrene, legate anzitutto all'organizzazione dei propri *insider*: dalla consacrazione dei vescovi (Primo Concilio Lateranense, 1123) alla disciplina del clero (Secondo Concilio Lateranense, 1139) e all'elezione del papa (Terzo Concilio Lateranense, 1179).

E poi, in maniera forse più interessante per gli *outsider*, alla ritualità dei *sacramenti*, « consacrazioni » (dal latino *sacer*, « sacro »): prima fra tutti, naturalmente, l'*Eucarestia*, « ringraziamento » (dal greco *eu*, « buona », e *charis*, « grazia »), che sarebbe « il sacrificio stesso del Corpo e del Sangue del Signore Gesù, che egli istituì per perpetuare nei secoli, fino al suo ritorno, il sacrificio della Croce ».[35]

A proposito della sua istituzione, il *Catechismo*[36] fa riferimento a questo brano della *Prima lettera ai Corinzi*:[37]

> Io, infatti, ho ricevuto dal Signore quello che a mia volta vi ho trasmesso; il Signore Gesù, nella notte in cui veniva tradito, prese del pane e, dopo aver reso grazie, lo spezzò e disse: « Questo è il mio corpo, che è per voi; fate questo in memoria di me ». Allo stesso modo, dopo aver cenato, prese anche il calice, dicendo: « Questo calice è la Nuova Alleanza nel mio sangue; fate questo, ogni volta che ne bevete, in memoria di me ».

Ora, sappiamo già che Paolo non ha mai incontrato Gesù: dire che la storia l'ha ricevuta direttamente dal Signore è dunque solo un eufemismo per dire che se l'è inventata direttamente lui, almeno per quanto riguarda i dettagli. Puntualmente, *Giovanni* non parla nemmeno dell'episodio, mentre l'unico dei sinottici che riporta la frase «fate questo in memoria di me» è *Luca*,[38] che addirittura trascrive il brano di Paolo letteralmente, a ennesima riconferma della sua doppiamente indiretta fonte di ispirazione.

Ciò nonostante, commentando l'edulcorata versione di *Matteo*[39] l'edizione ufficiale CEI dichiara imperterrita: «La chiarezza e precisione del linguaggio di Cristo escludono ogni significato metaforico; l'onnipotenza della sua parola garantisce la realtà del miracolo». Anche se, a proposito di chiarezza e precisione, bisogna ricordare che quell'esclusione e quella garanzia furono stabilite soltanto nel 1215 dal Quarto Concilio Lateranense con la controversa dottrina della *transustanziazione*, «cambiamento di sostanza», così definita dal *Catechismo*:[40]

> *Transustanziazione* significa la conversione di tutta la sostanza del pane nella sostanza del Corpo di Cristo, e di tutta la sostanza del vino nella sostanza del suo Sangue. Questa conversione si attua nella preghiera eucaristica, mediante l'efficacia della parola di Cristo e dell'azione dello Spirito Santo. Tuttavia, le caratteristiche sensibili del pane e del vino, cioè le «specie eucaristiche», rimangono inalterate.[41]

Per capire questa definizione, che costituisce una delle vette del surrealismo teologico, bisogna naturalmente comprendere il concetto di «sostanza», che è a sua volta una delle vette del surrealismo filosofico. L'idea risale ad Aristotele, che distinse nelle cose la loro vera «essenza» (in greco *oysia*, tradotta in latino appunto con *substantia*) dai loro inessenziali «accidenti»: ad esempio, nell'ostia, il suo astratto «essere ostia» dalle concrete proprietà di essere costituita di pane di frumento, e di avere colore bianco e forma rotonda.

Il letterale surrealismo della faccenda sta nel fatto di credere che le essenze delle cose abbiano un'esistenza indipendente dai loro accidenti: anzi, che quelle costituiscano in un certo senso la « vera » realtà metafisica, al di là dell'« apparente » realtà fisica che si manifesta in questi. Una credenza filosofica ancora in voga durante la Scolastica, che trovò appunto la sua applicazione teologica nella dottrina della transustanziazione, secondo la quale la consacrazione dell'ostia lascia invariati gli accidenti del pane, ma ne muta la sostanza in quella del corpo di Cristo.

Ma una credenza che si è da tempo dissolta come neve al sole del pensiero moderno. Oggi, infatti, la linguistica identifica semplicemente le sostanze e gli accidenti con i soggetti e i predicati del discorso, indicati rispettivamente dai sostantivi e dagli aggettivi: non a caso, « sostanza » e « sostantivo » significano entrambi ciò che « sta sotto » (dal latino *sub*, « sotto », e *stare*, « stare ») il discorso, e « accidente » e « aggettivo » ciò che « è caduto » (da *accidere*, « cadere addosso ») o « è stato gettato » (da *iacere*, « gettare ») sui soggetti.

La logica e la matematica, poi, decostruiscono la sostanza negli accidenti, riducendo l'essenza delle cose a sottoinsiemi delle loro proprietà: più precisamente, a insiemi minimali di proprietà dalle quali tutte le altre discendono. Ad esempio, le infinite proprietà accidentali dello spazio euclideo sono assiomatizzabili mediante un numero finito di proprietà essenziali, dalle quali si possono derivare completamente tutte le altre. Tra l'altro, poiché le possibili assiomatizzazioni complete sono molte, e variamente incompatibili fra loro, non si può più nemmeno parlare di « essenza » di una cosa, al singolare, e bisogna invece parlare di « essenze », al plurale: tutte contingenti, e nessuna necessaria.

La scienza, infine, identifica analogamente la sostanza con la struttura delle cose e gli accidenti con la loro sovrastruttura: in particolare, riducendo la sostanza a una descrizione fisico-chimica, espressa attraverso una formula o un progetto. Il che sicuramente non esclude la possibilità di letterali transustanziazioni: al contrario, esse accadono, senza miracoli, ogni volta che una reazione chimica produce la trasformazione di una sostanza in un'altra, semplicemente ricombinando gli stessi componenti in un nuovo composto. Ma altrettanto sicuramente esclude che sia possibile, o anche solo sensato, parlare di transustanziazione da una struttura di amidi come l'ostia a una di proteine come la carne, senza cambiare gli uni nelle altre: per non parlare, naturalmente, del fatto che la struttura della carne *di Cristo* dovrebbe essere racchiusa in un DNA umano, che naturalmente non è presente in un'ostia.

Il dogma della transustanziazione fa dunque a pugni con l'intero pensiero moderno, e in particolare con la riduzione delle sostanze agli accidenti tipica della scienza in generale, e dell'atomismo chimico in particolare. Un conflitto, questo, che venne alla luce fin dal 1623, quando nel *Saggiatore*[42] Galileo prese apertamente posizione a favore di questa riduzione:

> Per tanto io dico che ben sento tirarmi dalla necessità, subito che concepisco una materia o sostanza corporea, a concepire insieme ch'ella è terminata e figurata di questa o di quella figura, ch'ella in relazione ad altre è grande o piccola, ch'ella è in questo o quel luogo, in questo o quel tempo, ch'ella si muove o sta ferma, ch'ella tocca o non tocca un altro corpo, ch'ella è una, poche o molte, né per veruna immaginazione posso separarla da queste condizioni.

Rimane un'ipotesi[43] che proprio tale conflitto sia stato la causa sostanziale del processo a Galileo del 1633, dietro l'accusa accidentale di eliocentrismo. Ma è un fatto che la dottrina cattolica dell'Eucarestia si basi su un anacronismo filosofico che viene ormai visto come incompatibile non solo con la razionalità scientifica, ma anche con la semplice ragionevolezza teologica: lo sanno benissimo anche i papi, che infatti se ne lamentano. Pio XII nel 1950, ad esempio, nell'enciclica *Humani Generis* (« Del Genere Umano »):[44]

> Né mancano coloro che sostengono che la dottrina della transustanziazione, in quanto fondata su un concetto antiquato di sostanza, dev'essere corretta in modo da ridurre la presenza reale di Cristo nell'Eucarestia a un simbolismo.

O Paolo VI nel 1965, nell'enciclica *Mysterium Fidei* (« Il mistero della fede »):[45]

> Chi potrebbe tollerare che le formule dogmatiche usate dai Concili Ecumenici per i misteri della Santissima Trinità e dell'Incarnazione siano giudicate non più adatte agli uomini del nostro tempo? [...] Quelle formule esprimono concetti che non sono legati a una certa forma di cultura, non a una determinata fase di progresso scientifico, non all'una o all'altra scuola teologica, ma presentano ciò che la mente umana percepisce della realtà nell'universale e necessaria esperienza: e però tali formule sono intelligibili per gli uomini di tutti i tempi e di tutti i luoghi.

Sarà. Ma certo così non è, visto che tra i Cristiani occidentali i Cattolici sono rimasti soli nel ritenere la presenza di Cristo nell'Eucarestia « vera, reale, sostanziale e transustanziale », secondo la formula stabilita dal Concilio di Trento nel 1551 e ribadita nel *Catechismo*.[46] Una formula costruita apposta per imporre un'interpretazione letterale del racconto dell'Ultima Cena, da contrapporre alle varie interpretazioni letterarie, più acute o meno ottuse, proposte dai Protestanti.

Ad esempio, gli Zwingliani leggono quella storia come puramente *simbolica*, e vedono l'Eucarestia come una rappresentazione *figurativa*. I Calvinisti credono che nell'ostia Cristo sia presente in maniera *virtuale* per i soli credenti, e che costituisca idolatria adorarla autonomamente. I Luterani ritengono che la sostanza del corpo di Cristo non si sostituisca a quella del pane, ma vada ad aggiungersi a essa in una sorta di *consustanzialità*.

La posizione più radicale, e dunque più razionale, è però quella degli Anglicani, che la mutuano dal famoso « argomento di buon senso » proposto nel 1684 dall'arcivescovo di Canterbury John Tillotson nel *Discorso contro la transustanziazione*. L'argomento si limita all'osservazione che se veramente esistessero ostie aventi tutti gli accidenti del pane ma la sostanza della carne, allora verrebbe meno la possibilità di ogni conoscenza sensibile, perché *di qualunque cosa* si potrebbe dubitare che essa sia in realtà completamente diversa da ciò che appare. E verrebbe meno anche la possibilità dell'Eucarestia stessa, perché se non c'è modo di verificare *dopo* la consacrazione che la sostanza di un'ostia è quella della carne, non c'è neppure modo di verificare *prima* che essa sia quella del pane, come invece dev'essere per le regole del gioco.[47]

L'argomento di Tillotson fu poi ripreso nel 1781 da Immanuel Kant nella *Critica della ragion pura*, per smontare in maniera analoga la cosiddetta *prova ontologica* dell'esistenza di Dio proposta nel 1077 da Anselmo d'Aosta nel *Proslogion*. La prova consisteva semplicemente nel definire Dio come un essere perfettissimo, alla maniera del *Catechismo*,[48] e nel dedurre che esso esiste perché l'esistenza è una perfezione. L'argomento di Kant si limita all'osservazione che se l'esistenza fosse una perfezione, o più in generale una proprietà o un accidente, allora verrebbe meno la possibilità di ogni affermazione esistenziale, perché dire di *qualunque cosa* che esiste le aggiungerebbe una proprietà, e la farebbe diventare diversa dalla cosa di cui si afferma l'esistenza.

Tornando alla transustanziazione, i Cristiani orientali ne accettano la dottrina ma evitano di usarne la terminologia, preferendo parlare di *metabolismo*, « mutamento » o « mutazione »: usando, ironicamente, un termine sotto il quale oggi ricadono i processi biologici di trasformazione di un cibo come l'ostia in un tessuto come la carne. Così come preferiscono professare un sedicente Pio Silenzio sul preciso momento in cui avverrebbe il cambiamento di sostanza: momento che, come abbiamo già visto, gli onniscienti Cattolici sanno invece situarsi « nella preghiera eucaristica », ovvero all'atto della pronuncia di una formula magica da parte di un sacerdote.

Il quale, secondo il *Catechismo*,[49] dev'essere maschio e celibe. Maschio, perché tutti gli apostoli lo erano. E celibe, nonostante alcuni di loro non lo fossero: nemmeno Pietro, primo papa, di cui nei Vangeli appare persino la suocera, che Gesù guarisce dalla febbre in un miracolo-aspirina.[50] E nonostante persino Paolo si chiedesse retoricamente, nella *Prima lettera ai Corinzi*:[51] « Non abbiamo il diritto di portare con noi una donna credente, come fanno anche gli altri apostoli e i fratelli del Signore e Pietro?» Anche se, a proposito del matrimonio, nella stessa lettera aveva già detto in generale:[52]

> Io vorrei vedervi senza preoccupazioni: chi non è sposato si preoccupa delle cose del Signore, come possa piacere al Signore; chi è sposato invece si preoccupa delle cose del mondo, come possa piacere alla moglie, e si trova diviso! [...] Questo lo dico per il vostro bene, non per gettarvi un laccio, ma per indirizzarvi a ciò che è degno e vi tiene uniti al Signore senza distrazioni. [...] In conclusione, colui che sposa la sua vergine fa bene, e chi non la sposa fa meglio.

Nel primo millennio, comunque, nessuna richiesta di celibato fu formalizzata da nessuna Chiesa, né occidentale né orientale. Anche se, fin dagli inizi, per motivi di purità rituale venne interdetto ai celebranti il rapporto sessuale nella notte precedente la celebrazione, facendo tradizionalmente riferimento a due versetti del *Levitico*:[53] «la donna e l'uomo che abbiano avuto un rapporto con emissione seminale saranno immondi fino a sera», e «nessun uomo della stirpe di Aronne che abbia avuto un'emissione seminale potrà mangiare le cose sante finché non sia mondo».

Norme di castità sessuale furono stabilite a partire dal IV secolo, ma non per questo i preti cessarono di essere mariti, amanti e padri. Ad esempio, tra i papi del primo millennio una dozzina erano figli di sacerdoti, e quattro addirittura di altri papi: Innocenzo I (401-417), Silverio (536-537), Anastasio III (911-913) e Giovanni XI (931-935), rispettivamente figli di Anastasio I (399-401), Ormisda (514-523) e Sergio III (904-911). E le abitudini erano tanto diffuse che, quando papa Gregorio VII emanò un primo decreto di celibato nel 1074, il clero europeo si ribellò violentemente, soprattutto in Germania, Francia e Spagna.

Il decreto fu poi reiterato in varie forme dai Concili Lateranensi, a partire dal 1139, e dal Concilio di Trento nel 1563. Ma solo nel 1965 il Concilio Vaticano II riconobbe che la motivazione di purità sessuale, ispirata al motto di Gerolamo *omnis coitus immundus*, «ogni scopata è una porcata», era insostenibile e andava sostituita con un richiamo al motto di Gesù: « Lasciate la moglie per il Regno di Dio ».[54] In seguito, la regola è stata confermata ripetutamente, dall'enciclica del 1967 di Paolo VI *Sacerdotalis Caelibatus* (« Il Celibato Sacerdotale ») all'esortazione apostolica del 1992 di Giovanni Paolo II *Pastores Dabo Vobis* (« Vi darò Pastori »), ma mai in maniera dottrinale: in altre parole, la strada rimane aperta a eventuali future correzioni di rotta.

Grazie a questa ostinazione, comunque, anche sulla questione del celibato sacerdotale i Cattolici occidentali risultano oggi isolati da tutti gli altri Cristiani. Non solo dai Protestanti, che non pongono restrizioni di sorta al matrimonio di preti e vescovi (tra parentesi, Zwingli, Calvino e Lutero erano tutti sposati). Ma anche dagli Ortodossi e dai Cattolici Orientali, che permettono l'ordinazione di uomini sposati, benché non il matrimonio di preti celibi.

Se i Cattolici oppongono tali resistenze al matrimonio sacerdotale, possiamo immaginarci cosa pensino del sacerdozio femminile. Ma l'ostracismo delle donne dall'altare non deve sempre essere stato completo, se nel primo secolo Paolo raccomandava una diaconessa nella *Lettera ai Romani*.[55] E se nel 494 e 1210 i papi Gelasio I e Innocenzo III inviavano lettere, rispettivamente ai vescovi dell'Italia meridionale e della Spagna, lamentandosi di aver appreso che delle donne erano state ammesse a *sacris altaribus ministrare*, « officiare ai sacri altari ».

Per non parlare, poi, del fatto che nell'853 una donna sembra essere addirittura diventata papa, col nome di Giovanni VIII: la famosa Papessa Giovanna, appunto. Caduta da cavallo durante la processione di Pasqua, mentre era incinta di uno dei suoi amanti, partorì prematuramente e fu linciata dalla folla inferocita. Il suo successore Benedetto III ne cancellò la memoria storica, e il nome di Giovanni VIII venne riassunto qualche anno dopo da un altro papa. Ma per pararsi le spalle, da allora il neoeletto papa viene fatto sedere su un sedile bucato (come la *sedia stercoraria* in porfido su cui ancor oggi si introna quando prende possesso di San Giovanni in Laterano), e proclamato solo dopo che un giovane diacono annuncia, dopo averlo tastato intimamente: *Testiculos habet!* « Ha le palle! » al che i cardinali rispondono: *Deo gratias!* « Meno male! » O almeno così narra la leggenda, citata anche da Guglielmo di Occam, che non è meno verosimile o meno veritiera delle tante che siamo venuti analizzando finora, e certo è più spiritosa e più divertente.

Leggende a parte, è sicuramente un fatto che nel 1970, nell'autunno politico che seguì la Primavera di Praga del 1968, la Chiesa Clandestina Cecoslovacca si ritenne costretta a ordinare segretamente alcune donne, oltre ad alcuni uomini sposati. Qualche anno dopo Paolo VI incaricò la Commissione Biblica Vaticana, presieduta dal Prefetto della Congregazione per la Dottrina della Fede, di studiare il problema del sacerdozio femminile. Nell'aprile 1976 essa stabilì all'unanimità (17 a 0) che « il Nuovo Testamento non dice chiaramente e definitivamente se le donne possano essere ordinate », e a maggioranza (12 a 5) che « le Scritture da sole non escludono la possibilità », e che « permettere il sacerdozio femminile non trasgredirebbe il piano di Cristo ».[56]

Come aveva già fatto per gli anticoncezionali, anche per l'ordinazione femminile Paolo VI decise comunque di ignorare le conclusioni della Commissione, e fece emanare nel dicembre 1976 dalla Congregazione per la Dottrina della Fede la Dichiarazione *Inter Insigniores* (« Tra i Fenomeni »), che stabiliva: « La Chiesa, fedele all'esempio del Signore, non si considera autorizzata ad ammettere le donne all'ordinazione sacerdotale ».

Nel 1994 Giovanni Paolo II, nella Lettera Apostolica *Ordinatio Sacerdotalis* (« L'Ordinazione Sacerdotale »), precisò: « La Chiesa non ha in alcun modo la facoltà di conferire alle donne l'ordinazione sacerdotale, e questa sentenza deve essere tenuta in modo definitivo [*definitive tenenda*] da tutti i fedeli della Chiesa ». In altre parole, la strada del sacerdozio femminile è irrevocabilmente sbarrata, perché sull'argomento la Chiesa si è pronunciata in maniera infallibile. Cosa confermata ufficialmente il 28 ottobre 1995 dall'allora cardinale Ratzinger in una *Risposta su un dubbio* al proposito: « Questa dottrina esige un assenso definitivo » e « si deve tenere sempre e ovunque da tutti i fedeli, in quanto appartenente al deposito della fede ».

Non a caso, quando una delle sacerdotesse cecoslovacche uscì allo scoperto nel 1995, raccontando di aver esercitato il ministero fino alla Rivoluzione di Velluto del 1989,[57] il cardinale Miroslav Vlk, arcivescovo di Praga, dichiarò nulla la sua ordinazione. Nel 1997 ventidue dei preti sposati cecoslovacchi vennero invece riordinati *sub condicione* nel rito Cattolico d'Oriente, nel senso che la nuova ordinazione sarebbe stata valida se, e solo se, la prima fosse stata invalida, cosa di cui non si era ben sicuri. Nel 2002, infine, sette donne ordinate il 26 giugno in Austria vennero immediatamente scomunicate il 5 agosto dal cardinale Ratzinger. Tipici esempi, questi, del sessista sistema a due pesi e due misure adottato dalla Chiesa Cattolica nei confronti di maschi e femmine, anche nel sacerdozio.

Naturalmente questo sistema non preoccupa gli altri Cristiani, che seguono comunque tranquillamente le loro strade. Gli Anglicani, ad esempio, hanno ordinato le prime donne sacerdote a Hong Kong nel 1944, negli Stati Uniti nel 1974 e in Inghilterra nel 1994, e la prima donna vescovo nel 1989, negli Stati Uniti. Ma tra i Protestanti in generale, le prime ordinazioni femminili risalgono addirittura al 1810, mentre nel 1999 l'Associazione Universalista Unitaria è diventata la prima chiesa in cui il clero femminile supera quello maschile. Gli Ortodossi, invece, per una volta seguono i Cattolici e non permettono donne sacerdote, benché come abbiamo visto ammettano sacerdoti sposati.

Le Indulgenze e il Purgatorio

Una cosa bisogna però riconoscerla, ed è che Gregorio VII e i suoi immediati successori speravano di sanare con il celibato ecclesiastico il vizio della simonia, che essi ritenevano collegato al matrimonio: anche se, abolendo figli e nipoti, si poteva al massimo ottenere di abolire il nepotismo. Ma non si ottenne neppure questo, naturalmente, neanche per i papi: ad esempio, Alessandro VI Borgia (1492-1503) era nipote (figlio della sorella) di Callisto III (1455-1458), e Paolo III Farnese (1534-

1549) fratello dell'amante di Alessandro VI. Per inciso, fino a tutto il Cinquecento i papi continuarono tranquillamente ad avere figli: ad esempio, oltre ai già citati Alessandro VI (che ne ebbe addirittura nove) e Paolo III, anche Giulio II (1503-1513), Pio IV (1559-1565) e Gregorio XIII (1572-1585).

Quanto alla simonia, essa prende il nome da « un tale di nome Simone, dedito alla magia », del quale gli *Atti degli Apostoli*[58] narrano che volesse farsi insegnare dai dodici qualche trucchetto a pagamento:

> Simone, vedendo che lo Spirito veniva conferito con l'imposizione delle mani dagli apostoli, offrì loro denaro dicendo: « Date anche a me questo potere perché a chiunque imponga le mani egli riceva lo Spirito Santo ». Ma Pietro gli rispose: « Il tuo denaro vada con te in perdizione, perché hai osato pensare di acquistare con denaro il dono di Dio ».

I successori medioevali di Pietro furono meno schizzinosi, e vendettero tutto ciò che poterono, spesso dopo averlo a loro volta comprato: titoli, cariche, assoluzioni, indulgenze e canonizzazioni. A cavallo fra il Duecento e il Trecento la pratica era talmente degenerata, che persino il pio Dante vide nella Chiesa la grande meretrice annunciata dall'*Apocalisse*,[59] dedita a « puttaneggiar coi regi », e mandò tre papi a sgambettare a testa in giù nella terza bolgia dell'ottavo cerchio dell'*Inferno*:[60] Nicola III (1277-1280), Bonifacio VIII (1294-1303) e Clemente V (1305-1314).

Non si può però cavarsela troppo facilmente, con la scusa che « quelli erano altri tempi », visto che anche di *questi* tempi la Chiesa Cattolica continua a far girare la macchina della simonia a pieno regime. E non solo in maniera indiretta, producendo per sé e altri l'indotto di sacramenti come i battesimi, le cresime e i matrimoni, o di cerimonie come i funerali e le messe di suffragio. Ma anche in maniera diretta, incassando gli introiti da *slot machine* dei ceri e delle indulgenze, e da *casinò* dei santuari e dei giubilei.

A proposito delle indulgenze, anticamente esse erano sconti

di pena che venivano concessi ai peccatori per evitare o abbreviare la loro permanenza nell'*ordo poenitentium*, «ordine dei penitenti»: una dura condanna all'ostracismo sociale e alle penitenze corporali, comminata in espiazione di peccati particolarmente gravi quali l'adulterio, l'omicidio o l'apostasia. In origine l'indulgenza veniva concessa dietro presentazione di un *libellum pacis* da parte di un fedele in attesa di martirio, che offriva il proprio sacrificio in espiazione dei peccati altrui, alla maniera di Cristo.

In seguito sia le pene per i peccati che le indulgenze per i peccatori divennero sempre più annacquate: le prime si ridussero ad azioni simboliche, quali la recita di preghiere e giaculatorie o la visita a chiese e santuari, e le seconde furono concesse attivando un ideale Tesoro dei Santi nel quale convergevano tutti i loro crediti, e dal quale potevano attingere i peccatori per pagare i loro debiti. Insomma, un vero e proprio capitalismo spirituale basato sulla divisione del lavoro e lo sfruttamento della santità, all'insegna del motto: «I furbi peccano e i fessi espiano».

La simonia, in tutto questo, entrò quando la Chiesa incominciò a intendere il Tesoro dei Santi in maniera letterale, invece che metaforica: in particolare, a permettere ai peccatori di farvi prelevamenti di indulgenze spirituali in cambio di versamenti di denaro materiale, e a organizzare un aggressivo recupero crediti significativamente chiamato *questua*, «ricerca». A rendere più gravoso l'onere per i fedeli ci si misero poi anche le autorità secolari, che a loro volta pretesero di riscuotere tasse su un mercato che veniva bandito nei templi delle loro città e istituirono una specie di IVA, «Imposta sul Valore Apostolico».

I piccoli e grandi risparmiatori che rimpinguavano le casse del Tesoro celeste a forza di buone azioni erano, come abbiamo detto, i santi. Agli inizi del Cristianesimo la parola (dal latino *sanctum*, «sancito», participio di *sancire*) indicava semplicemente i fedeli, come nel giudizio «tutto il male che ha fatto ai santi in Gerusalemme»,[61] o nell'indirizzo: «Ai santi che sono in Efeso, credenti in Cristo Gesù».[62] In seguito passò a indicare i martiri, e dopo la fine delle persecuzioni fu estesa a varie altre categorie, dalle vergini ai dottori della Chiesa: tutte accomunate dall'aver professato la fede in maniera eccezionale, e dall'essere oggetto di una devozione che presto sfociò nel totemismo delle reliquie e nel relativo commercio, complementare a quello delle indulgenze.

Naturalmente, molti dei santi tradizionali risalenti ai primi secoli non sono mai neppure esistiti, e oggi vengono eufemisticamente chiamati «non storici»: alcuni, in particolare, sono semplici annessioni di divinità pagane, come la celtica Brigida. Per rimediare, a partire dal 993 fu istituito un registro ufficiale dei santi, inaugurato con la canonizzazione di Ulrico di Augusta: una cerimonia che è l'evidente analogo moderno dell'antica apoteosi pagana, nonostante i dotti distinguo tracciati nel 1738 da Prospero Lambertini, poi Benedetto XIV, nel suo studio *De Servorum Dei beatificatione et Beatorum canonizatione* («Beatificazione dei Servi di Dio e canonizzazione dei Beati»).

In ogni caso, pagana o no che sia, la canonizzazione richiede, fra le altre cose, la concessione di un miracolo da parte del candidato santo, oltre a un ulteriore miracolo per la sua precedente beatificazione, che sarebbe una specie di «sottosantità» inventata nel secolo XIV: si potrebbe dunque pensare che oggi, in piena era tecnologica, queste cose siano passate di moda. E invece, Giovanni Paolo II ha proclamato nel suo pontificato ben 1338 beati e 482 santi: cioè, da solo, più dei 1319 beati e 296 santi di tutti i suoi predecessori dal 1588, anno in cui Sisto V istituì la Congregazione dei Riti e fissò le procedure moderne.

Ma questa addizione di contribuenti al Tesoro dei Santi è niente in confronto al vero miracolo della moltiplicazione dei suoi clienti, ottenuta attraverso il colpo di genio dell'invenzione del Purgatorio:[63] un'area di parcheggio per le anime dei defunti, costrette a sopportare le pene dell'Inferno in attesa delle delizie del Paradiso. Si creava così il più grande mercato possibile della storia, perché i suoi potenziali consumatori includevano l'intera umanità: non solo la presente, come nell'attuale globalizzazione, ma anche quella ormai trapassata!

La moneta ufficiale delle transazioni di questo mercato delle indulgenze era il tempo, misurato in giorni: ancora nel 1903 Pio X specificava che i cardinali potevano elargirne 200 all'anno, gli arcivescovi 100 e i vescovi 50. Teoricamente il periodo indicava la remissione che si sarebbe ottenuta con una penitenza di quella durata, ma in pratica esso finì per essere interpretato come un equivalente condono di pena nel Purgatorio. Questa quantificazione temporale rimase in vigore fino al 1967, quando Paolo VI l'abolì con la Costituzione Apostolica *Indulgentiarum Doctrina* («La Dottrina delle Indulgenze»).

L'abolizione del Purgatorio stesso, invece, sarebbe più complicata: la Chiesa si è infatti legata le mani definendone la dottrina nel Concilio di Lione del 1245 e proclamandone l'esistenza come dogma nel Concilio di Firenze del 1439, con decisioni poi ribadite nel 1563 dal Concilio di Trento. In realtà, però, l'unica menzione della Bibbia sensatamente addotta a sostegno della dottrina è un passo del *Secondo libro dei Maccabei*,[64] lo stesso nel quale si trova anche l'unico brano addotto a sostegno della dottrina della creazione dal nulla: un libro veramente provvidenziale, non c'è che dire!

Il brano in questione, che l'edizione ufficiale CEI conferma essere «alla base della dottrina cristiana del Purgatorio e dei suffragi per i defunti», dice:

> Poi, fatta una colletta, con un tanto a testa, per circa duemila dracme d'argento, le inviò a Gerusalemme perché fosse offerto un sacrificio espiatorio, compiendo così un'azione molto buona e nobile, suggerita dal pensiero della risurrezione. Perché se non avesse avuto ferma fiducia che i caduti sarebbero risuscitati, sarebbe stato superfluo e vano pregare per i morti. Ma se egli considerava la magnifica ricompensa riservata a coloro che si addormentano nella morte con sentimenti di pietà, la sua considerazione era santa e devota. Perciò egli fece offrire il sacrificio espiatorio per i morti, perché fossero assolti dal peccato.

Ma poiché i Protestanti considerano apocrifo quel libro, essi non credono nel Purgatorio. E non ci credono neppure gli Ortodossi, per non parlare delle persone sensate: si tratta infatti di un imbarazzante anacronismo, sul quale persino la Chiesa oggi cerca di minimizzare. Giovanni Paolo II, ad esempio, in tre

Udienze del Mercoledì[65] dedicate ai tre Regni dell'Aldilà, ha dichiarato che essi sono « situazioni, più che luoghi »: più precisamente, il Paradiso « la pienezza di intimità con Dio », l'Inferno « il rifiuto definitivo di Dio », e il Purgatorio « la necessaria purificazione per l'incontro con Dio ». E il *Catechismo*[66] gli fa eco, stabilendo:

> Il Purgatorio è lo stato di quanti muoiono nell'amicizia di Dio, ma, benché sicuri della loro salvezza eterna, hanno ancora bisogno di purificazione, per entrare nella beatitudine celeste.

Meglio tardi che mai, verrebbe da dire, almeno per il declassamento del Purgatorio a stato da luogo. Se non fosse che lo stesso *Catechismo*[67] continua:

> In virtù della comunione dei santi, i fedeli ancora pellegrini sulla terra possono aiutare le anime del Purgatorio offrendo per loro preghiere di suffragio, in particolare il Sacrificio eucaristico, ma anche *elemosine*, *indulgenze*[68] e opere di penitenza.

E se non fosse che è stato lo stesso Giovanni Paolo II a indire, nel 2000, quello che per ora è l'ultimo giubileo della storia: il ventottesimo, cioè, di quei carnevali simoniaci inaugurati nel 1300 da Bonifacio VIII, che permisero al mercato delle indulgenze di passare dal piccolo commercio locale alla grande industria globalizzata. Anche se, questa volta, i precedenti biblici ci sono. Anzi, la parola stessa deriva dall'ebraico *yobel*, « corno d'ariete », e ricorda lo strumento col quale veniva salutato l'inizio dell'anno di celebrazioni prescritto dal *Levitico*:[69]

> Il cinquantesimo anno sarà per voi un giubileo; non farete né semina, né mietitura di quanto i campi produrranno da sé, né farete la vendemmia delle vigne non potate. Poiché è il giubileo, esso vi sarà sacro; potrete però mangiare il prodotto che daranno i campi. In quest'anno del giubileo ciascuno tornerà in possesso del suo.

Di ben diverso tenore era la bolla *Antiquorum habet fida relatio* (« C'è una relazione degna di fede degli antichi »), che Bonifacio VIII emanò il 22 febbraio 1300. In essa, infatti, a tutti coloro che avessero visitato durante l'anno le due basiliche di San Pietro e San Paolo (e, nei giubilei successivi, anche quelle di San Giovanni in Laterano e Santa Maria Maggiore) veniva assicurata l'indulgenza plenaria: cioè il condono totale di tutti i debiti accumulati fino a quel momento, che a partire dal 1095 con Urbano II i papi avevano già concesso ai «soldati della fede» che partecipavano alle Crociate.

Il primo giubileo fu un grande successo di pubblico, come ricorda Dante:[70]

Come i Roman per l'essercito molto,
l'anno del giubileo, su per lo ponte
hanno a passar la gente modo colto,

che da l'un lato tutti hanno la fronte
verso 'l castello e vanno a Santo Pietro;
da l'altra sponda vanno verso 'l monte.

E fu anche un grande successo di cassetta, tanto che la scadenza originaria di 100 anni fissata da Bonifacio VIII non fu mai rispettata, e l'intervallo fu accorciato dapprima a 50 e poi a 25 anni. Nel Novecento, poi, oltre ai quattro giubilei canonici del 1900, 1925, 1950 e 1975 se ne tennero anche altri due aggiuntivi nel 1933 e 1983, in occasione del centenario e del cinquantenario della morte di Cristo. Ma anche, per contrappasso, dell'anniversario della cacciata dei mercanti dal tempio di Gerusalemme: i quali non erano che poveri dilettanti, se paragonati ai professionisti della Curia romana.

Le indulgenze in particolare, e l'indulgere in generale in attività pratiche sempre più immorali e in elaborazioni teoriche sempre più assurde, hanno quindi periodicamente portato la Chiesa a essere percepita come un imbarazzo sia per la fede che per la ragione, con conseguenti periodiche reazioni di rigetto. Francesco d'Assisi, ad esempio, propose un ritorno alla povertà evangelica e nel 1210 ottenne da papa Innocenzo III il permesso di fondare l'ordine mendicante dei Francescani. Alla sua morte ci fu però un'immediata scissione nei due rami degli

« spirituali » e dei « conventuali », solo il primo dei quali seguì gli ideali di ascetismo proposti dal fondatore. In seguito a essi si aggiunse una terza via mediana, quella dei « cappuccini », ma i tre ordini francescani sono sempre rimasti completamente integrati nella Chiesa, fornendo semplicemente una « copertura a sinistra » delle sue degenerazioni.

A un estremo, ad esempio, lo stesso Francesco d'Assisi non disdegnò di avallare le avventure belliche delle Crociate: non solo partendo per la Puglia nel 1204 per arruolarsi, in un tentativo allora frustrato da una sopraggiunta illuminazione, ma anche andando in Egitto nel 1219 al seguito della Quinta Crociata e inneggiando alla « guerra giusta », pur deplorandone gli eccessi. Secondo la testimonianza di prima mano di frate Illuminato da Rieti,[71] egli disse infatti al sultano: « I Cristiani agiscono secondo giustizia quando invadono le vostre terre e combattono, perché voi bestemmiate il nome di Cristo e vi adoperate ad allontanare dalla religione di lui quanti più uomini potete ».

All'altro estremo, ancor oggi la Chiesa gestisce *business* miliardari imbanditi attorno ai supposti miracoli di vari francescani, da Antonio da Padova (1195-1227) a Padre Pio da Pietrelcina (1887-1968). Quest'ultimo, ad esempio, era stato ufficialmente smascherato come truffatore dal Sant'Uffizio il 31 maggio 1923, ma fu ufficiosamente reintegrato nel 1964 da Paolo VI in cambio del passaggio di proprietà alla Santa Sede delle sue molteplici attività finanziarie, e fu canonizzato da Giovanni Paolo II nel 2002, due anni dopo essere stato beatificato in una delle più mediatiche cerimonie del Giubileo del 2000.

Più seria di quella di Francesco d'Assisi, anche perché più radicale, fu invece la reazione di Martin Lutero al mercato delle indulgenze bandito in Germania nel 1517 da Leone X per finanziare la ricostruzione della basilica di San Pietro. Quello stesso anno Lutero affisse le sue *95 Tesi* sul portone della chiesa di Wittenberg in Sassonia, dicendo finalmente al popolo che il papa era nudo:

43. Si deve insegnare ai cristiani che è meglio dare a un povero, o fare un prestito a un bisognoso, che non acquistare indulgenze.
45. Si deve insegnare ai cristiani che chi vede un bisognoso e lo trascura per comprare indulgenze, si merita non l'indulgenza del papa ma l'indignazione di Dio.
50. Si deve insegnare ai cristiani che il papa, essendo al corrente delle esazioni dei questori di indulgenze, dovrebbe preferire che la basilica di San Pietro andasse in cenere piuttosto che essere edificata sulla pelle, la carne e le ossa delle sue pecorelle.
86. Perché il papa, le cui ricchezze oggi sono più opulente di quelle del già opulentissimo Crasso, non costruisce la basilica di San Pietro con i propri soldi, invece che con quelli dei poveri fedeli?

Lutero, che era un monaco agostiniano, fu immediatamente convocato a Roma per rendere conto del suo operato, ma si appellò all'elettore Federico III di Sassonia perché le sue tesi venissero invece discusse in Germania: fin dall'inizio la Riforma religiosa acquistò dunque anche una valenza politica e ricevette il non disinteressato appoggio dei principi tedeschi, che vi trovarono l'occasione per espropriare i beni ecclesiastici e incamerarseli.

Nel 1519 la bolla papale *Exsurge Domine* («Sorgi, o Signore») intimò a Lutero di ritrattare le sue tesi entro 60 giorni, ma allo scadere dell'*ultimatum* egli la bruciò pubblicamente e fu scomunicato. Nel 1521 l'imperatore Carlo V lo convocò di fronte alla Dieta di Worms, ma neppure allora il monaco si piegò: fu allora dichiarato fuorilegge e bandito dall'Impero, ma l'elettore di Sassonia organizzò un finto rapimento e gli diede rifugio nel castello di Wartburg.

Qui egli elaborò la dottrina del Luteranesimo, che si può condensare nel motto dei «quattro soli»: *Solus Christus, Sola Scriptura, Sola Gratia, Sola Fide*, «Solo Cristo, solo la Scrittura, solo la Grazia e solo la Fede». E si può descrivere come una concezione del Cristianesimo in cui il fedele deve vivere un rapporto diretto col Gesù descritto dai Vangeli, invece che uno mediato col Gesù elaborato dalla Chiesa, e ottiene la salvezza soltanto mediante la Fede e la Grazia, invece che attraverso le proprie buone azioni. Anche se, in pratica, la Riforma non fece altro che sostituire vecchie invenzioni, quali la transustanziazione o il Purgatorio, con invenzioni nuove, quali il servo arbitrio e la predestinazione.

Si trattava comunque di uno spirito più consono alla ricerca individuale, che finì per permettere e stimolare la nascita della Scienza: questa è infatti geneticamente incompatibile con il dogmatismo e l'imposizione di verità precostituite, e non a caso la Chiesa Cattolica l'ha avversata fin dalla sua nascita, condannando Giordano Bruno a morte nel 1600 e Galileo Galilei agli arresti domiciliari perpetui nel 1633. Ancor oggi, i Cattolici costituiscono solo un'esigua minoranza all'interno dell'esigua minoranza degli scienziati occidentali credenti: perché se la gran maggioranza degli scienziati è atea o agnostica (ad esempio, il 93 per cento dei membri dell'Accademia Nazionale delle Scienze degli Stati Uniti),[72] la gran maggioranza dei pochi che credono è ebrea o protestante.

A proposito del termine « protestante », esso deriva dal fatto che quando la Dieta di Spira del 1529 diffidò i principi tedeschi dall'aderire al Luteranesimo, cinque di essi e quattordici città protestarono ufficialmente contro l'imposizione e costituirono la Lega di Smalcalda. Sconfitta da Carlo V nel 1547, la Lega si alleò con Enrico II e costrinse l'imperatore alla pace di Augusta nel 1555. Questa concesse libertà di culto ai Luterani, ma costrinse anche i sudditi ad adottare la religione del loro principe o emigrare, seminando così una discordia che diede poi come frutto la Guerra dei Trent'anni (1618-1648).

Nel frattempo, la Riforma inaugurata da Lutero aveva attecchito anche al di fuori della Germania. In Svizzera, in particolare, essa fu promossa da Ulrich Zwingli a Zurigo, che vi instaurò una teocrazia ma finì ammazzato nel 1531 nella guerra tra i cantoni riformati e quelli cattolici. Dieci anni dopo Giovanni Calvino ci riprovò a Ginevra, in maniera più democratica: questa volta egli conquistò l'intero paese, nonostante predicasse balzane teorie come la « doppia predestinazione », secondo la quale a salvare o dannare una persona non sono le azioni che essa compie, ma soltanto il ghiribizzo di Dio. Una teoria che, comunque, era già stata anticipata non solo implicitamente da Lutero, ma anche esplicitamente da Gregorio da Rimini, che nel suo *Commento alle « Sentenze » di Pietro Lombardo*[73] del 1346 l'aveva ricondotta al versetto di *Malachia*:[74] « Ho amato Giacobbe e ho odiato Esaù ». E, prima ancora, da Agostino.[75]

Quanto all'Inghilterra, agli inizi il re Enrico VIII si oppose alla Riforma e si guadagnò addirittura il titolo di *Defensor Fidei*, « Difensore della Fede », di cui ancor oggi si fregiano i sovrani inglesi. Ma quand'egli decise di divorziare dalla moglie Caterina d'Aragona, che non gli aveva dato eredi, per risposarsi con Anna Bolena, l'opposizione del papa Clemente VII scatenò uno scisma: nel 1534 il re si fece proclamare capo della Chiesa d'Inghilterra, avocò a sé la nomina dei vescovi, espropriò i beni ecclesiastici e perseguitò sia i Cattolici che i Luterani e i Calvinisti. Dopo una breve restaurazione del Cattolicesimo sotto il regno di Maria I (1553-1558), detta « la Cattolica » o « la Sanguinaria » (*Bloody Mary*) a seconda dei punti di vista, dal regno di Elisabetta I (1558-1603) il Cristianesimo inglese è rimasto separato da quello di Roma ed è diventato una denominazione del Protestantesimo.

Naturalmente, proprio perché la Riforma è nata rifiutando la mediazione di una Chiesa organizzata tra il fedele e Dio, essa si è frantumata in una costellazione di sette grandi e piccole. I Puritani, ad esempio, sono la versione inglese dei Calvinisti e prendono il nome dal fatto di ispirarsi alla « purezza evangelica »: da essi derivano gli Indipendenti e i Quaccheri, che sfuggirono alle persecuzioni inglesi emigrando in Nord America e fondandovi rispettivamente il Massachusetts e la Pennsylvania. Quanto alle credenze, ci sono i Battisti che propugnano il battesimo degli adulti per immersione, i Pentecostali che si richiamano all'esperienza della Pentecoste, gli Avventisti che attendono il sempre prossimo avvento di Cristo, i Testimoni di Geova che prendono il nome dal verso di *Isaia*[76] « voi siete i miei testimoni », e chi più ne ha più ne metta.

A questa frammentazione del Protestantesimo, che gli ha permesso di adattarsi alle esigenze locali delle aree più evolute e civilizzate dell'Occidente e di conquistare l'intero Nord Europa e Nord America, fa da contrappunto il monolitismo del Cattolicesimo, che gli ha invece conservato il favore dei popoli più ottusi e retrogradi del Sud Europa e del Sud America. Sia il monolitismo che la frammentazione sono conseguenze del fatto matematico che, date n credenze, c'è un unico modo di accettarle tutte, ma ce ne sono 2^n-1 di rifiutarne qualcuna, in ogni combinazione possibile: dunque, anche limitandosi a una trentina di dogmi caratteristici del Cattolicesimo, ci sono già un miliardo di possibili sette del Protestantesimo che ne accettano solo alcuni.

Non parliamo poi di quando i dogmi sono in numero talmente grande che richiedono diciott'anni per essere ribaditi tutti. Tanti infatti ne durò il Concilio di Trento, che dal 1545 al 1563 restaurò la dottrina cattolica e confermò innumerevoli pronunciamenti che la Riforma aveva ormai reso anacronistici: dalla verginità della Madonna alla realtà della transustanziazione, dal ruolo delle indulgenze all'esistenza del Purgatorio, dall'indissolubilità del matrimonio al celibato ecclesiastico.

Il Concilio costituì la base teorica della Controriforma, che per venire incontro alle esigenze pratiche della modernità non trovò di meglio che inventare il Sant'Uffizio, allo scopo di coordinare e centralizzare le persecuzioni volte a mietere innumerevoli vittime e infliggere innumerevoli sofferenze. Il tutto, naturalmente, per la maggior gloria di Dio, come sanciva ufficialmente nel 1542 la bolla di indizione di Paolo III *Licet ab initio* («È lecito dall'inizio»):

> Compito della Suprema Sacra Congregazione dell'Inquisizione Romana e Universale è di conservare pura la fede cattolica tenendo lontana ogni eresia, di ricondurre alla Chiesa i deviati dalla verità per inganno diabolico, e di colpire coloro che perseverassero pertinacemente nelle loro dottrine reiette, in modo che la punizione servisse di esempio agli altri.

E, come si vede, era anche lecito all'inizio chiamare questa congregazione a delinquere con un nome onestamente esplicito: fu Pio X a cambiarlo nel 1908 in Suprema Sacra Congregazione del Sant'Uffizio, e nel 1965 Paolo VI lo annacquò ulteriormente in Sacra Congregazione per la Dottrina della Fede. L'aggettivo « Sacra » si perse poi nel 1988, quando Giovanni Paolo II riformò la Curia con la Costituzione Apostolica *Pastor Bonus* (« Il Buon Pastore »).

Una delle migliori invenzioni del Sant'Uffizio fu la promulgazione nel 1559 dell'Indice dei Libri Proibiti, che rimase in vigore fino al 1966. E poiché detenere questi libri divenne la tipica imputazione nei processi di eresia, l'Indice richiese continui aggiornamenti: un'apposita Congregazione dell'Indice fu dunque istituita nel 1571 e « lavorò » fino al 1917, quando le sue mansioni passarono di nuovo al Sant'Uffizio.

Forse niente testimonia la patetica disperazione della Controriforma meglio dell'inclusione nella prima lista di proscrizione del 1559 delle traduzioni in volgare dell'Antico e del Nuovo Testamento, e della proibizione di leggerle a chiunque non ricevesse un'esplicita licenza, che comunque non poteva essere concessa alle donne! Se la Chiesa tremava di fronte alle opere di Dio, figuriamoci di fronte a quelle degli uomini: la lista degli autori che ebbero l'onore di vedere le loro opere messe all'Indice comprende dunque tutta la cultura letteraria, filosofica e scientifica moderna, da credenti quali Galileo, Cartesio e Kant a miscredenti quali Leopardi, Moravia e Sartre. Ed è un vero peccato che oggi l'Indice non ci sia più, perché questo purtroppo impedisce a tutti noi di aspirare a entrarci con le nostre opere.

Così come niente testimonia la patetica disperazione della Chiesa moderna meglio del *Sillabo* di ottanta « principali errori dell'età nostra » pubblicato da Pio IX nel 1864, che condannava un'insalata russa di « panteismo, naturalismo, razionalismo, liberalismo, indifferentismo, latitudinarismo, socialismo e comunismo ».[77] Un'allergia a tutti gli ismi, questa, di cui soffrono anche i papi attuali: Giovanni Paolo II, ad esempio, che nell'enciclica *Fides et Ratio* (« Fede e Ragione ») ribadì esplicitamente i pronunciamenti del Concilio Vaticano I contro « razionalismo e fideismo », riprese le condanne di Pio X, XI e XII contro « il fenomenismo, l'immanentismo, l'agnosticismo, il marxismo, l'evoluzionismo e l'esistenzialismo », e censurò di suo « l'eclettismo, lo storicismo, il modernismo, lo scientismo, il pragmatismo, il parlamentarismo e il nichilismo ». O Benedetto XVI, che è riuscito a scovare ancora un altro ismo con cui prendersela nel relativismo, contro il quale si è scagliato a varie riprese, in assolo o in duetto con l'ineffabile ex presidente del Senato Marcello Pera.[78]

Il Papa

Oggi, più che con i millenari pronunciamenti dottrinali di cui la maggior parte dei fedeli è completamente ignara, il Cattolicesimo si identifica col papa (dal greco *pappas*, « papà », diminutivo di *pater*, « padre »): il sedicente « Santo Papà » o « Santo Padre » che, in quanto vescovo di Roma, pretende di essere il « successore di Pietro » e il « vicario di Cristo » in terra. Anche se abbiamo già visto che, da un lato, non ci sono prove che Pietro sia mai stato a Roma, e tanto meno il suo vescovo; e che, dall'altro, la rivendicazione del primato di Pietro si basa comunque sulle solite stiracchiate interpretazioni di un paio di versetti biblici scelti ad arte: *in primis*, sul « tu sei una pietra [*petros*], e su questa roccia [*petra*] edificherò la mia Chiesa ».

Di queste parole, però, fornisce un'interpretazione autentica la stessa *Prima lettera di Pietro*:[79] « Stringendovi al Signore, pietra viva, rigettata dagli uomini, ma scelta e preziosa davanti a Dio, anche voi venite impiegati come pietre vive per la costruzione di un edificio spirituale, per un sacerdozio santo ». Per inciso, tutti questi riferimenti alle pietre sono una citazione di *Isaia*:[80] « Ecco, io pongo una pietra in Sion, una pietra scelta, angolare, preziosa, saldamente fondata, e chi crede in essa non vacillerà ». In ogni caso, secondo la sensata interpretazione di Pietro il detto di Gesù significava soltanto che la Chiesa era stata fondata sulla pietra angolare di Cristo, e doveva essere costruita con le pietre vive dei fedeli.

È comunque un fatto che il primato del vescovo di Roma in quanto « successore di Pietro » sia un'invenzione tarda: il titolo è infatti stato usato per la prima volta soltanto nel 451 per il megalomane Leone I Magno dal Concilio di Calcedonia, che nel famoso Canone 28 (ancor oggi « dimenticato » dalle raccolte ufficiali di testi e documenti della Chiesa Cattolica, come l'*Enchiridion Symbolorum*, « Manuale delle professioni di fede ») stabilì allo stesso tempo anche la *parità* di primato per i vescovi di Roma e Costantinopoli. Ancora più tardo è il titolo di « vicario di Cristo », usato per la prima volta nel 495 per Gelasio I dal Sinodo di Roma.

Ed è un fatto che il supposto trono di Pietro, decorato con i segni dello Zodiaco e le fatiche di Ercole, ed esposto in pompa magna come una reliquia nel complesso della *Cattedra di San Pietro* del Bernini, è invece un regalo a papa Giovanni VIII di Carlo il Calvo in occasione della propria incoronazione imperiale nell'875.[81] Il che non impedisce alla Chiesa di continuare a venerare la Cattedra il 22 febbraio, nello stesso giorno in cui gli antichi romani veneravano i propri defunti con un banchetto nei pressi delle loro tombe, lasciando doverosamente un seggio (*cathedra*) vuoto per loro.

Di origine altrettanto pagana è il primo attributo speciale che il vescovo di Roma ricevette: *Pontifex Maximus*, « Sommo Pontefice », un termine che anticamente indicava il « Pontiere Capo », cioè il sovrintendente ai ponti di Roma. In seguito, anche a causa del fatto che il fiume Tevere era considerato una divinità, passò a indicare metaforicamente il « Grande Ermeneuta »: un analogo umano del dio Hermes, cioè, che stabiliva un ponte di collegamento tra le divinità e gli uomini. Infine, divenne il titolo della massima carica religiosa romana: un incarico a vita ricoperto, fra gli altri, da Muzio Scevola, Giulio Cesare e Cesare Augusto. A partire da quest'ultimo il Sommo Pontefice fu l'imperatore, e tale rimase fin oltre l'avvento del Cristianesimo di Stato.

Per colmo dell'ironia, la prima applicazione del termine a un papa fu sarcastica: la fece Tertulliano verso il 220, parlando di un editto di Callisto I come « emanato dal Sommo Pontefice, cioè il Vescovo dei Vescovi ». Ma nel 376 l'imperatore Graziano trasmise seriamente quel titolo al papa Damaso I, separando così le prerogative statali da quelle religiose. E ancor oggi il papa continua a fregiarsene e a vestirsi di bianco come i pontefici latini, anche se per un motivo diverso: fino al 1566 i papi si vestivano infatti di rosso come tutti i cardinali, ma alla sua elezione il domenicano Pio V decise di tenere la veste del suo ordine, con un'innovazione stilistica che fu poi mantenuta dai suoi successori.

A proposito di cardinali, il termine agli inizi del Cristianesimo significava letteralmente « incardinato » e indicava semplicemente qualunque prete assegnato a una parrocchia. Solo col tempo esso passò a indicare metaforicamente un diacono, un prete o un vescovo che aveva una qualche funzione « cardine »: una tripartizione che si è mantenuta fino ai nostri giorni nel Sacro Collegio, i cui membri sono simbolicamente suddivisi in cardinali-diaconi, cardinali-preti e cardinali-vescovi.

Ad esempio, è il decano dei cardinali-diaconi ad annunciare ai fedeli l'elezione del nuovo papa con le parole: *Nuntio vobis gaudium magnum: habemus papam*, « Vi annunzio una grande gioia: abbiamo il papa », modestamente ispirate a quelle dell'angelo che annunciò ai pastori la nascita di Gesù,[82] e usate per la prima volta nel 1484 per l'elezione di Innocenzo VIII.

Quanto all'elezione del papa, appunto, in origine erano semplicemente i fedeli di Roma a scegliere il proprio vescovo all'interno della propria diocesi: per averne uno non romano si dovette attendere Marino I, nell'882. L'elezione fu riservata al clero nel 336, ristretta da Niccolò II ai cardinali-vescovi nel 1059, e riallargata dal Terzo Concilio Lateranense a tutti i cardinali nel 1179: anche se a volte questi rimanevano comunque piuttosto pochi, come i dodici che nel 1292 elessero Celestino V, il papa che dopo soli quattro mesi « fece per viltade il gran rifiuto ».[83]

Forse a causa del fatto che è difficile costringere poche persone ambiziose a promuoverne una sola fra loro, a volte la sede vacante durò piuttosto a lungo: come nei 33 mesi tra il 1268 e il 1271 in cui gli elettori non riuscirono a mettersi d'accordo, fino a quando non furono rinchiusi a oltranza nel palazzo vescovile di Viterbo ed elessero immediatamente Gregorio X. Poiché le maniere forti avevano funzionato, nel 1274 il Secondo Concilio di Lione stabilì che da allora in poi l'elezione del papa doveva avvenire appunto in conclave, cioè « sotto chiave » (dal latino *cum clave*).

Per continuare coi record, i papati storici variano dai 13 giorni di Urbano VII (1590) agli 11.560 giorni di Pio IX (1846-1878). Il papa più giovane fu Benedetto IX, eletto nel 1032 a un'età variamente riportata tra gli undici e i vent'anni, e il suo triplice papato (1033-1044, 1045 e 1047-1048) fu anche il più movimentato: egli lo perse infatti a favore di Silvestro III (1044-1045), lo riconquistò, lo vendette a Gregorio VI (1045-1046), se lo riprese ma fu esautorato dal Concilio di Sutri in favore di Clemente II (1046-1047), e ritornò in sella un'ultima volta, prima di essere scomunicato e definitivamente sostituito con Damaso II nel 1048.

Altrettanto edificante fu il Grande Scisma d'Occidente, quando nel 1378 il papato si divise in due sedi, a Roma e Avignone: ciascuna col suo papa perfettamente legittimo, perché il secondo (Clemente VII) era stato eletto dagli stessi elettori del primo (Urbano VI), pentiti di aver scelto un letterale squilibrato psichico. Come se non bastasse, quando il Concilio di Pisa cercò di risolvere la situazione nel 1409, non riuscì a far altro che eleggere un terzo papa (Alessandro V). Tra il 1415 e il 1417 il Concilio di Costanza depose i due papi di Pisa (Giovanni XXIII) e Avignone (Benedetto XIII), fece dimettere quello di Roma (Gregorio XII) e ne elesse un quarto nuovo (Martino V), anche se lo scisma d'Avignone continuò formalmente fino al 1499.

Non c'è da stupirsi se queste avventure del papato, insieme ad altre sue disavventure alle quali abbiamo già accennato, abbiano finito per fungere da detonatore per la Riforma: al punto che, per sottolineare il loro dissenso nei confronti della figura del vescovo di Roma, i Protestanti si sono spesso riferiti ai Cattolici chiamandoli denigratoriamente Papisti. E non hanno potuto che farsi beffe della Costituzione Apostolica *Pastor Aeternus* (« Il Pastore Eterno ») che il Concilio Vaticano I ha emanato il 18 luglio 1870. Essa, infatti, anzitutto proclama il primato apostolico di Pietro e la sua trasmissione ereditaria al papa di Roma:[84]

> Se qualcuno affermerà che il beato Pietro Apostolo non è stato costituito da Cristo Signore principe di tutti gli Apostoli e capo visibile di tutta la Chiesa militante, o che non abbia ricevuto dallo stesso Signore Nostro Gesù Cristo un vero e proprio primato di giurisdizione, ma soltanto di onore: sia anatema.
>
> Se qualcuno affermerà che non è per disposizione dello stesso Cristo Signore, cioè per diritto divino, che il beato Pietro abbia per sempre successori nel Primato sulla Chiesa universale, o che il Romano Pontefice non sia il successore del beato Pietro nello stesso Primato: sia anatema.

Due anatemi che, naturalmente, ricadono su tutti coloro che dichiarano che « il papa è nudo », notando come il suo primato sia in realtà un'affermazione più ideologica che teologica: esso fu infatti inventato soltanto nel V secolo, a partire da Innocenzo I (401-417), per svincolare il potere papale di Roma dalle influenze imperiali di Costantinopoli. E fu in seguito rivendicato per accampare diritti molto terreni, dall'incoronazione dei re cristiani alla proclamazione delle guerre sante contro gli infedeli.

E come già il potere temporale del papa si era fondato sul falso della *Donazione di Costantino*, così anche il suo primato spirituale si fondò sul falso delle *Decretali dello Pseudo Isidoro*, forgiato verso l'850 a Reims da un sedicente Isidoro Mercatore, in seguito confuso con Isidoro di Siviglia e per questo oggi chiamato « Pseudo Isidoro ». Attaccando i prìncipi e l'imperatore per difendere i vescovi e il papa, i decreti enunciavano le prerogative del primato e dell'infallibilità pontificia e stabilivano un falso precedente giuridico, al quale in seguito i papi si appellarono come se fosse autentico.

Uno dei maggiori campioni dell'autorità papale fu Gregorio

VII, che a Canossa riuscì a far inginocchiare l'imperatore di fronte a sé. Proprio durante la sua contesa con Enrico IV, nel 1075, egli enunciò i 27 princìpi del *Dictatus Papae* (« Dettato Papale »), in cui si legge fra l'altro:

2. Solo il Pontefice Romano merita d'essere detto universale.
3. Solo egli può deporre o assolvere i vescovi.
4. Il suo legato in un Concilio comanda su tutti i vescovi, anche se è di rango inferiore, e soltanto lui emana sentenze di deposizione.
9. Il papa è il solo uomo di cui tutti i prìncipi baciano i piedi.
12. A lui è permesso deporre gli imperatori.
18. Le sue sentenze non possono essere riformate da nessuno ed egli solo può riformare quelle di tutti.
22. La Chiesa Romana non ha mai sbagliato e, come attesta la Scrittura, non potrà mai sbagliare.
23. Il Pontefice Romano, se è stato ordinato canonicamente, diventa senza ombra di dubbio santo per i meriti di san Pietro.

Naturalmente, il passo dalla finzione dell'infallibilità pontificia alla realtà della persecuzione degli oppositori è breve. Puntualmente, nel 1184 Lucio III diede ordine ai vescovi di inquisire gli eretici, definiti appunto come coloro che rifiutavano le disposizioni papali. Nel 1215 il Quarto Concilio Lateranense stabilì che si dovesse procedere d'ufficio contro di essi. Nel 1220 l'imperatore Federico II decretò la morte sul rogo come pena per l'eresia. Nel 1231 Gregorio IX nominò i primi inquisitori pontifici, tradizionalmente scelti fra i domenicani e i francescani. Nel 1252 Innocenzo IV autorizzò l'uso della tortura come mezzo per estorcere la « confessione ». E nel 1484 Innocenzo VIII aprì ufficialmente la caccia alle streghe. Da allora la macchina stritola-eretici lavorò a pieno ritmo per secoli, soprattutto con le Inquisizioni spagnola (1478-1820), portoghese (1536-1821) e romana (1542-oggi).

Ma l'infallibilità pontificia è un'arma a doppio taglio, perché vincola i papi alle decisioni dottrinali dei propri predecessori, anche quand'esse sono ormai divenute anacronistiche. Se ne accorse sulla sua pelle Giovanni XXII nel 1324, quando per colpire l'ordine francescano fu costretto a dichiarare nella bolla *Quia Quorundam Mentes* («Poiché le menti di alcuni»):[85]

> Dire che quanto i Sommi Pontefici hanno definito una volta per sempre con la chiave di *conoscenza nella fede o morale*,[86] non è lecito per i loro successori nel dubbio revocare o contraddire, riguardo a quanto è stato ordinato dai Sommi Pontefici stessi per mezzo delle chiavi del potere, ciò è evidentemente contro la verità. [...]
>
> E questo il Nostro Salvatore, nella promessa delle chiavi al beato Pietro, sembra averlo compreso espressamente quando Egli immediatamente aggiunge: «E quello che tu legherai sulla terra sarà legato anche in cielo, e quello che tu scioglierai sulla terra sarà sciolto anche in cielo», non facendo menzione di conoscenza.

La dichiarazione è preveggente, visto che attacca precisamente la formulazione dogmatica di infallibilità della *Pastor Aeternus* («L'Eterno Pastore»),[87] disperatamente emanata dal Concilio Vaticano I al crepuscolo del potere temporale del Papa Re, quando ormai mancavano due soli mesi alla breccia di Porta Pia e al tramonto dello Stato Pontificio:

> Proclamiamo e definiamo dogma rivelato da Dio che il Romano Pontefice, quando parla *ex cathedra*, cioè quando esercita il suo supremo ufficio di Pastore e di Dottore di tutti i cristiani, e in forza del suo supremo potere Apostolico definisce una *dottrina circa la fede e i costumi*,[88] vincola tutta la Chiesa, per la divina assistenza a lui promessa nella persona del beato Pietro, gode di quell'infallibilità con cui il divino Redentore volle fosse corredata la sua Chiesa. [...] Se qualcuno quindi avrà la presunzione di opporsi a questa Nostra definizione, Dio non voglia!: sia anatema.

Dio volle, invece. Anche perché, se non era già chiaro dai Vangeli il primato dell'apostolo Pietro, figuriamoci quanto poteva essere considerato come rivelato da Dio il dogma dell'infallibilità del Romano Pontefice. E infatti, prima della sua proclamazione una quarantina di padri conciliari abbandonarono pilatescamente Roma, per evitare di dover votare la risoluzione.

E, dopo la sua proclamazione, un gruppo di intellettuali e preti cattolici di lingua tedesca fondò nel 1873 la scismatica Chiesa Vetero Cattolica, che non solo rifiutò i nuovi dogmi, ma mentre c'era decise anche di farla finita con la messa in latino (un secolo prima dell'« innovativo » Concilio Vaticano II) e con il celibato ecclesiastico.

Oggi pochi teologi cattolici dissentono sull'infallibilità pontificia: primo fra tutti Hans Küng,[89] che ha pagato il suo dissenso con la perdita della *missio canonica* per l'insegnamento. Quanto ai non teologi, in un sondaggio internazionale fra gli studenti delle scuole superiori e delle università cattoliche, di cui il 96 per cento si dichiara credente e l'80 per cento cattolico, soltanto il 37 per cento accetta il dogma dell'infallibilità pontificia (tra parentesi, il 37 per cento crede anche che la Madonna sia una dea e il 42 per cento che ai piedi della croce ella sia diventata la madre di Giovanni Evangelista).[90]

Pur rifiutando il primato e l'infallibilità del papa, gli Ortodossi credono comunque che lo Spirito Santo non permetta alla Chiesa di sbagliare in materie dottrinali: in particolare, i primi sette Concili Ecumenici tenuti a Nicea, Costantinopoli, Efeso e Calcedonia tra il 325 e il 787 vengono considerati infallibili, e i loro pronunciamenti su Cristo e Maria dogmatici.

I Protestanti vanno naturalmente più in là, negando qualunque intermediazione dottrinale tra il fedele e Dio da parte non solo del papa, ma anche della Chiesa. Ad esempio, il *Credo di Westminster*[91] del 1646 dichiara esplicitamente:

> La regola infallibile per l'interpretazione della Scrittura è la Scrittura stessa: dunque, quando sorgono problemi di verità o falsità riguardo al senso vero e compiuto di un passo della Scrittura, questo dev'essere cercato e trovato in altri passi che parlino più chiaramente. [...]
>
> Non c'è altro capo della Chiesa all'infuori del Signore Gesù Cristo. E il papa di Roma non può essere il suo capo, in alcun senso: piuttosto, egli è l'Anticristo, un peccatore, un figlio di perdizione, che si autoesalta, nella Chiesa, contro Cristo e tutto ciò che si chiama Dio.

L'identificazione del papa con l'Anticristo, un termine inventato dall'apostolo *Giovanni*,[92] non è per nulla un'idea balzana del suddetto Credo, ma una posizione uniformemente condivisa dai Protestanti. E non come metaforico insulto, ma come letterale realizzazione della profezia di Gesù: « Molti verranno nel mio nome, dicendo: Io sono il Cristo, e trarranno molti in inganno ».[93] Naturalmente per i Cattolici l'Anticristo era invece Lutero, anche se bisogna onestamente riconoscere che le vicende del papato sembrano offrire ai Protestanti appigli molto migliori nella diatriba: come qualcuno ha detto, infatti, « se il papa non è l'Anticristo, è ben sfortunato ad assomigliarci così tanto ».

E, in effetti, non c'è bisogno di essere degli esegeti per accorgersi che la commistione diretta e indiretta del Vaticano negli affari terreni e mondani ha poco o nulla a che spartire con lo spirito religioso evangelico, per non parlare della sua lettera. E non c'è neppure bisogno di invocare la storia passata, alla quale abbiamo comunque accennato a più riprese: basta la cronaca, anche recente. Ad esempio, lo scandalo di pedofilia ecclesiastica generalizzata che ha travolto il Vaticano allo scadere del secondo millennio.

Dopo decenni di reticenza, la punta dell'iceberg delle molestie e violenze sessuali perpetrate da preti, suore e laici cattolici sui minori (ma non solo) di orfanotrofi, scuole e seminari da loro gestiti sta infatti venendo a galla: soprattutto all'estero, naturalmente, perché in Italia la servile autocensura degli organi di stampa nei riguardi del Vaticano ha sempre impedito di parlare di questi fatti, che solo faticosamente stanno cominciando ad affiorare anche da noi.

Per ora, i casi più noti venuti a galla sono quelli del padre messicano Marcial Maciel, fondatore della Legione di Cristo tanto amata da Giovanni Paolo II, e del frate irlandese Brendan Smyth, che detiene un record di 45 anni (1945-1990) di abusi sistematici. Il caso più blasfemo è invece quello, citato nel Rapporto governativo irlandese del 22 ottobre 2005, di un prete della diocesi di Ferns che ha violentato una ragazza sull'altare della parrocchia. E lo scandalo ha raggiunto anche i massimi livelli ecclesiastici, fino al cardinale Hans Hermann Groër di Vienna e a una ventina di vescovi del mondo intero, tutti costretti a dimettersi (il primo già nel 1995).

A volte la vergogna individuale ha avuto il sopravvento, come quando il frate irlandese Sean Fortune si è suicidato nel 1999 prima di un processo per lo stupro di 29 bambini. Ma a livello collettivo c'è sempre stata una sistematica connivenza delle gerarchie ecclesiastiche, che al più si limitavano a spostare i colpevoli ad altre istituzioni: un comportamento che ha anch'esso provocato varie dimissioni dei responsabili, dal cardinale Bernard Law di Boston negli Stati Uniti al vescovo Brendan Comiskey di Ferns in Irlanda (entrambi nel 2002).

Un'idea dell'ordine di grandezza degli abusi si deduce dal fatto che, nei soli Stati Uniti,[94] fino al 2003 erano state presentate 11.000 denunce contro 4400 preti, che avevano portato a risarcimenti pari a un miliardo di dollari e alla letterale bancarotta di tre diocesi. In vari paesi, lo scandalo ha fatto cadere la popolarità del Vaticano ai suoi minimi storici: in Irlanda si è persino arrivati a chiedere una revisione dei rapporti fra Stato e Chiesa, ritenendo che i casi scoperti rivelino non deviazioni individuali ma pratiche istituzionali.

E con ragione, perché il Vaticano sapeva benissimo che la perversione sessuale covava nei suoi ranghi, ed era da tempo corso ai ripari per evitare che venisse scoperta. Già nel 1962, infatti, il Sant'Uffizio del Papa Buono Giovanni XXIII aveva emanato la disposizione segreta *Crimen Sollicitationis* («Il Crimine di Sollecitazione»), in cui si istruivano i vescovi a proposito dei preti che facevano *avances* sessuali ai fedeli durante la confessione, o che peccavano di bestialità, pedofilia o omosessualità. In particolare, si ordinava di mantenere sui fatti scoperti un segreto totale, comprendente anche i nomi delle vittime degli abusi, pena la scomunica: la quale, paradossalmente, veniva dunque comminata non per la perpetrazione dei delitti, ma per la loro divulgazione!

Quarant'anni dopo, il 19 maggio 2001, nella lettera ai vescovi di tutto il mondo *De Delictis Gravioribus* («Circa i Delitti più Gravi»), il cardinale Ratzinger confermava ufficialmente che la disposizione segreta era rimasta « finora in vigore », e reiterava che i delitti contro il (per lui) sesto comandamento commessi « mediante sollecitazione, nell'atto o in occasione o con il pretesto della confessione », oppure « da un chierico con un minore », erano « di competenza esclusiva della Congregazione per la Dottrina della Fede » e « soggetti al segreto pontificio ».

L'esistenza della *Crimen Sollicitationis*, che copriva anche se stessa con il segreto totale, non venne alla luce che nel 2003, durante uno dei processi relativi allo scandalo, e la conferma delle disposizioni da parte di Ratzinger portò alla sua incriminazione agli inizi del 2005 da parte di una Corte distrettuale del Texas, per connivenza nei reati e ostruzione alle indagini. Ma il 26 settembre 2005 il ministero della Giustizia degli Stati Uniti ordinò al tribunale di archiviare la pratica perché, essendo nel frattempo diventato papa, egli ora gode di immunità in quanto capo di Stato e il procedimento penale sarebbe « incompatibile con gli interessi della politica estera degli Stati Uniti ».

Benedetto XVI si è così salvato per il rotto della cuffia. O meglio, del camauro: il vezzoso copricapo di velluto rosso bordato d'ermellino che egli stesso ha provveduto a riesumare insieme ad altri anacronismi papali quali la tiara e la sedia gestatoria. Ma, anche senza una sentenza ufficiale, si può ben affermare che la storia iniziata con un Bambin Gesù disceso dalle stelle finisce per ora con il suo clero disceso nelle stalle dei processi per pedofilia.

Erano dunque previdenti i maestri di cerimonie che, nel passato, facevano accendere per tre volte un cerino di fronte al neoeletto papa da un monaco scalzo, che gli ripeteva per tre volte l'aforisma di Tommaso da Kempis:[95] *sic transit gloria mundi*, « così passa la gloria del mondo ». Così è, infatti, e così sia.

LAICI E LOICI

Terminata la nostra arringa di letture bibliche e ricapitolazioni storiche, è finalmente giunta l'ora di emettere un verdetto sul Cristianesimo. Che, ovviamente, è la condanna capitale già annunciata e riassunta nel titolo: e cioè che *non possiamo essere Cristiani, e meno che mai Cattolici*, se vogliamo allo stesso tempo essere razionali e onesti. La ragione e l'etica sono infatti incompatibili con la teoria e la pratica del Cristianesimo, come il nostro pur incompleto rosario di citazioni della prima, e di fatti della seconda, dovrebbe aver mostrato a sufficienza.

Per concludere il discorso, soffermiamoci però ancora un momento sull'assurda lista di dottrine che la Chiesa impone tuttora ai suoi fedeli di credere, affinché *essi* possano dirsi Cattolici. Benché pochi l'abbiano mai vista per intero, un'esemplificazione autentica è stata fatta nel 1998 dal cardinale Ratzinger, pur « senza alcuna intenzione di esaustività o completezza »:[1]

> I diversi dogmi cristologici e mariani; la dottrina dell'istituzione dei sacramenti da parte di Cristo e la loro efficacia quanto alla grazia; la dottrina della presenza reale e sostanziale di Cristo nell'Eucarestia e la natura sacrificale della celebrazione eucaristica; la fondazione della Chiesa per volontà di Cristo; la dottrina sul primato e sull'infallibilità del Romano Pontefice; la dottrina sull'esistenza del peccato originale; la dottrina sull'immortalità dell'anima spirituale e sulla retribuzione immediata dopo la morte; l'assenza di errore nei testi sacri ispirati; la dottrina circa la grave immoralità dell'uccisione diretta e volontaria di un essere umano innocente.

A parte l'ultimo punto, sul quale naturalmente la pratica del Cristianesimo ha ben poco da insegnare, la lista brilla per il suo totale e assoluto anacronismo. In un mondo tecnologico e in un'era scientifica, in cui una comunità transnazionale di ricercatori seri e colti si danna l'anima per cercare risposte concrete e precise a domande sensate e profonde sull'universo, sulla vita e sull'uomo, la Chiesa non trova infatti di meglio che riproporre in maniera immutata e immutabile le sue favole mediorientali e le sue formule scolastiche, ottusamente chiuse a tutto ciò che il pensiero ha prodotto di buono tra i giubilei del 1600 e del 2000: cioè tra il rogo di Giordano Bruno e la sequenziazione del Genoma Umano.

E quanto di buono il pensiero ha prodotto, esprimendosi nel linguaggio universale e atemporale della matematica, sono i risultati della fisica, della chimica, della biologia e della medicina, che mostrano concretamente e in dettaglio come i Pitagorici e gli Stoici avessero astrattamente ragione: e cioè, come il *Logos* permei l'universo e si rifletta nell'uomo, nel senso che « tutto è razionale », e la razionalità umana è in grado di comprendere, almeno parzialmente, la razionalità cosmica.

Volendo riformulare la cosa in linguaggio teologico, niente impedisce di estendere il motto di Spinoza *Deus, sive Natura*, « Dio, cioè la Natura », arrivando a dire in maniera metaforica che *l'universo è il corpo di Dio, e le leggi dell'universo i pensieri della sua mente* o, appunto, il suo Logos. Ma non si può voler quadrare il cerchio, e pretendere di tracciare un impossibile legame tra questo astratto e matematico Logos e il concreto e umano Cristo, solo perché *Giovanni*[2] ha annesso un inno ebraico-ellenistico che inizia con il famoso versetto: « In principio era il Logos, e il Logos era presso Dio, e il Logos era Dio », e l'ha fatto continuare dicendo: « E il Logos si fece carne e venne ad abitare in mezzo a noi ».

Anche perché il Logos era per i Greci ciò che per noi è la *Ragione*. Ad esempio, Pitagora chiamava *logon* un rapporto tra grandezze misurabili attraverso una stessa unità di misura, o « commensurabili », e *alogon* un rapporto come quello tra la diagonale e il lato del quadrato, che erano invece « incommensurabili »: puntualmente, noi usiamo gli aggettivi *razionale* nel primo caso, e *irrazionale* nel secondo. Dire dunque che « In principio era la Ragione » significa semplicemente che le leggi dell'universo sono necessarie e precedono anche la sua esistenza, così come dire che « la Ragione si è incarnata » significa soltanto che l'uomo è razionale: senza nessun riferimento a Cristo, il cui insegnamento è stato invece considerato irrazionale fin dagli inizi, a partire dallo stesso Paolo.

Paradossalmente, dunque, avrebbe più senso identificare il Logos dei Greci con lo Spirito Santo dei Cristiani, l'Allah dei Musulmani o il Vishnu degli Induisti, per i loro paralleli ruoli di sostentatori dell'universo. Ma abbiamo imparato che alla Chiesa il senso fa senso, e puntualmente nel 2000 il cardinale Ratzinger, nella sua controversa Dichiarazione *Dominus Iesus* (« Il Signore Gesù »), ammoniva:[3] « C'è anche chi prospetta l'ipotesi di un'economia dello Spirito Santo con un carattere più universale di quella del Verbo incarnato, crocifisso e risorto. Anche questa affermazione è contraria alla fede cattolica ».

Per inciso, la controversia sulla Dichiarazione derivò dal fatto che, pur manifestando a parole « la stima e il rispetto verso le religioni del mondo, così come per le culture che hanno portato un obiettivo arricchimento alla promozione della dignità dell'uomo e allo sviluppo della civiltà »,[4] essa sosteneva nei fatti fin dal titolo « l'unicità e l'universalità salvifica di Gesù Cristo e della Chiesa ». Ovvero il Vaticano rivendicava ancora una volta un duplice monopolio della verità: anzitutto, del Cristianesimo sulle altre religioni, e poi, del Cattolicesimo sulle altre sette cristiane.

Poiché però, naturalmente, le altre religioni e le altre sette non solo non accettano questo monopolio, ma spesso lo rivendicano invece per sé, è chiaro che su questa strada non si va lontano nel dialogo fra le fedi e nel cammino verso la pace religiosa. Anzi, ci si pone su una rotta di collisione che prima o poi avviene, com'è infatti avvenuta il 12 settembre 2006 a seguito dell'avventato discorso a Ratisbona dello stesso Ratzinger, ormai Benedetto XVI, che è riuscito a far infuriare i Maomettani del mondo intero con quest'improvvida citazione dell'imperatore bizantino Manuele II Paleologo: « Mostrami pure ciò che Maometto ha portato di nuovo, e vi troverai soltanto delle cose cattive e disumane ».

La levata di scudi musulmani e di scimitarre islamiche, che ha evangelicamente ricordato al papa di badare piuttosto alla trave nell'occhio della *sua* religione, e lo ha inauditamente costretto a pubbliche e ripetute scuse, ha attirato più attenzione del fatto che quello stesso discorso fosse in realtà indirizzato agli scienziati e dedicato al rapporto tra fede e ragione, a partire dall'osservazione dello stesso imperatore bizantino che « non agire secondo ragione è contrario alla natura di Dio ».

Nel suo discorso il papa riconosceva che la pretesa del Cattolicesimo di collegare il Logos greco al Cristo palestinese non è condivisa dagli altri Cristiani. Non dai Protestanti, per i quali attraverso questo legame « la fede non appare più come vivente parola storica, ma come elemento inserito nella struttura di un sistema filosofico ». E neppure dai teologi liberali dell'Ottocento e del Novecento, che predicano un « ritorno al semplice uomo Gesù e al suo messaggio semplice, che verrebbe prima di tutte le teologizzazioni e, appunto, anche prima delle ellenizzazioni ».

E meno che mai dagli scienziati, il cui « metodo come tale esclude il problema di Dio, facendolo apparire come problema ascientifico o prescientifico ». Ma, dice il papa, « se la scienza è soltanto questo, allora è l'uomo stesso che subisce una riduzione. Poiché allora gli interrogativi propriamente umani, cioè quelli del *da dove* e del *verso dove*, gli interrogativi della religione e dell'*ethos*, non possono trovare posto nello spazio della comune ragione descritta dalla 'scienza' intesa in questo modo e devono essere spostati nel soggettivo ».

Ma questa, lungi dall'essere una riduzione all'assurdo del metodo scientifico, lo è del metodo religioso. Perché è precisamente nel soggettivo che le religioni riportano le risposte agli interrogativi sul « da dove » e sul « verso dove », pur pretendendo ciascuna di elevare il proprio personale soggettivo a un impersonale oggettivo! Gli equilibrismi verbali del papa non possono dunque nascondere la realtà dei fatti, che sono: primo, che di religioni son pieni lo spazio e il tempo, cioè il mondo e la storia; e, secondo, che tutte pretendono di avere il monopolio della verità per sé, a scapito delle altre.

Dunque, finché ci saranno religioni ci saranno guerre di religione, come ci sono sempre state e ci sono. Mentre invece non ci sono guerre di scienza, né ci sono mai state, perché la scienza è una sola: magari non santa, ma certo *katholika*, nel senso letterale di « universale ». Ed è solo alle sue affermazioni, non certo ai dogmi cattolici, che si può sensatamente applicare il motto *quod semper, quod ubique, quod ab omnibus creditur*: cioè di essere e dover essere credute « sempre, dovunque e da tutti ».

Diversamente dalle religioni, la scienza non ha dunque bisogno di rivendicare nessun monopolio della verità: semplicemente, *ce l'ha*. E allora, accettiamo una buona volta di dare a Pitagora ciò che è di Pitagora, cioè l'unica oggettività scientifica, e a Cristo ciò che è di Cristo, cioè una delle tante soggettività religiose, evitando comunque di mescolare sacro e profano: cioè le profondità logiche con le superficialità teologiche.

E se proprio vogliamo pregare, diciamo pure: « Padre Nostro che sei nei cieli, sia fatta la tua volontà », come ci ha insegnato il profeta Gesù, ma ricordiamo che Dio Padre non è altro che Padre Cielo. Tanto vale, allora, lasciar cadere le metafore e pregare come ci ha insegnato invece lo stoico Marco Aurelio: « Tutto ciò che è in armonia con te, o Universo, lo è pure con me ».[5]

Benedicat vos omnipotens Logos: Pater Pythagoras,
Filius Archimedes, et Spiritus Sanctus Newtonius.

NOTE

Cristiani e cretini

[1] *Matteo*, I, 21.
[2] *Atti degli Apostoli*, XI, 26.
[3] *Matteo*, V, 3.
[4] Salvo indicazioni contrarie, i riferimenti nel testo sono all'edizione ufficiale della Conferenza Episcopale Italiana della *Sacra Bibbia* (Unione Editori e Librai Cattolici Italiani, Roma, XVIII coedizione, ottobre 2005) e al Compendio del *Catechismo della Chiesa Cattolica* curato dal cardinale Joseph Ratzinger (Edizioni San Paolo e Libreria Editrice Vaticana, 2005).
[5] Anniversario dei Patti Lateranensi.
[6] Anniversario della presa di Porta Pia.

Il Padre

[1] Qui e in seguito l'abbreviazione «p.e.V.» significa «prima dell'era Volgare», e viene usata al posto di «a.C. (avanti Cristo)», così come «e.V.» significa «dell'era Volgare» e viene usata al posto di «d.C. (dopo Cristo)». L'espressione è una traslitterazione di *Era Vulgaris*, usata per la prima volta nel 1716 dal vescovo inglese John Prideaux nel senso di «Era Popolare o Comune» (da *vulgus*, «popolo» o «comunità»). Secondo la voce «Cronologia» dell'*Enciclopedia Cattolica* del 1908, «la datazione più importante è quella adottata da tutti i popoli civili e nota come Era Cristiana, Volgare o Comune»: e poiché volgare è, Volgare sia.
[2] *Primo libro dei Re*, XII, 28-29.
[3] *Esodo*, XXXII.
[4] *Catechismo*, 59 e 54.
[5] *Secondo libro dei Maccabei*, VII, 28.
[6] *Contro le eresie*, Libro quarto, XX, 1.
[7] *Confessioni*, XII, 7.
[8] *Genesi*, I, 1-3.

[9] I, 4-5.
[10] I, 8.
[11] I, 10.
[12] I, 14-19.
[13] I, 20-27.
[14] V, 2.
[15] I, 29-30.
[16] IX, 1-4.
[17] II, 4b-7.
[18] *Esodo*, XX, 7.
[19] *Stromati*, V, 34.
[20] *Genesi*, II, 8.
[21] II, 18-20.
[22] II, 23.
[23] III, 20.
[24] III.
[25] II, 17.
[26] I, 29.
[27] III, 16.
[28] *Esodo*, IV, 2-4.
[29] *Catechismo*, 75.
[30] *Genesi*, III, 1.
[31] IV, 1-17.
[32] *Versione ispirata della Bibbia*, V, 13.
[33] *Genesi*, IV, 15.
[34] VI, 4.
[35] *Humani Generis*, IV.
[36] *Catechismo*, 7 e 75.
[37] *Genesi*, VI, 6-7.
[38] *Primo Libro di Samuele*, XV, 11.
[39] *Geremia*, XVIII, 7-10.
[40] *Esodo*, XX, 3.
[41] III, 14-15.
[42] VI, 3.
[43] Vedi Richard Friedman, *Chi ha scritto la Bibbia?*, Bollati Boringhieri, Torino, 1991.
[44] *Genesi*, III, 8.
[45] VI-IX.
[46] *Neemia*, VIII.
[47] *Secondo libro delle Cronache*, XXXI, 2.
[48] *Secondo libro dei Re*, XXII, 8-13 e *Secondo libro delle Cronache*, XXXIV, 14-21.
[49] *Providentissimus Deus*, 10.
[50] *Divino afflante Spiritu*, 40.

[51] *Dei Verbum*, 11.
[52] Corsivi nostri.
[53] *Humani Generis*, V.
[54] Corsivi nostri.
[55] *Genesi*, IX, 14-15.

Il Dio d'Israele

[1] *Genesi*, XII, 1-3.
[2] *Deuteronomio*, VII, 7-8 e IX, 5-6.
[3] *Genesi*, XII, 10-20 e XX, 2-18.
[4] XII, 4.
[5] XXVI, 6-11.
[6] XX, 12.
[7] XII, 13.
[8] XVI, 3-16.
[9] XXI, 9-21.
[10] XIX, 30-38.
[11] XXIX, 16-30.
[12] XXXV, 22.
[13] XXXVIII, 12-30.
[14] XVIII, 16 e XIX, 29.
[15] *Ezechiele*, XVI, 49-50.
[16] *Lettera di Giuda*, 7.
[17] *Matteo*, I, 3 e *Luca*, III, 33.
[18] *Genesi*, XXXVIII, 8-10.
[19] XVII, 15-21, XVIII, 10-15 e XXI, 1-7.
[20] XXII, 1-18.
[21] XXII, 1-9.
[22] XXII, 11-14.
[23] *Giudici*, XI, 30-40.
[24] *Secondo libro di Samuele*, XXI, 1-14.
[25] *Secondo libro dei Re*, XXIII, 19-20.
[26] *Secondo libro di Samuele*, XXI, 14.
[27] *Levitico*, XXVII, 28-29.
[28] Corsivi nostri.
[29] *Genesi*, XVI, 1-16 e XXI, 9-21.
[30] XXV, 1-6.
[31] XXV, 25-26.
[32] XXV, 29-34.
[33] XXVII, 1-40.
[34] XXX, 33.

[35] XXVIII, 12-15.
[36] XXXV, 22-26.
[37] XXXII, 29.
[38] XIII, 14-15.
[39] XV, 18-21.
[40] *Numeri*, XXXV, 7.
[41] *Genesi*, XXIII, 17-18.
[42] XXXIII, 19-20.
[43] XXXIV.
[44] XXVI, 34.
[45] XXVII, 46 e XXVIII, 1.
[46] XXI, 10.
[47] *Esodo*, XXIII, 31-32.
[48] *Deuteronomio*, I, 7.
[49] XI, 24.
[50] *Giosuè*, I, 4.
[51] *Genesi*, XXXIX-L.
[52] *Genesi*, XV, 13 ed *Esodo*, XII, 40.
[53] *Genesi*, XLVI, 26-27.
[54] *Esodo*, II e IV-XI.
[55] I.
[56] II, 1-10.
[57] II, 11-15.
[58] III-IV.
[59] IV, 10-17.
[60] XXVIII-XXIX.
[61] VII-X.
[62] XI-XII.
[63] XII, 30.
[64] XII, 13-14.
[65] XIV.
[66] XIV, 28.
[67] IX, 6.
[68] VII, 22, VIII, 3 e 14 e IX, 11.
[69] *Numeri*, II, 32.
[70] *Esodo*, XVI-XVII e XX-XXIII.
[71] XXIII, 28-30.
[72] *Numeri*, X, 11-12.
[73] *Esodo*, XIII.
[74] XIV.
[75] XVI.
[76] XVII, 6-15.
[77] XXV, 1-3.
[78] XXV, 6-15.

[79] XXI.
[80] XXXI, 2.
[81] XXXI, 17-18.
[82] XXXI, 32-35.
[83] *Deuteronomio*, XXXIV, 5-6.
[84] *Numeri*, XXVII, 15-23.
[85] XIII, 16.
[86] *Giosuè*, III, 14-17.
[87] IV, 13.
[88] VI.
[89] VI, 17.
[90] VIII, 26 e 28.
[91] X, 11-14.
[92] X, 40.
[93] XI, 19-20.
[94] XXIV, 13.
[95] *Secondo libro delle Cronache*, XIII, 17 e XIV, 8.
[96] *Genesi*, XIX, 26.
[97] *Primo libro delle Cronache*, X, 13-14.
[98] *Primo libro di Samuele*, XVII, 45.
[99] *Isaia*, VI, 1-3.
[100] *Paradiso*, VII, 1.
[101] *La città di Dio*, XIX.
[102] *Corano*, IX.
[103] *La guerra giudaica*, Libro secondo, XIII, 3.
[104] *Dei Verbum*, 16.
[105] 16.

I Comandamenti

[1] *Esodo*, XIX, 3-9.
[2] XIX, 17 e 19.
[3] XX, 1-17.
[4] XX, 18-21.
[5] XX, 22 - XXIII.
[6] XXIV, 9-11.
[7] XXIV, 12-18.
[8] XV-XXXI.
[9] XXI, 23-25 e *Deuteronomio*, XIX, 21.
[10] *Primo libro dei Re*, VIII, 1-9 e *Secondo libro delle Cronache*, V, 4-10.
[11] *Esdra*, I, 7-11.
[12] *Esodo*, XXXII, 1-4.

[13] *Primo libro dei Re*, XII, 28-29.
[14] *Esodo*, XXXII, 15-20.
[15] XXXII, 26-29.
[16] XXXIV.
[17] XIX, 16 e 18.
[18] XXXIV, 28.
[19] XXXIV, 10-28.
[20] XXXIV, 1 e 27.
[21] XXXIV, 29-35.
[22] XXXV-LV.
[23] *Levitico*, XIX, 27.
[24] XXI, 13-20.
[25] XI, 6, 19 e 20; *Deuteronomio*, XIV, 7 e 18.
[26] *Levitico*, XIX, 18.
[27] *Giovanni*, XIII, 34.
[28] *Matteo*, XXII, 39 e *Marco*, XII, 31.
[29] *Deuteronomio*, VI, 5.
[30] *Levitico*, XX, 10-15.
[31] *Deuteronomio*, XXXIV, 10.
[32] *Trattato teologico-politico*, I, 45.
[33] *Libro dei morti*, CCXV.
[34] *Deuteronomio*, IV, 2 e XIII, 1.
[35] *Catechismo*, 438 e 439.
[36] *Esodo*, XX, 3 e *Deuteronomio*, V, 7.
[37] *Catechismo*, 445.
[38] *Esodo*, XII, 12.
[39] XV, 11.
[40] XXII, 19 e XXIII, 13.
[41] XX, 5, XXXIV, 14 e *Deuteronomio*, VI, 15.
[42] VI, 4.
[43] *Esodo*, XX, 4 e *Deuteronomio*, V, 8.
[44] *Catechismo*, 446.
[45] *Esodo*, XXV, 18-20.
[46] *Contro le eresie*, Libro primo, XXV, 6.
[47] Corsivo nostro.
[48] *Giovanni*, XXI, 11.
[49] *Esodo*, XX, 7 e *Deuteronomio*, V, 11.
[50] *Esodo*, XX, 8 e *Deuteronomio*, V, 12.
[51] *Esodo*, XX, 11.
[52] *Deuteronomio*, V, 15.
[53] *Catechismo*, 451 e 452.
[54] *Matteo*, XIX, 18-19 e *Marco*, X, 19.
[55] *Esodo*, XX, 12 e *Deuteronomio*, V, 16.
[56] *Esodo*, XXI, 15 e 17.

57 *Catechismo*, 457.
58 458 e 460.
59 464 e 465.
60 *Esodo*, XX, 13 e *Deuteronomio*, V, 17.
61 *Esodo*, XXI, 12-17, XXII, 17-19 e XXXV, 2; *Levitico*, XX, 1-17 e XXIV, 16-18; *Deuteronomio*, XVII, 2-5, XXII, 22-24 e XXIV, 7.
62 *Evangelium vitae*, 56.
63 Corsivi nostri.
64 *Catechismo*, 466.
65 467.
66 483 e 484.
67 470, corsivo nostro.
68 472.
69 *Summa Theologiae*, III, 33.
70 *Summa contra Gentiles*, II, 89.
71 *Esodo*, XX, 14 e *Deuteronomio*, V, 18.
72 *Catechismo*, 502.
73 *Deuteronomio*, XXII, 23-29.
74 XXII, 13-21.
75 XXII, 15.
76 Relazione del professor Amico Bignami, ordinario di patologia medica, al Sant'Uffizio del 26 luglio 1919, e rapporto di monsignor Pasquale Gagliardi, arcivescovo di Manfredonia, a Pio XI del 3 luglio 1922, che provocarono il decreto ufficiale di sconfessione di Padre Pio da parte del Sant'Uffizio il 31 maggio 1923, *mai revocato*.
77 Relazione dei professori Angelo Fiori e Giancarlo Umani Ronchi, ematologi, al vescovo di Civitavecchia del 27 febbraio 1995.
78 *Catechismo*, 493.
79 488.
80 491.
81 *Matteo*, V, 27-28 e 31-32.
82 Corsivo nostro.
83 XIX, 9.
84 *Prima lettera ai Corinzi*, VII, 15.
85 *Il Discorso del Signore sulla Montagna*, Libro primo, XVI, 43-50.
86 *Prima lettera ai Corinzi*, VII, 1-2 e 7-9.
87 *Le nozze e la concupiscenza*, I, 15-17.
88 *Catechismo*, 492.
89 496.
90 498.
91 *Humanae Vitae*, 5.
92 6.
93 Discorso ai partecipanti al seminario su *La procreazione responsabile*, 32.

94 Corsivo nostro.
95 *Esodo*, XX, 15 e *Deuteronomio*, V, 19.
96 *Catechismo*, 503.
97 507.
98 *Esodo*, XX, 16 e *Deuteronomio*, V, 20.
99 *Catechismo*, 523.
100 521.
101 *Esodo*, XX, 17 e *Deuteronomio*, V, 21.
102 *Deuteronomio*, XXIV, 1.
103 Vedi Tzvetan Todorov, *La conquista dell'America*, Einaudi, Torino, 1984 e David Stannard, *Olocausto americano*, Bollati Boringhieri, Torino, 2001.
104 *Genesi*, IX, 20-25.
105 *Levitico*, XXV, 42-45.
106 *Prima lettera a Timoteo*, VI, 1-2.
107 *Catechismo*, 527 e 528.
108 531.
109 *Luca*, VI, 20.
110 *Tommaso*, 54.

Il Figlio

1 *Atti degli Apostoli*, IX, 3-9.
2 *Prima lettera ai Corinzi*, XV, 8.
3 *Antichità giudaiche*, Libro diciottesimo, III, 3, §§63-64.
4 *Commento a Matteo*, X, 17 e *Contro Celso*, I, 45 e II, 13.
5 *Stromati*, II, 2.
6 *La guerra giudaica*, Libro secondo, IX, 2, §169.
7 *Storia ecclesiastica*, I, 11.
8 *Lettere*, X, 96.
9 *Vite dei Cesari*, Libro quinto, XXV, 4.
10 *Annali*, Libro quindicesimo, XLIV, 3.
11 *Matteo*, II, 1.
12 *Luca*, II, 1-2.
13 *Matteo*, I, 18 – II, 23.
14 *Luca*, II.
15 *Isaia*, VII, 14.
16 *Michea*, V, 1.
17 *Osea*, XI, 1.
18 *Geremia*, XXXI, 15.
19 *Matteo*, III, 1-17; *Luca*, III, 1-22; *Giovanni*, I, 19-34.
20 *Isaia*, XL, 3.

[21] *Salmo 2*, 7.
[22] *Isaia*, XLII, 1.
[23] *Giovanni*, XII, 29.
[24] *Luca*, XXIII, 44.
[25] *Matteo*, XXVII, 51-53.
[26] *Matteo*, XXVI, 57-68 e *Marco*, XIV, 53-65.
[27] *Zaccaria*, IX, 9.
[28] *Matteo*, XXI, 7; *Marco*, XI, 7; *Luca*, XIX, 35; *Giovanni*, XII, 14.
[29] *Salmo 117*, 26.
[30] *Zaccaria*, XI, 12.
[31] *Salmo 21*, 19 e 9.
[32] *Salmo 68*, 22.
[33] *Esodo*, XII, 46.
[34] *Giona*, II, 1.
[35] *Salmo 15*, 10.
[36] *Salmo 109*, 1.
[37] *Daniele*, VII, 13.
[38] *Salmo 21*, 2.
[39] *Salmo 30*, 6.
[40] *Matteo*, XXVII, 46; *Luca*, XXIII, 46; *Giovanni*, XIX, 30.
[41] *Giovanni*, VIII, 12 e IX, 5.
[42] *Sermone di Natale*, XXVII, 4.
[43] *Rig Veda*, Primo ciclo, LXXXIX, 4 e Quarto ciclo, XVII, 4.
[44] *Seconda lettera di Pietro*, I, 19.
[45] *Apocalisse*, XXII, 16.
[46] *Isaia*, XIV, 12-15.
[47] *Matteo*, X, 1.
[48] *Luca*, VI, 12-13.
[49] *Marco*, III, 13-15.
[50] Vedi Robert Van Voorst, *Gesù nelle fonti extrabibliche*, San Paolo, Milano, 2004.
[51] *Atti degli Apostoli*, XX, 35.
[52] *Giovanni*, VIII, 1-8.
[53] VIII, 1, XIV, 31 e XXI, 1.
[54] II-XI.
[55] *Secondo libro dei Re*, IV, 42-44.
[56] *Luca*, I, 1-3.
[57] Corsivo nostro.
[58] *Storia ecclesiastica*, Libro terzo, XXXIX, 11-12.
[59] *Contro le eresie*, Libro terzo, XI, 8.
[60] Libro secondo, XXII.
[61] *Giovanni*, VIII, 57.
[62] *Dei Verbum*, 19.

63 Robert Funk e Ray Hoover (a cura di), *The Five Gospels: What Did Jesus Really Say?*, Polebridge Press, 1993.
64 Robert Funk (a cura di), *The Acts of Jesus: What Did Jesus Really Do?*, Polebridge Press, 1998.
65 *Matteo*, V-VII.
66 *Luca*, VI, 17-49.
67 VI, 20-21 e 24-25.
68 *Matteo*, VI, 9-13.
69 *Luca*, XI, 2-4.
70 *Marco*, XI, 25.
71 *Salmo 65*, 10-12.
72 *Catechismo*, 578 e 579.
73 *Matteo*, V, 17.
74 V, 19.
75 V, 21-47.
76 V, 48.
77 XXIII.
78 *Matteo*, VII, 12 e *Luca*, VI, 31.
79 *Analecta*, XV, 23.
80 *Udana-Varga*, V, 18.
81 *Mahabharata*, V, 1517.
82 *Matteo*, VI, 5-6.
83 VII, 6.
84 V, 39.
85 VI, 28.
86 VII, 5.
87 XXVI, 41.
88 *Giovanni*, VIII, 7.
89 *Matteo*, VII, 7.
90 *Luca*, XIII, 25-28.
91 *Proverbi*, I, 28.
92 *Matteo*, XXII, 14.
93 *Luca*, X, 30-37.
94 *Matteo*, XXIII, 3.
95 *Luca*, XV, 3-7 e 11-32.
96 *Matteo*, XIII, 10-17; *Marco*, IV, 10-12; *Luca*, VIII, 9-10.
97 *Isaia*, VI, 9-10.
98 VI, 11.
99 *Matteo*, XXIV, 34 e *Luca*, XXI, 32.
100 *Matteo*, XVI, 28; *Marco*, IX, 1; *Luca*, IX, 27.
101 *Matteo*, X, 23.
102 *Cristianesimo*, Rizzoli, Milano, 2005, p. 78. Corsivo originale.
103 *Matteo*, XII, 39; *Marco*, VIII, 12; *Luca*, XI, 29.
104 *Giovanni*, XII, 37.

[105] *Marco*, VI, 5 e *Matteo*, XIII, 58.
[106] *Giovanni*, II, 1-11.
[107] *Luca*, V, 4-10 e *Giovanni*, XXI, 4-12.
[108] *Matteo*, XIV, 13-21; *Marco*, VI, 34-44; *Luca*, IX, 12-17; *Giovanni*, VI, 1-13.
[109] *Matteo*, XV, 32-38 e *Marco*, VIII, 1-9.
[110] *Matteo*, VIII, 30-34; *Marco*, V, 1-20; *Luca*, VIII, 26-39.
[111] *Catechismo*, 352.
[112] *Marco*, IX, 17-27.
[113] VII, 32-35.
[114] VIII, 22-26.
[115] *Giovanni*, IX, 6-7.
[116] *Matteo*, VIII, 24-26; *Marco*, IV, 37-40; *Luca*, VIII, 23-24.
[117] *Matteo*, XIV, 25-32; *Marco*, VI, 45-51; *Giovanni*, VI, 16-21.
[118] *Matteo*, XVII, 1-8; *Marco*, IX, 2-8; *Luca*, IX, 28-36.
[119] *Matteo*, XXI, 18-19 e *Marco*, XI, 12-14 e 20-21.
[120] *Matteo*, XVII, 24-27.
[121] *Matteo*, IX, 20-22; *Marco*, V, 25-34; *Luca*, VIII, 43-48.
[122] *Primo libro dei Re*, XVII, 17-24.
[123] *Secondo libro dei Re*, IV, 32-37.
[124] *Luca*, VII, 12-15.
[125] *Giovanni*, XI, 1-44.
[126] XI, 1.
[127] XI, 2.
[128] XII, 1-3.
[129] *Atti degli Apostoli*, IX, 36-41 e XX, 9-10.
[130] *Matteo*, X, 8 e *Marco* VI, 7.
[131] *Marco*, XVI, 17-18.
[132] *Isaia*, XI, 1, 16, 12 e 9.
[133] *Primo libro di Samuele*, XVI, 1.
[134] *Matteo*, I, 1-17.
[135] *Luca*, III, 23-38.
[136] III, 23.
[137] *Lettera ai Romani*, I, 3.
[138] *Matteo*, XXVII, 25.
[139] *Nostra Aetate*, 4.
[140] *Luca*, VI, 15 e *Atti degli Apostoli*, I, 13.
[141] *Matteo*, XXII, 15-22; *Marco*, XII, 13-17; *Luca*, XX, 20-26.
[142] *Luca*, XXIII, 2.
[143] *Marco*, III, 17.
[144] *Luca*, IX, 51-56.
[145] *Secondo libro dei Re*, I, 9-14.
[146] *Matteo*, XVI, 17.
[147] *Luca*, XXII, 36-38.

148 *Matteo*, XXVI, 51; *Marco*, XIV, 47; *Luca*, XXII, 49-50; *Giovanni*, XVIII, 10.
149 *Matteo*, XXI, 12-13; *Marco*, XI, 15-17; *Luca*, XIX, 45-46.
150 *Giovanni*, II, 13-17.
151 *Geremia*, VII, 11.
152 *Salmo 68*, 10.
153 *Giovanni*, VI, 15.
154 *Matteo*, XIX, 27-29.
155 XXVI, 64.
156 *Marco*, XIV, 62.
157 *Luca*, XXII, 70.
158 *Matteo*, XXVII, 11; *Marco*, XV, 2; *Luca*, XXIII, 3.
159 *Matteo*, XXVII, 37; *Marco*, XV, 26; *Luca*, XXIII, 38; *Giovanni*, XIX, 19.
160 *Giovanni*, XIX, 21-22.

Il Cristianesimo

1 *Prima lettera ai Corinzi*, XV, 14 e 19.
2 *Catechismo*, 126.
3 *Marco*, XVI, 1-8.
4 XVI, 9.
5 XV, 44.
6 XV, 39 e 44-45.
7 *Matteo*, XXVIII, 11-15.
8 *Dialogo con Trifone*, CVIII, 2.
9 *Matteo*, XII, 40.
10 XXVIII, 1-10.
11 *Luca*, XXIV, 1-12.
12 *Giovanni*, XX, 1-10.
13 *Matteo*, XXVIII, 9.
14 *Luca*, XXIV, 13-53.
15 *Marco*, XVI, 9-14.
16 *Giovanni*, XX, 11 e XXI, 1-23.
17 *Atti degli Apostoli*, I, 3-8.
18 *Prima lettera ai Corinzi*, XV, 5-8.
19 *Catechismo*, 127.
20 129.
21 130.
22 Virgolette nell'originale.
23 *Secondo libro dei Re*, II, 11.
24 *Luca*, XXIV, 50-53.

[25] *Atti degli Apostoli*, I, 9-11.
[26] *Luca*, XXIV, 3 e 13.
[27] *Atti degli Apostoli*, I, 3.
[28] *Atti degli Apostoli*, II, 2-4.
[29] X, 44-46 e XIX, 5-6.
[30] *Genesi*, XI, 1-9.
[31] II, 6-11.
[32] II, 13 e 15.
[33] *Prima lettera ai Corinzi*, XIV, 2 e 13-14.
[34] *Atti degli Apostoli*, II, 4.
[35] *Prima lettera ai Corinzi*, XIII, 8.
[36] *Atti degli Apostoli*, II, 1.
[37] *Matteo*, XXVIII, 19.
[38] *Atti degli Apostoli*, II, 38; VIII, 16; X, 48; XIX, 5; XXII, 16.
[39] II, 38.
[40] *Genesi*, I, 2.
[41] II, 7.
[42] *Giovanni*, III, 8.
[43] *Lettera ai Romani*, V, 5; VIII, 14 e 26.
[44] *Lettera agli Efesini*, I, 13-14.
[45] *Matteo*, I, 18 e 20.
[46] *Luca*, I, 35.
[47] *Atti degli Apostoli*, VIII, 17, XIII, 3 e XIX, 6.
[48] *Matteo*, III, 16; *Marco*, I, 10; *Luca*, III, 22; *Giovanni*, I, 32.
[49] *Giovanni*, XIV, 16-17; XV, 26; XVI, 7-8 e 13-14.
[50] *Prima lettera ai Corinzi*, XII, 7-10 e 28-31; *Lettera ai Romani*, XII, 6-8; *Lettera agli Efesini*, IV, 11.
[51] *Catechismo*, 389 e 390.
[52] *Isaia*, XI, 2.
[53] *Lettera ai Galati*, V, 22.
[54] V, 17.
[55] V, 19-21.
[56] *Matteo*, XXVI, 41.
[57] *Catechismo*, 136 e 145.
[58] *Matteo*, XXVII, 5.
[59] *Atti degli Apostoli*, I, 18.
[60] I, 24-25.
[61] *L'origine dell'uomo*, I, 3.
[62] *Matteo*, IV, 18-20.
[63] *Marco*, I, 16-18.
[64] *Luca*, V, 1-11.
[65] *Giovanni*, I, 40-42.
[66] *Matteo*, XVI, 17-19.
[67] XVIII, 17.

[68] *Marco*, VIII, 29 e *Luca*, IX, 20.
[69] *Matteo*, XVIII, 18-20.
[70] XVI, 23.
[71] *Marco*, VIII, 33.
[72] *Matteo*, XXVI, 69-75; *Marco*, XIV, 66-72; *Luca*, XXII, 54-62; *Giovanni*, XVIII, 15-18 e 25-27.
[73] *Matteo*, XXVI, 31-35; *Marco*, XIV, 26-31; *Luca*, XXII, 31-34; *Giovanni*, XIII, 36-38.
[74] *Atti degli Apostoli*, V, 1-11.
[75] IV, 34-35.
[76] Intervista all'*Observer* di Londra, 25 maggio 1986.
[77] Ferruccio Pinotti, *Poteri forti*, BUR, Milano, 2005.
[78] *Atti degli Apostoli*, III, 1 – IV, 22.
[79] V, 14-16.
[80] X.
[81] X, 44-47.
[82] XI.
[83] *Matteo*, X, 5 e XV, 24.
[84] V, 17.
[85] *Atti degli Apostoli*, XV, 1-35.
[86] XV, 10.
[87] XV, 23-29.
[88] *Lettera ai Galati*, II, 11-13.
[89] Luigi Cardini, *Risultato dell'esame osteologico dei resti scheletrici di animali*, in Margherita Guarducci (a cura di), *Le reliquie di Pietro sotto la Confessione della Basilica Vaticana*, Libreria Editrice Vaticana, 1965, pp. 161-168.
[90] Venerando Correnti, *Relazione dello studio compiuto su tre gruppi di resti scheletrici umani già rinvenuti sotto la Confessione della Basilica Vaticana*, *ibid.*, pp. 83-160.
[91] Margherita Guarducci, *I graffiti sotto la Confessione di San Pietro in Vaticano*, Libreria Editrice Vaticana, 1958.
[92] Margherita Guarducci, *Le reliquie di Pietro sotto la Confessione della Basilica Vaticana*, Libreria Editrice Vaticana, 1965.
[93] *Giovanni*, XXI, 15-19.
[94] *Lettera ai Romani*, XVI, 1-16.
[95] In Raymond Brown e altri (a cura di), *Peter in the New Testament. A collaborative assessment by Protestant and Roman Catholic scholars*, Augsburg Press, Minneapolis, 1973, p. 156.
[96] *Atti degli Apostoli*, VII, 58 e VIII, 1-3.
[97] *Lettera ai Galati*, I, 13-14.
[98] *Atti degli Apostoli*, IX, 1-22; XXII, 6-16; XXVI, 12-18.
[99] XXII, 17-21 e XXIII, 11; *Prima lettera ai Corinzi*, XV, 8.
[100] *Lettera ai Galati*, I, 11.

101 *Atti degli Apostoli*, XXVI, 24.
102 *Autobiografia*, XXIX, 13.
103 *Lettera ai Galati*, I, 8, 11-12 e 16-17.
104 I, 18-19.
105 *Matteo*, XIII, 55; *Marco*, VI, 3; *Atti degli Apostoli*, XII, 17; *Lettera ai Galati*, I, 19.
106 *Lettera ai Galati*, II, 1-2.
107 II, 7.
108 *Isaia*, LVI, 6-7.
109 *Matteo*, XXVIII, 19; *Marco*, XVI, 15; *Luca*, XXIV, 47.
110 *Lettera di Giacomo*, II, 14-26.
111 *Lettera ai Galati*, II, 16.
112 *Matteo*, XIII, 55 e *Marco*, VI, 3.
113 *Dialogo con l'ebreo Trifone*, XLVIII, 3 e XLIX, 1.
114 *Atti degli Apostoli*, XXIV, 5.
115 XIII-XIV.
116 XIII, 48 e 45.
117 XIV, 19.
118 XVI, 1 - XVIII, 22.
119 XVI, 19-39.
120 XVII, 22-32.
121 *Prima lettera ai Tessalonicesi*, IV, 15-17.
122 *Seconda lettera a Tessalonicesi*, II, 3-4.
123 *Atti degli Apostoli*, XVIII, 23 - XXI, 16.
124 XIX, 11-16.
125 *Prima lettera ai Corinzi*, I, 22-23.
126 III, 18-19.
127 XI, 3 e 7-10.
128 XIV, 34-35.
129 *Seconda lettera ai Corinzi*, IX, 5.
130 XII, 2-4.
131 *Lettera ai Romani*, XIII, 1-2.
132 *Atti degli Apostoli*, XXI, 20-22.
133 XXI, 31.
134 XXVIII, 3-6.
135 Vedi Brizio Montinaro, *San Paolo dei serpenti*, Sellerio, Palermo, 1996.
136 Vedi Ernesto De Martino, *La terra del rimorso*, Saggiatore, Milano, 2002.
137 *Atti degli Apostoli*, XXVIII, 30.
138 *Seconda lettera a Timoteo*, IV, 17.
139 *Prima lettera ai Corinzi*, IX, 20-22.
140 *Seconda lettera ai Corinzi*, XI, 24-27.
141 *Inferno*, XIX, 108 e 112-117.

[142] Tabella di rivalutazione della lira dal 1861 al 2004, basata sui dati dell'Istat.
[143] Intesa tra il ministro della Pubblica Istruzione e il presidente della Commissione Episcopale Italiana, resa esecutiva con Decreto del presidente della Repubblica n. 751 del 1985.
[144] Legge n. 186 del 2003.
[145] Legge n. 222 del 1985.
[146] *Secondo Rapporto sulla Laicità*, in *Critica Liberale*, vol. XIII, nn. 123-124, gennaio-febbraio 2006, pp. 31-33.
[147] *Enti ecclesiastici: le cifre dell'evasione fiscale*, Ares (Agenzia di Ricerca Economica e Sociale), Rapporto del 7 settembre 2006.
[148] Legge n. 248 del 2006.
[149] *Secondo Rapporto sulla Laicità*, in *Critica Liberale*, vol. XIII, nn. 123-124, gennaio-febbraio 2006, pp. 52-57.
[150] *Matteo*, XVII, 24-27.

Il Cattolicesimo

[1] *Lettera ai Romani*, X, 9.
[2] *Prima lettera a Timoteo*, II, 5.
[3] *Lettera ai Colossesi*, III, 1.
[4] *Marco*, X, 18 e *Luca*, XVIII, 19.
[5] *Matteo*, XXVI, 39; *Marco*, XIV, 36; *Luca*, XXII, 42.
[6] *Matteo*, XXVII, 46 e *Marco*, XV, 34.
[7] *Giovanni*, I, 14 e 1.
[8] XIV, 28.
[9] XX, 17.
[10] *Prima lettera ai Corinzi*, VIII, 5-6.
[11] *Matteo*, XIX, 12.
[12] *Contro Prassea*, XII, 6.
[13] *Catechismo*, 44 e 45.
[14] *Vangelo dello Pseudo-Matteo*, X, 2.
[15] Riportato da Origene in *Contro Celso*, I, 28.
[16] *Lettera ai Galati*, IV, 4.
[17] *Lettera ai Romani*, I, 3-4.
[18] *Paradiso* XXXIII, 1-6.
[19] *Catechismo*, 87, 88, 89, 91 e 92.
[20] *Vangelo dello Pseudo-Matteo*, XIII, 3-4.
[21] *Matteo*, XIII, 55 e *Marco*, VI, 3.
[22] *Matteo*, I, 25.
[23] *Luca*, II, 7.
[24] *Isaia*, VII, 14.

[25] *Ezechiele*, XLIV, 2.
[26] *Catechismo*, 99.
[27] *Opere*, LXV, 206f.
[28] *Luca*, I, 28.
[29] *Genesi*, III, 15.
[30] *Le Pèlegrinage de Lourdes*, I.
[31] Omelia a Fatima il 13 ottobre 1951, e articolo *Il Papa dell'Assunzione e Fatima*, in Autori Vari, *Attualità di Fatima*, Donnini, 1953, pp. 76-79.
[32] *Meditazione dal Policlinico Gemelli ai Vescovi Italiani*, 13 maggio 1994.
[33] Corsivi nostri.
[34] Virgolette e sgrammaticature originali.
[35] *Catechismo*, 271.
[36] 272 e 273.
[37] *Prima lettera ai Corinzi*, XI, 23-25.
[38] *Luca*, XXII, 19-20.
[39] *Matteo*, XXVI, 26-28.
[40] *Catechismo*, 283.
[41] Corsivo e virgolette originali.
[42] *Il Saggiatore*, 48.
[43] Pietro Redondi, *Galileo eretico*, Einaudi, Torino, 1983.
[44] *Humani Generis*, II.
[45] *Mysterium Fidei*, 24.
[46] *Catechismo*, 282 e 283.
[47] 279.
[48] 1.
[49] 333 e 334.
[50] *Matteo*, VIII, 14-15; *Marco*, I, 30-31; *Luca*, IV, 38-39.
[51] *Prima lettera ai Corinzi*, IX, 5.
[52] VII, 32-33, 35 e 38.
[53] *Levitico*, XV, 16-18 e XXII, 4.
[54] *Luca*, XVIII, 29-30.
[55] *Lettera ai Romani*, XVI, 1.
[56] I risultati delle votazioni sono riportati in John Donahue, *A Tale of Two Documents*, in Arlene e Leonard Swidler (a cura di), *Women Priests*, Paulist Press, 1977, pp. 25-34. Il rapporto della Commissione, *Can Women be Priest?*, è ristampato nello stesso volume, pp. 338-346.
[57] Miriam Winter, *Dal profondo. La storia di Ludmila Jadorova, ordinata sacerdote della Chiesa Cattolica Romana*, Appunti di viaggio, 2004.
[58] *Atti degli Apostoli*, VIII, 18-20.
[59] *Apocalisse*, XVII, 1-2.
[60] *Inferno*, XIX, 43-123.
[61] *Atti degli Apostoli*, IX, 13.

[62] *Lettera agli Efesini*, I, 1.
[63] Vedi Jacques Le Goff, *La nascita del Purgatorio*, Einaudi, Torino, 2006.
[64] *Secondo libro dei Maccabei*, XII, 43-45.
[65] 21 luglio, 28 luglio e 4 agosto 1999.
[66] *Catechismo*, 210.
[67] 211.
[68] Corsivo nostro.
[69] *Levitico*, XXV, 8-28.
[70] *Inferno*, XVIII, 28-33.
[71] *Verba fratris Illuminati socii beati Francisci ad partes Orientis et in conspectu Soldani Aegypti* (« Le parole di frate Illuminato, compagno del beato Francesco in Oriente e al cospetto del Sultano d'Egitto »), *Codice Vaticano Ottoboniano Latino*, n. 552. Anche in Livarius Oliger, *Liber exemplorum fratrum minorum saeculi XIII* (« Libro degli esempi dei frati minori del XIII secolo »), Antonianum, 1927, pp. 203-276, n. 99.
[72] Edward Larson e Larry Witham, *Leading scientists still reject God*, in *Nature*, 21 luglio 1998, vol. 394, n. 6691, p. 313.
[73] *Commento alle « Sentenze » di Pietro Lombardo*, I, 41-42.
[74] *Malachia*, I, 2-3.
[75] *Lettera 217*, V, 16.
[76] *Isaia*, XLIII, 10.
[77] Vedi Ernesto Rossi, *Il Sillabo e dopo*, Kaos Edizioni, Milano, 2000.
[78] Marcello Pera e Joseph Ratzinger, *Senza radici. Europa, relativismo, cristianesimo, Islam*, Mondadori, Milano, 2004, e Joseph Ratzinger, *Pro eligendo Romano Pontefice*, omelia del 18 aprile 2005 all'apertura del Conclave che l'ha eletto papa.
[79] *Prima lettera di Pietro*, II, 4-5.
[80] *Isaia*, XXVIII, 16.
[81] Dante Balboni, *Descrizione archeologica della cattedra*, in *Osservatore Romano*, 28 novembre 1969.
[82] *Luca*, II, 10-11.
[83] *Inferno*, III, 60.
[84] *Pastor Aeternus*, 1 e 2.
[85] *Quia Quorundam Mentes*, 2.
[86] Corsivo nostro.
[87] *Pastor Aeternus*, 4.
[88] Corsivo nostro.
[89] *L'infallibilità*, Mondadori, Milano, 1977.
[90] Johann Roten, *Report on surveys* (« Rapporto su dei sondaggi »), Istituto Internazionale di Ricerche Mariane dell'Università di Dayton, 1992.
[91] *Credo di Westminster*, I, 9 e XXV, 6.
[92] *Prima lettera di Giovanni*, II, 18, 22 e IV, 3; *Seconda lettera di Giovanni*, 7.

93 *Matteo*, XXIV, 5; *Marco*, XIII, 6; *Luca*, XXI, 8.

94 *The nature and scope of the problem of sexual abuse of minors by catholic priests and deacons in the United States* (« La natura e l'estensione del problema dell'abuso sessuale di minori da parte di preti e diaconi cattolici negli Stati Uniti »), Rapporto alla Commissione Episcopale Statunitense del dipartimento di Giustizia Criminale John Jay della City University di New York, 27 febbraio 2004.

95 *Imitazione di Cristo*, I, 3, 6.

Laici e loici

1 « Nota illustrativa dottrinale della formula conclusiva della *Professio Fidei* », Congregazione per la Dottrina della Fede, 29 giugno 1998, paragrafo 11.

2 *Giovanni*, I, 1 e 14.

3 *Dominus Iesus*, 12.

4 Joseph Ratzinger, « Conferenza Stampa per la presentazione della Dichiarazione *Dominus Iesus* », 5 settembre 2000.

5 *A se stesso*, IV, 23.

I CONCILI ECUMENICI DELLA CHIESA CATTOLICA

Dei 21 concili accettati dalla Chiesa Cattolica, la Chiesa Ortodossa e i Protestanti accettano soltanto i primi sette, la Chiesa Assira soltanto i primi due, e le Chiese Non Trinitarie nessuno.

1. *Primo Concilio di Nicea* (325): condanna dell'arianesimo; consustanzialità del Figlio col Padre; prima formulazione del Credo.
2. *Primo Concilio di Costantinopoli* (381): processione dello Spirito Santo dal Padre; seconda formulazione del Credo.
3. *Concilio di Efeso* (431): condanna del nestorianesimo; Cristo ha un'unica persona, in cui umanità e divinità sono inscindibili; Maria è Deipara o Madre di Dio.
4. *Concilio di Calcedonia* (451): condanna del monofisismo; Cristo ha due nature (umana e divina).
5. *Secondo Concilio di Costantinopoli* (553).
6. *Terzo Concilio di Costantinopoli* (680-681): condanna del monotelismo; Cristo ha due volontà (umana e divina).
7. *Secondo Concilio di Nicea* (787): condanna dell'iconoclastia; ripristino del culto delle immagini.
8. *Quarto Concilio di Costantinopoli* (869-870).
9. *Primo Concilio Lateranense* (1123): modalità della consacrazione dei vescovi.
10. *Secondo Concilio Lateranense* (1139): canoni della disciplina del clero, in particolare il celibato.
11. *Terzo Concilio Lateranense* (1179): condanna dei Catari; modalità dell'elezione del papa.
12. *Quarto Concilio Lateranense* (1215): condanna dei Valdesi e degli Albigesi; obbligo per Ebrei e Musulmani di portare segni di riconoscimento; dottrina della transustanziazione.

13. *Primo Concilio di Lione* (1245): dottrina dei sacramenti e del Purgatorio.

14. *Secondo Concilio di Lione* (1274): approvazione delle Crociate; modalità del Conclave.

15. *Concilio di Vienne* (1311-1312): soppressione dell'ordine dei Templari.

16. *Concilio di Costanza* (1414-1418): composizione del Grande Scisma d'Occidente (dimissioni di Gregorio XII, Giovanni XXIII e Benedetto XIII ed elezione di Martino V).

17. *Concilio di Basilea* (1431-1437), *Ferrara* (1437-1439) *e Firenze* (1439-1445): processione dello Spirito Santo anche dal Figlio (*Filioque*).

18. *Quinto Concilio Lateranense* (1512-1517): condanna del neoaristotelismo e definizione dell'anima.

19. *Concilio di Trento* (1545-1563): condanna della Riforma di Lutero e Calvino; principi della Controriforma.

20. *Concilio Vaticano I* (1869-1870): condanna del razionalismo; affermazione del primato e dell'infallibilità pontificia.

21. *Concilio Vaticano II* (1962-1965): rinnovamento della liturgia.

INDICI

INDICE DEI NOMI

INDICE GENERALE

Fotocomposizione Editype s.r.l.
Agrate Brianza (Milano)

Finito di stampare
nel mese di aprile 2007
per conto della Longanesi & C.
dal Nuovo Istituto Italiano d'Arti Grafiche - Bergamo
Printed in Italy